Theorie und Praxis einer allgemeinen Rechtsmissbrauchsschranke
für Prozessparteien

Europäische Hochschulschriften
Publications Universitaires Européennes
European University Studies

Reihe II
Rechtswissenschaft

Série II Series II
Droit
Law

Bd./Vol. 4185

PETER LANG
Frankfurt am Main · Berlin · Bern · Bruxelles · New York · Oxford · Wien

Dagmar Holthausen

Theorie und Praxis einer allgemeinen Rechtsmissbrauchsschranke für Prozessparteien

Eine rechtsvergleichende Untersuchung im deutschen und französischen zivilprozessualen Urteilsverfahren

PETER LANG
Europäischer Verlag der Wissenschaften

Bibliografische Information Der Deutschen Bibliothek
Die Deutsche Bibliothek verzeichnet diese Publikation in der Deutschen Nationalbibliografie; detaillierte bibliografische Daten sind im Internet über <http://dnb.ddb.de> abrufbar.

Zugl.: Hannover, Univ., Diss., 2005

D 89
ISSN 0531-7312
ISBN 3-631-53924-X

www.peterlang.de

Meinen Eltern
Roswitha und Günter Winkelmann
in Dankbarkeit gewidmet.

Vorwort

Die vorliegende Untersuchung wurde von der Juristischen Fakultät der Universität Hannover im Wintersemester 2004/2005 als Dissertation angenommen und berücksichtigt deutsche wie französische Rechtsprechung und Literatur bis September 2003.

Meinem verehrten Lehrer und Doktorvater, *Herrn Prof. Dr. Dr. h.c.mult. Hilmar Fenge*, der mich seit 1991 auf meinem akademischen Weg begleitet und gefördert hat, gilt zuvörderst mein herzlicher Dank für die Unterstützung bei der Erstellung dieser Arbeit; sein Wirken und seine Anregungen waren mir Kristallisationspunkt wie bleibender Ansporn. Danken möchte ich auch *Herrn Prof. Dr. Bernd H. Oppermann LL.M.* für die zügige wie erfrischend pointierte Zweitbegutachtung.

Ganz besonders danke ich *Frau Dr. Stephanie Springer, Richterin am Landgericht Hannover,* für wertvolle akademische Diskussionen und freundschaftliche Ermutigungen, schließlich meinem Ehemann, *Herrn Rechtsanwalt Sebastian Holthausen*, dessen strafrechtlich geschulte Gelassenheit und dessen Rat mir Ruhe, Kontrapunkt und Klarsicht vermittelten.

Hannover, im Februar 2005 *Dagmar Holthausen*

Inhaltsübersicht

Inhaltsverzeichnis

Abkürzungsverzeichnis

a. A.	anderer Ansicht
a. a. O.	am angegebenen Ort
Abs.	Absatz
AcP	Archiv für die civilistische Praxis
a. F.	alte Fassung
AG	Aktiengesellschaft
AGB	Allgemeine Geschäftsbedingungen
AK	Reihe Alternativkommentar
AktG	Aktiengesetz
a. M.	anderer Meinung
anc. C. proc. civ.	ancien Code de procédure civile
Anm.	Anmerkung
Art./art.	Artikel
ARSP	Archiv für Rechts- und Sozialphilosophie
AT	Allgemeiner Teil
Aufl.	Auflage
AuR	Arbeit und Recht
ausf.	ausführlich
Az.	Aktenzeichen
BAG	Bundesarbeitsgericht
BayOLG	Bayerisches Oberlandesgericht
BB	Der Betriebsberater
Bd.	Band
Bek.	Bekanntmachung
Bem.	Bemerkung
BGB	Bürgerliches Gesetzbuch
BGH	Bundesgerichtshof
BGHReport	Schnelldienst der Zivilrechtsprechung des Bundesgerichtshofs
BGHSt	Entscheidungssammlung des Bundesgerichtshofs in Strafsachen
BGHZ	Entscheidungssammlung des Bundesgerichtshofs in Zivilsachen
Bgrd.	Begründer

BIC	Bénéfices Industriels et Commerciaux
BT	Besonderer Teil
Bull. civ.	Bulletin des arrêts des chambres civiles de la Cour de cassation
Bull. Joly	Bulletin Joly
BVerfG	Bundesverfassungsgericht
BVerfGE	Entscheidungssammlung des Bundesverfassungsgerichts
bzw.	beziehungsweise
c/	contre
C.A.	Cour d`appel
C. civ.	Code Civil
C. com.	Arrêt de la Chambre commerciale de la Cour de cassation
C.E.	Conseil d`Etat
Cass. civ.	Arrêt d` une Chambre civile de la Cour de cassation
Cass. com.	Arrêt de la Chambre commerciale de la Cour de cassation
Cass. crim.	Arrêt de la Chambre criminelle de la Cour de cassation
Cass. req.	Arrêt de la Chambre des requêtes de la Cour de cassation
Cass. soc.	Arrêt de la Chambre sociale de la Cour de cassation
chron.	Chronique
Civ.	Arrêt d` une Chambre civile de la Cour de cassation
Com.	Arrêt de la Chambre commerciale de la Cour de cassation
c. org. jud.	Code de l`organisation judiciaire
C. pr. pén.	Code de procédure pénal
C. trav.	Code du travail
D.	Recueil Dalloz
D.A.	Dalloz, Recueil analytique de jurisprudence et de législation
DB	Der Betrieb
D.C.	Dalloz, Recueil critique de jurisprudence et législation
ders.	derselbe
D.H.	Dalloz, Recueil hebdomadaire de jurisprudence
d. h.	das heisst
dies.	dieselbe

DikIntern	Dike International
D.P.	Dalloz, Recueil périodique et critique mensuel
Diss.	Dissertation
DJZ	Deutsche Juristen-Zeitung
DNotZ	Deutsche Notar-Zeitschrift
Doc.	Doctrine
DP	Dalloz, Recueil périodique et critique mensuel
DR	Deutsches Recht
durchges.	durchgesehen
Einf.	Einführung
Einl.	Einleitung
f.	für oder folgende Seite
FamRZ	Zeitschrift für das gesamte Familienrecht
fasc.	fascule
ff.	fortfolgende
Fn.	Fußnote
fortgef.	fortgeführt
Frankfurt a.M.	Frankfurt am Main
FS	Festschrift
FuR	Familie und Recht
Gaz. Pal. / G.P.	Gazette du Palais
GKG	Gerichtskostengesetz
Grdz.	Grundzüge
GRUR	Gewerblicher Rechtsschutz und Urheberrecht
GVG	Gerichtsverfassungsgesetz
Halbb.	Halbband
h. L.	herrschende Lehre
h. M.	herrschende Meinung
HRR	Höchstrichterliche Rechtsprechung
Hrsg.	Herausgeber
hrsgg.	herausgegeben
inf.	infra
insb.	insbesondere
IPRax	Praxis des Internationalen Privat- und Verfahrensrechts
I.R.	Informations rapides
i. S.	im Sinne
i. V. m.	in Verbindung mit
JA	Juristische Arbeitsblätter
J.C.P.	Jurisclasseur périodique (Semaine juridique)

J. Cl. pr. civ.	Juris-Classeur de procédure civile
J. Cl. resp. civ.	Juris-Classeur responsabilité civile
JDI	Journal de droit international
JhJb.	Jherings Jahrbücher für die Dogmatik des bürgerlichen Rechts
JR	Juristische Rundschau
Jura	Juristische Ausbildung
JurBüro	Das juristische Büro
juris	Juristisches Informationssystem für die Bundesrepublik Deutschland
jurispr.	Jurisprudence
JuS	Juristische Schulung
JW	Juristische Wochenschrift
JZ	Juristenzeitung
KG	Kammergericht
KGR	Kammergericht-Report Berlin
LAG	Landesarbeitsgericht
LG	Landgericht
Lit.	Literatur
MDR	Monatsschrift für deutsches Recht
m. E.	Meines Erachtens
Mél.	mélanges
m. M.	mindere Meinung
Mot.	Motive
MRK	Konvention zum Schutz der Menschenrechte und Grundfreiheiten vom 04.11.1950
MüKo	Münchener Kommentar
m. w. N.	mit weiteren Nachweisen
Nachdr.	Nachdruck
NJOZ	Neue Juristische Onlinezeitschrift
NJW	Neue Juristische Wochenschrift
NJW-RR	NJW – Rechtssprechungsreport Zivilrecht
nouv. C. pén.	Nouveau Code pénal
nouv. C. pr. civ.	Nouveau Code de procédure civile
n°	Numéro
Nr.	Nummer
obs.	observations
OLG	Oberlandesgericht
OLGR	Oberlandesgericht-Report

OLGRspr.	Rechtsprechung der Oberlandesgerichte und Landgerichte zum Zivilrecht
OLGZ	Entscheidungen der Oberlandesgerichte in Zivilsachen
OVG	Oberverwaltungsgericht
panor.	Panorama
Prot.	Protokolle der Kommission für die II. Lesung des Entwurfs des BGB
Quot.	Quotidien juridique
Rdnr. / Rn.	Randnummer
Recht	Zeitschrift "Das Recht"
Rechtspr.	Rechtsprechung
R. D.	Revue de droit
RG	Reichsgericht
RGZ	Entscheidungen des Reichsgerichts in Zivilsachen
Rép. dr. civ	Encyclopédie Dalloz Répertoire de droit civil
Rép. pr. civ	Encyclopédie Dalloz Répertoire de procédure civile
Rép. soc.	Encyclopédie Dalloz Répertoire des sociétés
Req.	Arrêt de la Chambre des requêtes de la Cour de cassation
RTD civ.	Revue trimestrielle de droit civil
Rev.	Revue
Rev. arb.	Revue de l` arbitrage
Rev. crit.	Revue critique de législation et de jurisprudence
Rev. Justices	Revue Justices
Rev. trim. dr. civ.	Revue trimestrielle de droit civil
Rpfleger	Der deutsche Rechtspfleger
S.	Satz oder Seite
SchlHA	Schleswig-Holsteinische Anzeigen
Sem. jurid.	Semaine juridique
SeuffA	Seufferts Archiv
Si.	Recueil Sirey
Soc.	Arrêt de la chambre sociale de la Cour de cassation
somm.	sommaire
SR	Schuldrecht
ständ.	ständige
t.	tome
T. corr.	Jugement d`un tribunal, chambre correctionnelle
TGI	Jugement d`un tribunal de grande instance
TI	Jugement d`un tribunal d`instance

Trib.	tribunal
Trib. civ.	Jugement d`un tribunal, chambre civil
Trib. comm.	Jugement d`un tribunal de commerce
u. a.	unter anderem
unbearb.	unbearbeitet
v.	vom, von
VersR	Versicherungsrecht
vgl.	vergleiche
Vorbem.	Vorbemerkung
Warn. Rspr.	Warneyer, Die Rechtsprechung des Reichsgerichts
WM	Zeitschrift für Wirtschafts- und Bankrecht
WuB	Entscheidungssammlung zum Wirtschafts- und Bankrecht
z. B.	zum Beispiel
ZfRV	Zeitschrift für Rechtsvergleichung
Ziff.	Ziffer
ZHR	Zeitschrift für das gesamte Handels- und Wirtschaftsrecht
ZIP	Zeitschrift für Wirtschaftsrecht
ZPO	Zivilprozessordnung
ZPR	Zivilprozessrecht
ZZP	Zeitschrift für Zivilprozess

Einführung

Die vorliegende Arbeit beschäftigt sich rechtsvergleichend mit einem Phänomen, das allgemein als *Rechtsmissbrauch im Zivilprozess* bezeichnet werden kann und die Ausübung von Befugnissen im Rahmen eines zivilprozessualen Verfahrens betrifft, die zwar formal rechtmäßig ist, im Ergebnis jedoch dem allgemeinen Rechtsgefühl der jeweiligen Rechtsgemeinschaft widerspricht. Wie gerade in jüngster Zeit im Rahmen eines Kolloquiums der „*International Association of Procedural Law*" deutlich wurde[1], handelt sich um ein weltweites Phänomen, dem auf sehr unterschiedliche Weise begegnet wird. Als Folge eines derartigen Verhaltens ist zu beobachten, dass die Befugnisausübung von der betroffenen Prozessrechtsordnung gar nicht, nicht zu diesem Zeitpunkt oder nicht auf diese Art zugelassen wird oder ihr bestimmte andere Schranken gesetzt werden.

Was jedoch spricht dagegen, als Partei die zu beurteilenden Tatsachen zu beeinflussen, um zur Zuständigkeit eines bestimmten Gerichts zu gelangen? Was spielt es für eine Rolle, dass die Voraussetzungen einer Norm herbeigeführt werden, wenn sie sodann tatsächlich vorliegen? Warum sollte eine Klage nicht erhoben werden dürfen, nur weil es dem Kläger bei seiner Klageerhebung weniger um sein Obsiegen, als um die – der Klage immanente – Schädigung der gegnerischen Partei geht? Was spricht schließlich dagegen, eine prozessuale Befugnis auszuüben, selbst wenn die gegnerische Partei damit nicht mehr gerechnet hat?

Dass derartige Verhaltensweisen von Prozessparteien „unserem Rechtsgefühl nicht gefallen"[2], gründet ganz offenbar in unserem moralischen Gewissen. Die daran anknüpfenden Forderungen nach Beschränkung rechtsmissbräuchlicher Befugnisausübung sind Ausdruck einer Werteorientierung des Rechts, insbesondere einer Referenz an die Gerechtigkeit[3], die verlangt, das Recht nicht nur als eine Bündelung der Rechte des Einzelnen zu betrachten, sondern als Gleichgewicht zwischen den Rechten der Einzelnen in einem „gesunden gesellschaftlichen Gesamtorganismus"[4]. Wie aber kann ein solches Gleichgewicht zwischen der Ausübung verschiedener prozessualer Befugnisse geschaffen werden? Hierfür bieten sich in einer Rechtsordnung verschiedene Ansätze, wobei grob zwischen gesetz-

1 Vgl. Taruffo Michele (Hrsg.), Abuse of procedural rights: Comparative standards of procedural fairness.
2 Vgl. Zeiss, S. 14 und 21f.
3 Zippelius, FS f. Herbst, S. 333.
4 De Montera, S. 2f.

lichen Regelungen unterschieden werden kann, die vorbestimmte Einzelfälle betreffen, und solchen, die als Generalnormen eine Vielzahl von Fällen regulieren. Insbesondere der letzte Ansatz steht dabei im Fokus der vorliegenden Betrachtung, ist doch stets die Rechtspraxis von besonderem Interesse, bestimmte Regelungen oder deren zugrunde liegenden Prinzipien als „Generaltransformator“ für den Brückenschlag bestimmter Wertungen in die Rechtsanwendung zu funktionalisieren.

Das Ziel der vorliegenden Arbeit besteht darin, unter dem Blickwinkel einer noch zu definierenden und hier so genannten *„allgemeinen Rechtsmissbrauchsschranke“* das deutsche und französische zivilprozessuale Urteilsverfahren auf solche transformatorische Generalnormen hin zu untersuchen, die immer dann – allgemein – Anwendung finden, wenn kein spezielleres Mittel für die Beschränkung einer Befugnisausübung eingreift, die mit übergeordneten Wertungen der Rechtsordnung in Widerspruch steht. Es soll auch festgestellt werden, inwieweit das deutsche bzw. das französische Zivilprozessrecht Anregungen für die Effektivität einer allgemeinen Rechtsmissbrauchsschranke in der jeweils anderen Rechtsordnung bereithält. Die Rechtsvergleichung soll somit ganz im Sinne von *Zitelmann* als eine *„école de vérité“* genutzt werden, die den „Vorrat an Lösungen“, diesmal für die Beschränkung rechtsmissbräuchlicher Befugnisausübung im Zivilprozess, erweitert, bereichert und für die jeweilige Zeit und den jeweiligen Raum die bessere Lösung zu erkennen gibt[5].

Ein Vergleich zwischen dem deutschen und dem französischen Recht ist auf diesem Gebiet deshalb von Interesse, weil letzterem seit „Entdeckung“ des Phänomens des Rechtsmissbrauchs in der deutschsprachigen Literatur vermehrt eine Vorreiterfunktion zugeschrieben wurde[6]. Auch musste sich insbesondere das französische Zivilprozessrecht in den siebziger Jahren des letzten Jahrhunderts wegen der neu eingeführten Kostenlosigkeit gerichtlicher Handlungen im Zivilverfahren[7] vermehrt mit Rechtsmissbrauchsproblemen auseinandersetzen. Schließlich bietet sich ein Vergleich beider Rechtsordnungen auch deshalb an, weil sie trotz ihres gemeinsamen kulturellen und geschichtlichen Erbes und ihres Ursprungs im römischen Recht[8] heutzutage unterschiedlichen Rechtskreisen – das französische Recht dem romanischen, das deutsche Recht dem germanischen

---

5 Vgl. Zweigert/Kötz, § 2 I, S. 14.

6 Vgl. nur: Haferkamp, S. 152ff. m. w. N.; Ferid/Sonnenberger, Bd. 1/1, Rdnr. 1 C 148; Siebert, Verwirkung, S. 68ff.; Mader, S. 78ff.; Rüdy, S. 12ff.; Hopt, S. 78ff.; Merz, ZfRV 1977, 162 (163ff.); Zeiss, S. 153; Staudinger/Werner, § 226 Rdnr. 4.

7 Reform durch Gesetz Nr. 77-1468 vom 30.12.1977 ; vgl. auch Fn. 385.

8 Zweigert/Kötz, § 5 III, S. 68.

– zuzuordnen sind[9]. Diese Entwicklung lässt eine unterschiedliche rechtstechnische Umsetzung ähnlicher, wenn nicht gar gleicher Wertungen erwarten.

Um die weitläufige Thematik des Rechtsmissbrauchs im Zivilprozess nicht ausufern zu lassen, beschränkt sich diese Untersuchung einer allgemeinen Rechtsmissbrauchsschranke auf Verhalten der Prozessparteien im allgemeinen streitigen zivilprozessualen Urteilsverfahren des Amts- und Landgerichts bzw. des *tribunal d'instance* und *tribunal de grande instance*. Der Gang der Untersuchung stellt sich dabei wie folgt dar:

Nach der Definition des Untersuchungsgegenstandes, nämlich des zugrunde gelegten Begriffs der „allgemeinen Rechtsmissbrauchsschranke" und der Bezeichnung des dafür in der jeweiligen Rechtsordnung repräsentativen Rechtsinstituts (1. Kapitel), werden in Länderberichten die so gefundenen allgemeinen Rechtsmissbrauchsschranken hinsichtlich ihrer Merkmale (2. Kapitel) und ihrer Rechtsfolgen (3. Kapitel) untersucht sowie anschließend rechtsvergleichend analysiert (4. Kapitel). Schließlich sollen durch eine weitere, nunmehr exemplarisch angelegte rechtsvergleichende Untersuchung für einzelne konkrete Fallsituationen Erkenntnisse zur Kongruenz in der Anwendung der allgemeinen Rechtsmissbrauchsschranke sowie zur Frage der gleichen praktischen Lösung im Zivilprozess der beiden Rechtsordnungen gewonnen werden (5. Kapitel).

---

9 Zweigert/Kötz, § 5 III, S. 68.

1. Kapitel: Abgrenzung des Untersuchungsgegenstandes

Die rechtsvergleichende Betrachtung einer allgemeinen Schranke des Rechtsmissbrauchsphänomens im deutschen und französischen zivilprozessualen Urteilsverfahren setzt eine funktionale Bestimmung des Untersuchungsgegenstandes voraus. Nur wenn die Aufgabe der allgemeinen Rechtsmissbrauchsschranke unabhängig von den Systembegriffen der nationalen Rechtsordnungen definiert wird, kann das ihre Funktion erfüllende Rechtsinstitut im deutschen und französischen Recht gefunden und miteinander verglichen werden[10].

A. Die Funktion einer allgemeinen Rechtsmissbrauchsschranke

Es folgt bereits aus dem gewählten Begriff der *„allgemeinen Rechtsmissbrauchsschranke“*, dass diesem Untersuchungsgegenstand die Aufgabe zukommen soll, rechtmissbräuchliches Verhalten zu beschränken. Für die Bestimmung dieser Beschränkung ist auch das Verhältnis zu den Bezugsobjekten, nämlich den im Zivilprozessrecht normierten Handlungsbefugnissen der Prozessparteien, zu klären; nur anhand der „betroffenen“ Befugnisse lassen sich „Missbräuche“ oder „Schranken“ sinnvoll eingrenzen.

Die vornehmliche Aufgabe des Zivilprozessrechts besteht darin, neben der Bewährung des objektiven Rechts sowie des Rechtsfriedens und der Rechtsgewissheit, der Feststellung und zwangsweisen Verwirklichung von durch die Privatrechtsordnung zugewiesenen Rechten zu dienen[11]. Insbesondere das Urteilsverfahren dient der Entscheidung über das Bestehen oder Nichtbestehen des mit der Klage geltend gemachten Rechtsverhältnisses und der Bestimmung der Rechtsfolgen[12]. Zur Erfüllung dieser Aufgaben stehen den Parteien im Rahmen eines Zivilprozesses Befugnisse zu, die ihnen erlauben, den Prozess entsprechend

---

10 Vgl. zur Methode Zweigert/Kötz, § 3 II, S. 33.

11 Vgl. nur Rosenberg/Schwab/Gottwald, § 1 III, S. 2f.; Zöller/Geimer, Einl., Rdnr. 39; Stein/Jonas/Schumann, Einl. Rdnr. 7; MüKoZPO/Lüke, Einl. Rdnr. 7; Jauernig, § 1 II, S. 2ff.; Henckel, S. 41ff.; Stürner, FS f. Baumgärtel, 545f.

12 Rosenberg/Schwab/Gottwald, § 1 IV 1., S. 4; Zöller/Geimer, Einl., Rdnr. 39; Stein/Jonas/Schumann, Einl. Rdnr. 7.

12 Rosenberg/Schwab/Gottwald, § 1 IV 1., S. 4.

seiner Funktion voranzubringen[13]. Sie legitimieren die so genannten Parteiprozesshandlungen, die hier als diejenigen Handlungen verstanden werden sollen, „die nach ihrem objektiv typischen Zweck gestaltend auf das Verfahren einwirken und daraufhin beurteilt werden können, ob sie zulässig, unzulässig, wirksam, unwirksam, beachtlich oder unbeachtlich sind“[14].

Inhaltlich bestimmt werden die prozessualen Befugnisse durch die Tatbestandsmerkmale der sie gewährenden Normen. Soweit dieser Inhalt zweifelhaft ist, muss er durch *Auslegung* der Norm, auf welcher die Befugnis beruht, ermittelt werden[15]. Im französischen Recht spricht man bei dieser Methode von „*interprétation*“[16]. In beiden Rechtsordnungen versteht man darunter, sowohl einzelne undeutliche Regelungen des Gesetzes zu erläutern, als auch generell gehaltene Regelungen zu spezifizieren[17]. Insbesondere anhand des vom Gesetzgeber gewollten Zwecks kann auf diese Weise der inhaltliche Rahmen einer prozessualen Befugnis bestimmt werden[18]. Überschreitet eine Partei diesen mittels Auslegung festgestellten Geltungsbereich der Rechtsnorm, handelt sie nicht mehr im Sinne des Gesetzes und übt die Norm bereits formal nicht rechtmäßig aus. Ein „Missbrauch“, wie er hier untersucht wird – ist darin nicht zu sehen.

Insofern könnte man nun grundsätzlich annehmen, dass eine Partei sich stets der Unterstützung durch die Prozessrechtsordnung sicher sein könnte, wenn sie eine Befugnis im zivilprozessualen Urteilsverfahren innerhalb dieser gesetzlich vorgegebenen inhaltlichen Grenzen ausübt, demnach eine formale Befugnisausübung vorliegt. Dies entspricht jedoch bekanntlich nicht der Rechtswirklichkeit, in der es Situationen gibt, in denen die Ausübung einer formal ordnungsgemäßen Befugnis aufgrund bestimmter besonderer Umstände, wie etwa des Zeitpunkts, der Art, des Zwecks oder des Motivs der Befugnisausübung, nicht von der Rechtsordnung akzeptiert wird. Meist verstoßen diese besonderen Umstände gegen die vom Gesetzgeber gewährte soziale Lebensordnung und damit gegen den Prozesszweck, auch die Bewährung des objektiven Rechts zu gewährleisten[19]. Die Rechtsordnung kann also grundsätzlich eine Befugnisausübung auch dann für „unzulässig“ erklären oder sie in anderer Weise sanktionieren, wenn sämtliche für diese Befugnis von ihr vorgegebenen Tatbestandsmerkmale erfüllt sind. Der

---

13 Henckel, S. 29.

14 Henckel, S. 33; Zöller/Greger, vor § 128 Rdnr. 14 m. w. N.; MüKoZPO/Lüke, Einl. Rdnr. 262; Baumgärtel, S. 291; enger: BGHZ 49, 384 (386).

15 Zöller/Vollkommer, Einl. Rdnr. 92ff.; MüKoZPO/Lüke, Einl. Rdnr. 280.

16 Bergel, S. 231ff.

17 Bergel, S. 232 ; Zöller/Vollkommer, Einl. Rdnr. 92ff.

18 Rosenberg/Schwab/Gottwald, § 7 II 2., S. 32; Zöller/Vollkommer, Einl. Rdnr. 95; Bergel, S. 232.

19 Stürner, FS f. Baumgärtel, 545 (547).

Grund für eine solche weitere Beschränkung im „Binnenbereich“ prozessualer Befugnisse liegt in der generellen Abstraktheit von Normen, die bedingt, dass grundsätzlich nur typische Konfliktlagen und damit nur typische Interessenbewertungen durch positive Regelungen ihren Ausdruck finden können[20]. Zwangsläufig ergibt sich bei einzelnen Sachverhaltskonstellationen, dass die Ausübungshandlung einer Partei Wertungen verwirklichen kann, die so nicht mehr mit anderen in der Rechtsordnung enthaltenen Wertungen korrespondieren[21]. Der Prozesszweck subjektive Rechte zu schützen kollidiert mit der Wahrung des objektiven Rechts[22]. Handelt es sich insofern um einen Wertungswiderspruch, bei dem die anderen Wertungen der Rechtsordnung den Wertungen der konkret ausgeübten Befugnis übergeordnet sind, liegt Rechtsmissbrauch im hier verstandenen Sinn vor.

Um diese Widersprüche auszugleichen, kann der Gesetzgeber die Anzahl der anzuwendenden Einzelfallregelungen erhöhen oder aber für die Berücksichtigung dieser anderen Wertungen – die sich nicht in der konkreten Befugnisausübung finden – eine allgemeine Schranke zur Vermeidung der Kollision in die Rechtsordnung einführen[23]. Einzelfallregelungen können jedoch die grundsätzlich dem positiven Recht implizite Selektivität nicht umfassend ausräumen[24]. Nur eine generelle Regelung, die verschiedene andere Einzelregelungen beeinflusst, kann dieser Selektivität abhelfen[25]. In diesem Spannungsfeld von Rechtssicherheit und Einzelfallgerechtigkeit muss der Gesetzgeber dann zwangsläufig mehr als sonst seine „Wertungsmacht“ für einzelne, als missbilligungswürdig erkannte Missstände an Rechtsprechung und Literatur abgeben.

Aus dieser Tatsache folgt das Bedürfnis nach einer praktikablen allgemeinen Regelung zur Beschränkung rechtsmissbräuchlichen Verhaltens, die so bestimmt und gleichzeitig so flexibel sein muss, dass sie die Ausübung zivilprozessualer Befugnisse in verschiedenen Fallsituationen zugunsten übergeordneter Wertungen der Rechtsordnung eingrenzt[26]. Damit ist auch die Frage verbunden, um wel-

---

20 Weber, AcP 192 (1992), 517 (518), Engisch, S. 82; Fasching, FS f. Schwab, 101 (104); Stürner, FS f. Baumgärtel, 545 (549).

21 Vgl. Fasching, FS f. Schwab, 101 (104); Rebe, JA 1977, 6.

22 Vgl. Stürner, FS f. Baumgärtel, 545 (548).

23 Bergel, S. 232; Mader, S. 72; Weber, AcP 192 (1992), 517 (518ff.); Engisch, S. 79ff.

24 Mader, S. 72; Rebe, JA 1977, 6 (7); Bergel, S. 231; Fasching, FS f. Schwab, 101 (104).

25 Mader, S. 72.

26 Vgl. auch Lotmar, der die Kollision so genannter außerrechtlicher Wertungen mit denen der Rechtsordnung so formuliert, S. 9: „Es handelt sich also hier um die Vorkommnisse, bei denen die *lex lata* mit der Moral in eine Kollision gerät, in der, wenn das Recht auf seiner Bahn verharrte, die Moral zu Schaden kommen würde,

che Art von übergeordneten Wertungen es sich handelt, die mit Hilfe einer allgemeinen Rechtsmissbrauchsschranke Berücksichtigung erfahren. Im Rahmen dieser Arbeit soll die Funktion der allgemeinen Rechtsmissbrauchsschranke begrenzt werden auf die Durchsetzung von solchen Wertungen, die nicht nur im Recht, sondern auch im Regelsystem der Moral zu finden sind. Um diese Wertungen begreifbar machen zu können, sind zunächst allgemein Wertungen des Rechts von solchen der Moral zu unterscheiden:

Grundsätzlich versteht man unter Wertungen Aussagen, durch die etwas Materielles oder Geistiges, als gut oder wertvoll beurteilt oder eingeschätzt wird[27]. Etwas Geistiges oder Materielles wird aufgrund von Wertigkeiten, die man ihm zuordnet, einem anderen geistigen oder materiellen Wert vorgezogen oder nicht[28]. Formuliert der Gesetzgeber eine Norm, so setzt sie sowohl in ihrem Tatbestand, als auch in ihrer Rechtsfolge bestimmte Wertungen voraus. Im Ergebnis handelt es sich bei Rechtsnormen folglich unter anderem um eine Umsetzung von Wertungen, die auf bestimmten so genannten Wertevorstellungen basieren[29]. Indem die Normen erlauben, bestimmte höherrangige Werte zum Nachteil anderer Werte durchzusetzen, bilden sie für diese Werte ein Ordnungsverhältnis[30]. Es lässt sich daher feststellen, dass die Rechtsordnung eines Staates immer auch eine Werteordnung darstellt. Eine solche Werteordnung setzt für ihre Umsetzung voraus, dass sich Mitglieder einer bestimmten Wertegemeinschaft zu ihr bekennen[31]. Grundsätzlich können in einer Rechtsordnung alle kollektiven Wertevorstellungen einer Wertegemeinschaft zu einer bestimmten Zeit umgesetzt werden. Die Quelle solcher Werte kann dabei in der Rechtsordnung selbst liegen oder in anderen Werteordnungen zu suchen sein. Werteordnungen können von sämtlichen Normensystemen gebildet werden, die unser Handeln bestimmen[32]. Bei den der allgemeinen Rechtsmissbrauchsschranke im Rahmen dieser Arbeit zugrunde liegenden Wertungen, handelt es sich um solche, deren Ursprung in der Moral zu suchen ist. Als eigenständiges Normsystem, welches das Leben der Menschen bestimmt, unterscheidet sich die Moral vom Recht.

---

daher es sich gegen die Immoralität zur Wehr setzt, sie mit diesem oder jenem Mittel bekämpft – was alles man den negativen Einfluss der Moral auf das Recht nennen darf."; Steinbach, S. 2.

27 Starck, ARSP 1990, Beiheft 37, 47 m. w. N.

28 Prechtl/Burkhard, Werttheorie, S. 571.

29 Starck, ARSP 1990, Beiheft 37, 47; Larenz, Richtiges Recht, S. 158; Llompart, FS f. Klenner, S. 147 (161).

30 Larenz, Richtiges Recht, S. 158.

31 Pawlowski, Methodenlehre, Rdnr. 848 a; Starck, ARSP 1990, Beiheft 37, 47ff.

32 Vgl. Fenge, DikIntern, 1996, Heft 3, S. 63 (66ff.); vgl. dazu auch Henckel, Gerechtigkeitswert, S. 24.

Moralnormen stellen insofern so genannte Sozialnormen dar. Sie regeln den für die Menschen grundlegenden normativen Rahmen für ihr Verhalten, insbesondere gegenüber den Mitmenschen und im Einklang mit der Natur im Sinne eines richtigen, guten Lebens[33]. Inhaltlich maßgebend für die Moral sind Handlungsregeln, Wertmaßstäbe und Vorstellungen vom Sinn des Lebens. Moralnormen beruhen nicht auf einem Zwangssystem, sondern entstehen durch Gewohnheit, Überlieferung, familiäre Bräuche und gewachsene gesellschaftliche Wertevorstellungen. Sie erfahren ihre Legitimation dadurch, dass sie freiwillig anerkannt und befolgt werden. Fehlt es an der Anerkennung, verlieren sie ihre Geltung, indem sich ihr Inhalt ändert[34]. Kennzeichnend für die Moralnormen ist somit ihre Wandelbarkeit aufgrund sozialer Veränderungen. Moralnormen lassen sich als Gebote des Absoluten definieren, die eine bestimmte gesellschaftliche Gruppe zu einer bestimmten Zeit für sich als prinzipiell verbindlich anerkennt[35].

Abzugrenzen ist die Moral von der Ethik. Obwohl Moral und Ethik sprachlich gesehen ähnlichen Ursprungs sind (das griechische Wort „*ethos*" wird ebenso wie das lateinische Wort „*mos*" mit „Sitte, Brauch, Gewohnheit" übersetzt)[36], wird im Rahmen dieser Untersuchung die Ansicht zugrunde gelegt, dass sie zwei Größen verschiedener Ordnung darstellen. Unter Ethik soll die Wissenschaft vom Sittlichen verstanden werden, die auf die Erkenntnis und Beschreibung der Moralnormen ausgerichtet ist[37]. Ähnlich den Moralnormen, gibt auch die Ethik Normen für ein richtiges, gutes Leben vor. Die Ethik thematisiert das moralische Handeln jedoch auf einer Metaebene, indem sie nach dessen Maßstäben, nach dem Moralprinzip oder nach einem Beurteilungskriterium von Handlungen fragt und die Bedingungen untersucht, unter denen moralische Normen und Werte allgemein verbindlich sind[38]. Ihre Verbindlichkeit leiten ethische Normen aus einer dem Menschen vorgegebenen objektiven Werteordnung ab[39]. Sie sind Ausdruck des sittlichen Bewusstseins. Von der Anerkennung einer bestimmten Gruppe von Menschen sind ethische Normen – anders als die Moral – unabhängig[40].

Das Recht schließlich besteht im Gegensatz zur Moral *eo ipso* nicht aus Sozial-, sondern eben aus Rechtsnormen. Rechtsnormen sind Geltungssätze, die im

---

33 Schapp, JZ 1995, 15 (18); Wesel, S. 46; von Münch, FS f. Stern, 1997, 49 (61); Compte-Sponville, S. 8ff.; Prechtl/Burkhard, Moral, S. 338.

34 BGHSt 6, 46 (52ff.); Simitis, S. 12 m. w. N.; von Münch, FS f. Stern, 1997, 49 (52); Compte-Sponville, S. 8.

35 Prechtl/Burkhard, Moral, S. 338f.; Simitis, S. 6; RGZ 48, 114 (124).

36 Vgl. Buhr/Buhr, Bd. 1 (Moral), S. 823 (824); Sandkühler/Betrand, Moral/Ethik, S. 459 (460).

37 Sandkühler/Betrand, Moral/Ethik, S. 459.

38 Sandkühler/Betrand, Moral/Ethik, S. 459 (463ff.).

39 Simitis, S. 16; BGHSt 6, 46 (52).

40 BGHSt 6, 46 (52).

Einklang mit der jeweiligen geltenden Staatsverfassung stehen, regelmäßig angewendet werden und die, um ihre Durchsetzung in der menschlichen Gemeinschaft zu gewährleisten, physischen Zwang vorsehen[41]. Das Recht will die Ordnung des Zusammenlebens der Menschen regeln, indem es versucht, *zwischen* diesen Gerechtigkeit herzustellen und zu sichern[42]; die Funktion der Moral besteht dagegen darin, den Einzelnen zu gutem Verhalten anzuleiten[43]. Trotz dieser Unterschiede finden sich zwischen den beiden Regelungssystemen inhaltliche Übereinstimmungen, denn historisch gesehen bildete ursprünglich die Moral mit dem Recht eine Einheit[44]. Indem das Recht jedoch nicht mehr von der Gesellschaft selbst entwickelt, sondern vom Staat vorgegeben wurde, konnte es sich von der Moral trennen[45]. Die Moral behält dadurch ihren Einfluss, dass das Recht – jedenfalls in einer Demokratie – von der Gesellschaft angenommen werden muss. Wird das Recht von den zum Rechtssystem gehörenden Individuen nicht akzeptiert, so verliert es langfristig seine Durchsetzungskraft[46]. Es kann daher davon ausgegangen werden, dass die Wertungen des Rechts in Deutschland und Frankreich den Wertungen der Moral entsprechen[47]. Der Einfluss der Moral auf das Recht ergibt sich auch daraus, dass das Recht, indem es z. B. bezweckt, die Gerechtigkeit zu gewähren, nicht nur ein Ordnungselement darstellt, sondern gerade der Durchsetzung von Wertungen dient[48]. Dies ist heutzutage auch für das Zivilprozessrecht unstreitig anerkannt[49].

---

41 Vgl. Hoerster, ARSP 1990, Beiheft 37, 27; Wesel, S. 47; Böckenförde, Recht, Sittlichkeit und Toleranz, S. 27 (34); Bergel, S. 54; Ripert, règle morale, Rdnr. 6.

42 Böckenförde, Recht, Sittlichkeit und Toleranz, S. 27 (29f.); Henckel, Gerechtigkeitswert, S. 9ff.; Villey, droit et moral, S. 115f.; Bergel, S. 17, 53ff.; Ricoeur, S. 27; Boursier, Rdnr. 527.

43 Compte-Sponville, S. 9f. ; Villey, droit et moral, S. 115f. ; vgl. Roubier, Rdnr. 6, der Rechtsnormen als « *objective et bilatérale* », Moralnormen dagegen als « *subjective et unilatérale* » bezeichnet.

44 Wesel, S. 46ff.; Kirchner/Schwartze, Wirtschaftsethik, S. 876 (880).

45 Vgl. Kirchner/Schwartze, Wirtschaftsethik, S. 876 (878).

46 Böckenförde, Recht, Sittlichkeit und Toleranz, S. 27 (35); Sandkühler/Betrand, Moral/Ethik, S. 459, (460); Kirchner/Schwartze, Wirtschaftsethik, S. 876 (885f.).

47 Fenge, DikIntern, 1996, Heft 3, S. 63 (75); Hopt, S. 175; Baumgärtel, ZZP 69 (1956), 89; ders., Prozeßhandlung, S. 139; Bernhardt, ZZP 66 (1953), 77ff.; Jauernig, ZZP 66 (1953), 389ff.; Zeiss, S. 32; Konzen, S. 79; Hart, Begriff des Rechts, S. 173 ff.; ders., Recht und Moral, S. 14 (29ff.); Vollkommer, S. 2; RGZ 158, 53 (56); vgl. eingehend zur Unterscheidung rechtlicher und moralischer Verpflichtungen: de Naurois, Mél. Falletti, S. 423ff.

48 Bergel, S. 54; Wesel, S. 49.

49 Llompart, FS f. Klenner, 1996, 147 (161); Henckel, Gerechtigkeitswert, S. 9ff.; Winkler, S. 42; Batiffol, S. 130; Rüthers, S. 19 (26); Larenz, Richtiges Recht, S. 158; Starck, ARSP Beiheft 37, 47 (50); Boursier, Rdnr. 100bis; a. A. früher Goldschmidt, S. 1ff., 292ff., der die Lehre von der Moralinfreiheit des Prozesses vertrat.

Der Einfluss der Moral bedeutet jedoch nicht, dass sich alle außerrechtlich existierenden Moralwerte im Recht widerspiegeln. Das Recht stellt eher ein moralisch-ethisches Minimum, als ein Maximum dar[50]. Nur die Moralwerte, deren Einhaltung für ein friedliches und freiheitliches, durch die widerstreitenden Interessen der Menschen geprägtes Zusammenleben erforderlich ist, können auf das Recht Einfluss nehmen[51]. Nach der in dieser Untersuchung vertretenen Ansicht kann es sich dabei nur um solche Moralwerte handeln, die in der Rechtsordnung selbst, insbesondere in den Normen der jeweiligen Verfassung konkretisiert sind[52]. Werte der Moral, die gerade nicht von der Rechtsordnung übernommen worden sind, können nicht für diese verbindlich sein. Im Sinne einer pluralistischen Verfassung, kann niemand mehr an bestimmte moralische Normen gebunden sein, die der Gesetzgeber nicht für verbindlich erklärt hat[53]. Dieser Auffassung scheint in Deutschland auch die Rechtsprechung zu folgen, finden sich doch nur noch vereinzelt Entscheidungsgründe, die sich direkt auf eine außerrechtliche Moral berufen[54]. Nicht in das Recht aufgenommenen Wertungen der Moral kommt somit nur ein indirekter Einfluss im Sinne eines „unausweichlichen Vorverständnisses" zu[55]. Auf sie kann daher nur zurückgegriffen werden, wenn man eine Rechtfertigung für das geltende Recht als richtig sucht[56].

Zu den wichtigsten vom Recht assimilierten Moralwerten gehören diejenigen, die aus der „Aufrichtigkeit gegenüber anderen Mitmenschen" resultieren. Dies betrifft insbesondere „*loyales*", allgemein mit Topoi wie „Anständigkeit, Treue, Ehrlichkeit oder aber Gutwilligkeit" apostrophiertes, oder auch „*vernünftiges*"

---

vertrat. Danach bedinge der Zweck des Zivilprozesses, ein rechtkräftiges Urteil herbeizuführen, dass die Prozessregelungen streng, ohne Wertungsspielraum befolgt werden müssten. Eine prozessuale Regelung finde Anwendung oder nicht, was keine Frage der Loyalität, des guten Glaubens oder der Fairness sei. Jede prozessuale Regelung beinhalte bereits alle für ihre Durchsetzung notwendigen Voraussetzungen sowie die Sanktionen für ihre Nichtbefolgung. Nach dieser Auffassung wird der Prozesszweck von jedem außerhalb des Prozessrechts liegenden Bezugspunkt abstrahiert (S. 292, 342). Die durch das Urteil erlangte zivilprozessual definierte Rechtskraft orientiere sich weder am materiellen Recht noch am öffentlichen Wohl. Es handelte sich folglich um eine innerprozessuale Prozesszweckbestimmung, durch welche alle Werte aus dem Prozessrecht eliminiert werden.

50 Böckenförde, Recht, Sittlichkeit und Toleranz, S. 27 (42).

51 Böckenförde, Recht, Sittlichkeit und Toleranz, S. 27 (42).

52 Pawlowski, Einführung, Rdnr. 190; ders., Rdnr. 846 m. w. N.

53 Pawlowski, Methodenlehre, Rdnr. 188; BVerfGE 41, 29, (50); Kirchner/Schwartze, Wirtschaftsethik, S. 876 (882).

54 Grundlegend: BVerfG NJW 1994, 38ff.

55 Fenge, DikIntern, 1996, Heft 3, S. 63 (74); Pawlowski, Einführung, Rdnr. 20.

56 Pawlowski, Einführung, Rdnr. 20; Mader, S. 92ff.; Larenz, Richtiges Recht, S. 23ff.; Zeller, S. 7ff.; Kirchner/Schwartze, Wirtschaftsethik, S. 876 (880).

Verhalten, etwa ohne moralisch vertretbaren Grund eine Befugnis im Einzelfall nicht auszuüben oder bestimmten Pflichten, (z. B. Formregelungen) nicht zu folgen[57]. Zu den von der Moral vorgegebenen Wertungen im Recht kann auch die Verwirklichung einer „gerechten und sozialen Justiz" gezählt werden; hier sind einzelne Werte wie die Sicherung eines fairen Verfahrens oder die Chancengleichheit zwischen den Parteien zu nennen. Ebenso findet sich ein allgemeines Gerechtigkeitsgebot für das Verhältnis zwischen den Parteien, insbesondere für die von ihnen angestrebte Interessendurchsetzung.

Zusammenfassend kann somit als Funktion der hier so genannten allgemeinen Rechtsmissbrauchsschranke festgehalten werden, dass es sich dabei um ein Korrektiv handelt, das eine zunächst von der Rechtsordnung eingeräumte zivilprozessuale Befugnis in einem weiteren Schritt zur Durchsetzung in ihr vorhandener übergeordneter Wertungen moralischen Ursprungs missbilligt und die Ausübung dieser Befugnis in irgendeiner Form beschränkt. Gesucht wird damit ein Rechtsinstitut, das so abstrakt – generell gefasst ist, dass mit ihm verschiedene übergeordnete Wertungen im Wege einer Beschränkung einer Vielzahl unterschiedlicher zivilprozessualer Befugnisausübungen der Parteien durchgesetzt werden können, die der Befugnisnorm nicht schon als tatbestandliche Grundvoraussetzung immanent sind. Es darf sich bei einer allgemeinen Rechtsmissbrauchsschranke also nicht nur um eine Spezialregelung handeln, die nur einzelne Werte berücksichtigt oder nur auf die Durchsetzung bestimmter Wertungen oder die Beschränkung bestimmter Befugnisse fixiert ist.

B. Die Umsetzung einer allgemeinen Rechtsmissbrauchsschranke im deutschen und französischen Urteilsverfahren

Unter Zugrundelegung der genannten Funktion und der damit verbundenen Anforderungen sollen nun verschiedene Rechtsinstitute des deutschen und des französischen Rechts auf ihre Geeignetheit als *allgemeine Rechtsmissbrauchsschranke* überprüft werden.

57 Vollkommer, S. 33.

1. Die allgemeine Rechtsmissbrauchsschranke im deutschen Urteilsverfahren

a) Zivilprozessuale Generalklauseln

Eine allgemeine Rechtsmissbrauchsschranke wäre zunächst in der deutschen Zivilprozessordnung selbst zu erwarten, dürfte doch das Bedürfnis nach einer entsprechenden Problemlösung dem Gesetzgeber nicht verborgen geblieben sein. Hier zeigt sich aber, dass der Begriff „Rechtsmissbrauch" in der ZPO weder definiert noch auch nur erwähnt wird. Durchaus gibt es für das Erkenntnisverfahren allgemeine Normen, die positiven Befugnissen andere, sich aus übergeordneten Werten ergebende, beschränkende Gegenpositionen entgegensetzen; ob sie aber gleichzeitig so gefasst sind, dass sie eine Vielzahl von Einzelfällen generalklauselartig korrigieren können, soll kurz anhand der folgenden Beispiele beleuchtet werden.

Als Norm, die übergeordnete Werte der Rechtsordnung im Prozess durchzusetzen hilft, fällt zunächst § 138 Abs. 1 ZPO ins Auge. Sie verpflichtet die Parteien zur Wahrheit und Vollständigkeit bei ihrem Prozessvortrag. Soweit eine Behauptung oder das Bestreiten einer Partei bzgl. tatsächlicher Umstände gegen die Wahrheitspflicht verstößt, bleibt dieses Vorbringen im Prozess unberücksichtigt[58]. Mit dieser ethischen Mindestanforderung[59] zur Wahrhaftigkeit wird der Zweck des Zivilprozesses unterstützt, dass die Parteirechte des Einzelnen nur in Verbindung mit der Parteiverantwortung zur Feststellung eines wahren Sachverhalts durchgesetzt werden sollen[60]. Die Norm dient folglich der Durchsetzung der Gerechtigkeit im Prozess und hat einen moralischen Hintergrund[61]. Gleichwohl fehlt es an der für eine allgemeine Rechtsmissbrauchsschranke zu fordernden Voraussetzung, dass diese auf die Ausübung verschiedener zivilprozessualer Befugnisse anwendbar ist. Die Wahrheitspflicht bezieht sich nur auf den Tatsachenvortrag der Parteien.

Ein weiteres Beispiel zur Umsetzung von übergeordneten Werten moralischen Ursprungs bieten die §§ 296, 528 ZPO. Sie präkludieren bestimmtes Parteivorbringen, wenn darin eine Prozessverzögerung zu sehen ist und dienen der Beschleunigung des Zivilprozesses. Die dahinter stehende Wertung, die sich auf verschiedene Angriffs- und Verteidigungsmittel beziehen kann, besteht darin, die Parteien zu „einer sorgfältigen und förderungsbewussten Mitwirkung und zur

---

58 Zöller/Greger, § 138 Rdnr. 7; Thomas/Putzo/Reichold, § 138 Rdnr. 9; MüKoZPO/Peters, § 138 Rdnr. 16; Baumbach/Lauterbach/Albers/Hartmann, § 138 Rdnr. 63ff.; Baur/Grunsky, Rdnr. 43.

59 Vgl. Staab, S. 38.

60 Stein/Jonas/Leipold, § 138 Rdnr. 1.

61 Staab, S. 29.

Einhaltung der ihnen hierfür vom Gericht gesetzten Fristen" im Sinne der Verwirklichung von Werten wie Gerechtigkeit, Rechtssicherheit und die Zweckmäßigkeit anzuhalten[62]. Allerdings beziehen sich auch diese Normen allein auf die Pflicht der Parteien zu rechtzeitigem Vorbringen.

Als letztes Beispiel sei noch die Kostenregelung des § 93 ZPO genannt. Diese der Prozesswirtschaftlichkeit dienende Norm stellt insofern eine Schranke dar, als dem Kläger die Prozesskosten zur Last fallen, wenn das Verhalten des Beklagten vor dem Prozess nicht so war, dass der Kläger annehmen konnte, er werde ohne Klage nicht zu seinem Recht kommen[63]. Wiederum sind die Tatbestandsvoraussetzungen (das sofortige Anerkenntnis des Beklagten oder das Fehlen der Veranlassung der Klageerhebung durch den Beklagten) zu speziell, um darin eine allgemeine Rechtsmissbrauchsschranke sehen zu können.

Es zeigt sich, dass die Beispielsnormen zwar eine Schrankenfunktion ausüben, aber stets auf spezielle kodifizierte Befugnisse der Parteien begrenzt sind, so dass sie die Funktion einer allgemeinen Rechtsmissbrauchsschranke nicht erfüllen können.

b) Das Verbot der Gesetzesumgehung

Gleichsam auf der nächsthöheren Stufe der Abstraktion kommt als allgemeine Rechtsmissbrauchsschranke das auch im Zivilprozessrecht geltende selbständige Verbot der Gesetzesumgehung in Betracht. Zwar findet sich keine allgemeine Norm, in der das Umgehungsverbot fixiert ist. Das Gesetz sieht jedoch zahlreiche Spezialregelungen vor, die ein solches Verhalten untersagen[64]. Unter einer Gesetzesumgehung versteht man im deutschen Recht ein Verhalten, mit dem sich eine Person bestimmten Ge- oder Verboten entziehen will, indem sie den bezweckten Erfolg der Norm durch Manipulation vereitelt[65]. Durch die Manipulation wird versucht, ein in einer bestimmten Situation anwendbares Recht durch tatsächliche oder rechtliche Veränderungen auszuschließen, um es durch ein vorteilhafteres Recht zu ersetzen[66]. Vorausgesetzt wird nicht, dass eine bestimmte Norm umgangen wird; ausreichend ist, dass eine gewisse, die Fallsituation betreffende Konzeption eines Rechts umgangen wird[67]. Z. B. wird eine günstige Norm

---

62 Zöller/Greger, § 296 Rdnr. 1, MüKoZPO/Prütting, § 296 Rdnr. 2ff.; Baumbach/Lauterbach/Albers/Hartmann, § 296 Rdnr. 2.

63 Zöller/Herget, § 93 Rdnr. 3; MüKoZPO/Belz, § 93 Rdnr. 1; Baumbach/Lauterbach/Albers/Hartmann, § 93 Rdnr. 4.

64 Vgl. Aufzählung bei Heeder, S. 48ff.; Zeiss, S. 57ff.

65 Heeder, S. 39.

66 Heeder, S. 31.

67 Heeder, S. 306.

zu einem anderen als zu dem vom Gesetzgeber vorgesehenen Zweck eingesetzt[68]. Als „Tatbestandserschleichung" wird es bezeichnet, wenn die Anwendbarkeit einer günstigen Norm herbeigeführt wird, indem ihre Voraussetzungen geschaffen werden. Die Gesetzesumgehung kann auch in Form der „Tatbestandsvermeidung" auftreten, bei der die Anwendbarkeit einer benachteiligenden Norm ausgeschlossen werden soll, obwohl sie ihrem Zweck nach anwendbar wäre[69].

Allerdings will die heute ganz h. M.[70] aus diesen Grundsätzen kein eigenständiges Umgehungsverbot herleiten, sondern sieht darin ausschließlich ein mittels der Methode der Auslegung einer Norm gewonnenes Ergebnis. Diese Auffassung ist auch überzeugend, wird doch mit Hilfe der Auslegung untersucht, ob oder ob nicht im Einzelfall eine Umgehungshandlung unter den Tatbestand des umgangenen Gesetzes fällt, so dass man entgegen dem Zweck der Manipulation trotzdem zur Anwendung bzw. Nichtanwendung ihrer erwünschten oder unerwünschten Rechtsfolgen gelangt[71]. Stets wird demnach das Objekt der Umgehung ausgelegt, demnach die nachteilige Norm, die vermieden bzw. die vorteilhafte Norm, die angewendet werden sollte. Das Verbot der Gesetzesumgehung führt so nur zu einer genauen Inhaltsbestimmung einer Norm. Bei Vorliegen einer Gesetzesumgehung wird bereits die formal ordnungsgemäße Ausübung der Normbefugnis verneint. Mittels Auslegung werden daher nur solche Wertungen berücksichtigt, die bereits Teil der Norm sind. Eine Kollision mit übergeordneten anderen Wertungen der Rechtsordnung wird durch das Verbot der Gesetzesumgehung nicht gelöst, so dass das Verbot die Funktion der allgemeinen Rechtsmissbrauchsschranke nicht zu erfüllen vermag.

c) Die Lehre vom Rechtsschutzbedürfnis

Betrachtet man weitere zivilprozessuale Rechtsinstitute, scheint der Rückgriff auf die prozessrechtliche Lehre vom Rechtsschutzbedürfnis[72] als allgemeine Rechtsmissbrauchsschranke nahe zu liegen. Unter dem Rechtsschutzbedürfnis wird das

---

68 Zeiss, S. 58.

69 Zeiss, S. 58; Teichmann, S. 64f.

70 Siehe dazu Überblick bei Heeder, S. 74, Fn. 189 sowie bei Bickel, JuS 1987, 861 (864 Fn. 20); Zeiss, S. 58; Teichmann, S. 105; a. A. Rosenberg/Schwab/Gottwald, § 65 VII 1., S. 362, Serick, S. 23; Wollenschläger, AuR 1975, 222 (223), die darin einen Anwendungsfall des Grundsatzes von Treu und Glauben sehen wollen; von einem selbständigen Umgehungsverbot gehen aus: Bähr, S. 57; MüKoBGB/Mayer-Maly/Armbrüster, § 134 Rdnr. 16, 18.

71 Heeder, S. 152; Teichmann, S. 15ff.

72 Die Terminologie in Literatur und Rechtsprechung ist uneinheitlich; synonym verwandt werden „Rechtsschutzinteresse", „berechtigtes Interesse", „rechtliches Interesse".

Erfordernis eines berechtigten Interesses des Klägers verstanden, zur Erreichung des begehrten Rechtsschutzes zulässigerweise ein Zivilgericht in Anspruch zu nehmen[73].

Die Zivilprozessordnung fordert die Darlegung eines Rechtsschutzbedürfnisses explizit nur bei einer Feststellungsklage gemäß § 256 ZPO und bei einer Klage auf künftige Leistung gemäß § 259 ZPO. Für die übrigen Klagearten wird es regelmäßig als bestehend vorausgesetzt und allenfalls geprüft, ob es ausnahmsweise fehlt[74]. Insofern stellt das Rechtsschutzbedürfnis nach der h. L.[75] eine allgemeine Sachurteilsvoraussetzung aller Klagen dar, die eine unnütze oder unlautere Anrufung des Gerichts und die Ausnutzung des Verfahrens zur Verfolgung zweckwidriger und daher nicht schützenswerter Ziele verhindern soll. Maßstab für seine Bejahung oder Verneinung ist folglich die Übereinstimmung des mit der Klage oder dem Rechtsmittel erstrebten prozessualen Zwecks[76]. Daran soll es beispielsweise fehlen, wenn sich das Interesse der Partei auf eine unmögliche Leistung richtet, die beklagte Partei den eingeklagten Anspruch bereits erfüllt hat[77], der Prozess oder die Prozesshandlung mutwillig eingeleitet oder ein prozessfremder Zweck verfolgt wird, etwa weil ein Verfahren nicht den Schutz der Rechtsgüter des Klägers bezweckt, sondern nur zum Schein, zur Umgehung zwingender prozessualer Bestimmungen oder zur Vereitelung eines Rechtes oder Schädigung eines anderen geführt wird[78]. Das Fehlen des Rechtsschutzbedürfnis-

---

73 BGH NJW 1987, 3138 (3139); BGH NJW-RR 1989, 263ff.; BGH GRUR 1993, 576 (577); Musielak/Foerste, Vorbem. Rdnr. 7; Rosenberg/Schwab/Gottwald, § 92 IV Nr. 1, S. 516 m. w. N.; Thomas/Putzo/Reichold, Vorbem. § 253 Rdnr. 26; Zeiss, ZPO, Rdnr. 292ff.; Baumbach/Lauterbach/Hartmann, Grdz. § 253 Rdnr. 33, 34; Stein/Jonas/Schumann, vor § 253 Rdnr. 101; Zöller/Greger, vor § 253 Rdnr. 18; Jauernig, § 35 I., S. 142.

74 Jauernig, § 35 I., S. 142.

75 Thomas/Putzo/Reichold, vor § 253 Rdnr. 26; Jauernig, § 35 I., S. 142; Baumbach/Lauterbach/Hartmann, Grdz. § 253 Rdnr. 33; Zöller/Greger, vor § 253 Rdnr. 18; Rosenberg/Schwab/Gottwald, § 92 IV, S. 515 f.; Baur/Grunsky, Rdnr. 100; BGH NJW 1987, 3138ff. m. w. N.; Allorio, ZZP 67 (1954), 321f.; a. A. Stein/Jonas/Schumann, vor § 253 Rdnr. 129, der darin eine Rechtsschutzvoraussetzung sieht, die anders als eine Sachurteilsvoraussetzung nur eine „bedingte Voraussetzung“ des Sachurteils darstelle, so dass bei Unbegründetheit des Begehrens auch eine Sachabweisung erfolgen könne.

76 Baumgärtel, ZZP 69 (1956), 89 (99); Schönke, S. 11ff.; ders., AcP 150 (1949), 216 (224); Pohle, FS f. Lent, S. 195, (197); Stein/Jonas/Schumann, vor § 253 Rdnr.101.

77 Thomas/Putzo/Reichold, Vorbem. § 253 Rdnr. 27; Baumbach/Lauterbach/Hartmann, Grdz. § 253 Rdnr. 40.

78 Vgl. Thannhäuser, S. 71 ff. m. w. N.; weitere Beispiele bei Baumbach/Lauterbach/Hartmann, Grdz. § 253 Rdnr. 36ff. sowie bei Stein/Jonas/Schumann, vor § 253 Rdnr. 105ff.

ses ist von Amts wegen zu berücksichtigen[79] und führt zur Abweisung der Klage als unzulässig[80]. Folgt man der h. L., spricht allerdings gegen die Eignung des Kriteriums des Rechtsschutzbedürfnisses als allgemeine Rechtsmissbrauchsschranke, dass als prozessuale Befugnis allein die Klagebefugnis beschränkt wird[81]. Als Voraussetzung für die Ausübung anderer prozessualer Befugnisse taugt das Rechtsschutzbedürfnis danach nicht, denn solche werden durch eine allgemeine Sachurteilsvoraussetzung nicht in ihrer Ausübung beschränkt[82].

Weitergehend will aber eine andere Auffassung in dem Rechtsschutzbedürfnis nicht nur eine allgemeine Sachurteilsvoraussetzung, sondern auch eine allgemeine Rechtsschutzgewährungsvoraussetzung sehen[83]. So verstanden stellt das Rechtsschutzbedürfnis eine Voraussetzung für alle Prozesshandlungen dar, die auf die Erfüllung des Prozesszwecks gerichtet sind[84]. Jede Ausübung einer prozessualen Befugnis sei danach daraufhin zu überprüfen. Der Staat setze für die Inanspruchnahme der Rechtspflege grundsätzlich voraus, dass das individuelle Interesse des Antragstellers für das öffentliche Interesse des Staates an der Gewährung von Rechtsschutz ausreichend ist[85]. Folge dieser Ansicht wäre, das jeder prozessualen Befugnis zwingend, nicht nur in Zweifelsfällen, eine teleologische Prüfung vorauszugehen hätte. Die bereits vom Gesetzgeber bei der Implementierung einer Norm vorgenommenen Wertungen müssten vom Richter in jedem Einzelfall erneut überprüft werden[86].

Diese Auffassung begegnet hingegen praktischen und rechtlichen Bedenken. Der Rechtsschutz würde in zu weitem Umfang ausgeschlossen[87]. Würde es sich tatsächlich um eine zwingende, grundsätzlich zu prüfende Zulässigkeitsvoraussetzung jeder prozessualen Befugnisausübung handeln, könnte keine Partei mehr sicher sein, dass ihr eine bestimmte Befugnis selbst bei Erfüllung der gesetzli-

---

79 BGH NJW 1990, 3085 (3086).

80 Thomas/Putzo/Reichold, vor § 253 Rdnr. 26; Zöller/Greger, vor § 253 Rdnr. 18; Baumbach/Lauterbach/Hartmann, Grdz. § 253 Rdnr. 35; BGH NJW 1987, 3138 (3139) m. w. N.

81 Baumgärtel, ZZP 69 (1956), 89 (100).

82 Zöller/Greger, vor § 253 Rdnr. 18; Stein/Jonas/Schumann, vor § 253 Rdnr. 117; Fasching, FS f. Schwab, 101 (106).

83 Schönke, AcP 150 (1949), 216f.; ders., S. 14ff.; Zeiss, ZPO, Rdnr. 304; dagegen: Allorio, ZZP 67 (1954), 321f.; Pohle, FS f. Lent, S. 195ff.; Stein/Jonas/Schumann, vor § 253 Rdnr. 117.

84 Thannhäuser, S. 82; Schönke, S. 13.

85 Schönke, S. 13.

86 Vgl. Allorio, ZZP 67 (1954), 321 (339f.); Pohle, FS f. Lent, S. 195ff. ; Costede, ZZP 82 (1969), 438 (446).

87 Pohle, FS f. Lent, S. 220.

chen Voraussetzungen zustünde[88]. Hinzu käme die Gefahr, dass den Gerichten durch Verneinung des Rechtsschutzbedürfnisses bereits bei der Zulässigkeitsprüfung die Möglichkeit geboten würde, „an die Stelle von Sach- bloße Prozessentscheidungen zu setzen und der Verhandlung und Entscheidung komplizierter Sachfragen auszuweichen“[89]. Zudem dürfte einer derart umfassenden Anwendung des Rechtsschutzbedürfnisses Art. 6 der Konvention zum Schutz der Menschenrechte und Grundfreiheiten vom 04.11.1950[90] entgegenstehen. Da das Rechtsschutzbedürfnis nicht auf eine verfassungsrechtliche Norm gründet, könnte die Zurückweisung einer prozessualen Befugnis wegen Unzulässigkeit das rechtliche Gehör einer Partei verletzen[91]. Einem derart unbestimmten Rechtsinstitut wie dem Rechtsschutzbedürfnis kann daher nach der hier vertretenen Auffassung nicht die Funktion einer allgemeinen Rechtsschutzgewährungsvoraussetzung zukommen. Insofern ist mit der h. M. das Rechtsschutzbedürfnis im Sinne einer bloßen Sachurteilsvoraussetzung der Klage nicht als allgemeine Rechtsmissbrauchsschranke geeignet, weil es nur auf die Befugnis zur Klageerhebung beschränkend wirkt.

d) Die Lehre von der unzulässigen Rechtsausübung

Auch die Erstreckung der so genannten Lehre von der unzulässigen Rechtsausübung auf das Zivilprozessrecht könnte eine allgemeine Rechtsmissbrauchsschranke ergeben. Ursprünglich im materiellen Recht begründet, beschäftigt sich diese Lehre mit dem Verhältnis des subjektiven Rechts zu seinen Schranken[92]. Dabei handelt es sich nicht um solche Schranken, die als negative Tatbestandsvoraussetzungen Teil der betreffenden Norm selbst sein könnten. Vielmehr ergibt sich die Beschränkung aus bestimmten, den Normen jeweils übergeordneten Gegenpositionen moralischen Ursprungs. Dies bedeutet aber nicht, dass es sich um Beschränkungen handelt, die „von außen“ an die Befugnis herantreten; nach der heute unbestrittenen so genannten „Innentheorie“[93] ist die sich aus der Anwen-

---

88 Costede, ZZP 82 (1969), 438 (446) ; Allorio, ZZP 67 (1954), 321 (331ff.).
89 Allorio, ZZP 67 (1954), 321 (343); Stein/Jonas/Schumann, vor § 253 Rdnr. 102bff.
90 BGBl 1952 II S. 686, 953, zuletzt geändert durch Prot Nr. 5 vom 20.01.1966, BGBl 1968 II S. 1120, zuletzt geändert durch Bek. vom 06.09.1988, BGBl. II S. 860.
91 Vgl. hierzu: Stein/Jonas/Schumann, vor § 253 Rdnr. 104.
92 Haferkamp, S. 14; Siebert, Verwirkung, S. 83ff.
93 BGHZ 30, 140 (145); Siebert, Verwirkung, S. 38, 87ff.; ders., Rechtsmissbrauch, S. 203; ders., JW 1937, 2495 (2496); Wieacker, S. 46; Palandt/Heinrichs, § 242 Rdnr. 38; MüKoBGB/Roth, § 242 Rdnr. 63; MüKoBGB/Grothe, § 226 Rdnr. 1; Soergel/Fahse, § 226 Rdnr. 1; Staudinger/Werner, § 226 Rdnr. 3; a. A. die früher vertretene „Außentheorie“, die davon ausgeht, dass ein Recht auch bei missbräuchlicher Ausübung zunächst unverändert fortbestehe. Erst von außen träten Schranken

dung der Regeln der unzulässigen Rechtsausübung ergebene Beschränkung jeder prozessualen Befugnis entsprechend ihrer sozialen Funktion immanent. Die Schranke verändert danach den Inhalt der Befugnis, indem sie das missbilligte Verhalten im Rahmen einer nachträglichen Prüfung aus dem Inhalt herausnimmt. Werden diese immanenten Schranken überschritten, liegt im inhaltlich beschränkten Bereich eben keine zulässige Rechtsausübung, sondern ein „Handeln ohne Recht“ vor[94]. *Siebert* bezeichnet dies als Relativität des Rechtsinhalts, der von den Umständen des Einzelfalls abhängig ist[95]. Wie für eine allgemeine Rechtsmissbrauchsschranke gefordert, schränkt also die Lehre von der unzulässigen Rechtsausübung die Ausübung formal bestehender Befugnisse im Nachhinein aufgrund unterschiedlicher Wertungen wieder ein,

Zur Überprüfung, ob die materiellrechtliche Lehre von der unzulässigen Rechtsausübung als allgemeine zivilprozessuale Rechtsmissbrauchsschranke geeignet ist, soll nun auf ihre Grundlagen eingegangen werden. Im materiellen Recht basieren die von dieser Lehre angenommenen Schranken auf den Tatbeständen der §§ 226, 826 und 242 BGB, denen die Abwehr der Arglist zugrunde liegt. Damit ist der Untersuchung zugleich die grundsätzliche Vorfrage der Anwendbarkeit dieser Normen im Zivilprozessrecht vorgegeben:

(1) § 242 BGB

Zunächst kommt die Generalklausel des § 242 BGB als dogmatische Grundlage für eine allgemeine Rechtsmissbrauchsschranke im Zivilprozessrecht in Betracht. § 242 BGB bestimmt: *„Der Schuldner ist verpflichtet, die Leistung so zu bewirken, wie Treu und Glauben mit Rücksicht auf die Verkehrssitte es erfordern.“* Unter dem Grundsatz von Treu und Glauben wird zum einen das Gebot verstanden, sich redlich und loyal zu verhalten[96], demnach zu seinem Wort zu stehen und das in einen gesetzte Vertrauen einer anderen Person nicht zu enttäuschen[97]. Zum anderen enthält der Grundsatz auch das Gebot der billigen Rücksichtnahme

---

an das Subjekt des jeweiligen Rechts heran und untersagten die Ausübung oder grenzten sie zumindest ein. Die Schranken resultieren danach aus einer neben der allgemeinen Rechtsordnung existierenden höheren auf moralischen und ethischen Prinzipien beruhenden Ordnung, vgl. Hirsch, S. 32ff.; Oertmann, 2 zu § 226 Rdnr. 2; Planck/Knoke, 5 zu § 226; vgl. diese Ansicht darstellend auch Haferkamp, Fn. 522 und Siebert, Verwirkung, S. 85 jeweils m. w. N.

94 Palandt/Heinrichs, § 242 Rdnr. 38; Siebert, Rechtsmißbrauch, S. 203; ders., Verwirkung, S. 90; Rüdy, S. 41; Mader, S. 117.

95 Siebert, Verwirkung, S. 89; ähnlich Mader, S. 117.

96 MüKoBGB/Roth, § 242 Rdnr. 11, 45; Palandt/Heinrichs, § 242 Rdnr. 3ff.

97 Larenz, SR I, § 10, S. 125f.; Staudinger/Schmidt, § 242 Rdnr. 141ff.; Palandt/Heinrichs, § 242 Rdnr. 3.

auf die schutzwürdigen Interessen des Partners einer rechtlichen Beziehung in dem Sinne, dass entsprechend den bestehenden Wertungen von einer Rechtsgleichheit ausgegangen wird[98]. Isoliert betrachtet wird die *Treue* als eine auf Zuverlässigkeit, Aufrichtigkeit und Rücksichtnahme beruhende äußere und innere Haltung gegenüber einem anderen verstanden[99]. Der *Glaube* ist dann das Vertrauen auf eine solche Handlung[100]. Die sich aus § 242 BGB ergebenen Schranken können sich somit in der Zusammenschau aus einer Pflicht zur Rücksichtnahme auf die schutzwürdigen Gegeninteressen anderer, aus der notwendigen Sozialverträglichkeit des Rechts oder aus anderen rechtsethischen Motiven ergeben[101]. Aufgrund der generellen Formulierung können durch den Grundsatz von Treu und Glauben sämtliche Werte moralischen Ursprungs Eingang in das Recht finden[102]. Der Grundsatz setzt dort Schranken, wo die Rechts- oder Befugnisausübung zu untragbaren, mit Recht und Gerechtigkeit offensichtlich unvereinbaren Ergebnissen führte[103].

Das grundsätzliche dogmatische Problem bei der Fruchtbarmachung des materiellrechtlichen Grundsatzes von Treu und Glauben für das Zivilprozessrecht stellt das im deutschen Recht geltende „Trennungsdogma" dar, wonach Zivil- und Zivilprozessrecht von verschiedenen Zielen und Denkweisen geprägt seien[104]. Die Trennung beginnt bei den obersten Einteilungsprinzipien und setzt sich stringent bis in dogmatische Einzelheiten fort. Das Zivilprozessrecht wird konsequent zum öffentlichen Recht gezählt, welches dem materiellen Privatrecht gegenüberstehen und dessen Schutz sowie der Durchsetzung der privaten Rechte zu dienen bestimmt sein soll[105]. Regeln Normen die Rechte und Pflichten der Parteien unter Ausschluss ihrer gerichtlichen Durchsetzung, handelt es sich danach um materiellrechtliche Normen, die – soweit sie keine Anwendung finden – vor Gericht zur Abweisung eines Anspruchs als unbegründet führen. Regeln die Normen dagegen das gerichtliche Verfahren, handelt es sich um Prozessnormen, deren Verletzung zur Prozessabweisung führt[106]. Das materielle Recht entscheidet mithin allein über außerprozessuale Wirkungen eines Parteiprozessverhaltens; umgekehrt kann die materiellrechtliche Widerrechtlichkeit einer Prozess-

98 MüKoBGB/Roth, § 242 Rdnr. 45ff.; Staudinger/Schmidt, § 242 Rdnr. 143; BGHZ 49, 148 (153); Palandt/Heinrichs, § 242 Rdnr. 3.
99 Staudinger/Schmidt, § 242 Rdnr. 142.
100 Palandt/Heinrichs, § 242 Rdnr. 3; Staudinger/Schmidt, § 242 Rdnr. 142.
101 Mader, S. 114; Fenge, S. 55; Haferkamp, S. 15; Staudinger/Werner, § 226 Rdnr. 1.
102 MüKoBGB/Roth, § 242 Rdnr. 11.
103 Palandt/Heinrichs, § 242 Rdnr. 2.
104 Vgl. Konzen, S. 81; Baumgärtel, ZZP 69 (1956), S. 89ff.; Larenz, SR I, § 10 II h), S. 143.
105 Kaufmann, JZ 1964, 482.
106 Konzen, S. 45; Neuner, S. 4; Henckel, S. 21; Kaufmann, JZ 1964, 482.

handlung nicht zur Unzulässigkeit derselben im Prozess führen[107]. Diese Abgrenzung von Zivil- und Zivilprozessrecht führt zu einem Dualismus der zwei Rechtsgebiete, der die gesamte wissenschaftliche Systembildung des deutschen Rechts prägt und mögliche Wechselwirkungen zwischen Zivil- und Zivilprozessrecht nur eingeschränkt zulässt[108]. Das Trennungsdogma hat so zur Folge, dass Vorstellungen und Normen des Bürgerlichen Rechts nur in Ausnahmefällen im Zivilprozessrecht angewendet werden.

Als eine solche Ausnahme vom Trennungsdogma wird heute aber gerade der Grundsatz von Treu und Glauben verstanden. Unstreitig wird er als allgemeines Prinzip gesehen, das aufgrund der idealiter zu fordernden „Einheit der Rechtsordnung“ in jedem Rechtsgebiet Anwendung finden soll[109]. Schließlich ordnet das Zivilprozessrecht wie das materielle Recht die Rechtsausübung moralischen Wertungsprinzipien unter, so dass beide Rechtsgebiete diesbezüglich übereinstimmen müssten[110]. Folglich kann ein solches Prinzip das Trennungsdogma durchbrechen und auch im Zivilprozessrecht berücksichtigt werden[111]. Auf diese Weise kann der Grundsatz von Treu und Glauben gemäß § 242 BGB auch im Zivilprozessrecht extensiv genutzt werden, um Tatbestandsmerkmale anderer Normen einzuengen, zu erweitern, sie zu modifizieren oder in Einzelfällen sogar eine andere Rechtsfolge herbeizuführen[112].

Ob allerdings die Anwendung des Grundsatzes von Treu und Glauben nicht doch im Hinblick auf einzelne funktionsspezifische Rechtsinstitute des Zivilprozesses Einschränkungen erfahren muss, es also einer Gegenausnahme bedarf, wird insbesondere im Geltungsbereich der so genannten „Formenstrenge“ im Zivilprozess[113] unterschiedlich gesehen. Durch den Zwang zur Einhaltung bestimmter Fristen oder besonderer anderer Formalitäten werden klare Tatbestände und Verfahrensabschnitte bezweckt[114]. Die Einhaltung der Formenstrenge dient der Rechtssicherheit im Prozess sowie der Sicherung einer effektiven Rechtsausübung[115].

---

107 Konzen, S. 43.

108 Henckel, S. 17; ders., Gerechtigkeitswert, S. 11f.; Konzen, S. 46; Zöllner, AcP 190 (1990), 471ff.

109 Baumgärtel, ZZP 69 (1956), 89, (91); Siebert, Verwirkung, S. 126.

110 Henckel, S. 62, 63.

111 Hellwig, System I, S. 459; Konzen, S. 79, 80; Siebert, Verwirkung, S. 126; Baumgärtel, ZZP 69 (1956), 89, (91); Kaufmann, JZ 1964, 482; Larenz, SR I, § 10 II h), S. 143.

112 Weber, JuS 1992, 631 (634).

113 Vgl. Zöller/Vollkommer, Einl. Rdnr. 94.

114 Zeiss, S. 35; Vollkommer, S. 39.

115 Vollkommer, S. 12ff., 39ff.

Aus diesem Grunde soll der Grundsatz von Treu und Glauben nach zum Teil in der Literatur vertretener Ansicht[116] auf die dem Formenzwang unterliegenden Normen nicht uneingeschränkt anwendbar sein. Unter bestimmten Voraussetzungen dürften solche Normen zur Gewährung der Rechtssicherheit nicht durch Schranken, die sich aus dem Grundsatz von Treu und Glauben ergeben, beeinflusst werden, sondern müssten diesbezüglich „unantastbar" sein[117]. Der in diesen Fällen bestehende absolute Vorrang von Rechtssicherheit und Formenstrenge vor der Einzelfallgerechtigkeit bedeute für den Grundsatz von Treu und Glauben einen Anwendungsausschluss[118].

Als Kriterium zur Ermittlung der dem Formenzwang unterliegenden zivilprozessualen Normen wird teilweise das „öffentliche Interesse"[119] herangezogen. Das öffentlichen Interesse an der Einhaltung der Formenstrenge soll danach immer dann überwiegen, wenn die betroffene Norm von Amts wegen zu berücksichtigen und der Parteidisposition entzogen sei[120]. Diese Definition erscheint jedoch zu eng und berücksichtigt nicht hinreichend die tatsächliche Vielgestaltigkeit des Begriffs des „öffentlichen Interesses" sowie die damit verbundene Weite der Nichtanwendbarkeit von Treu und Glauben[121]. Gemeint sein können mit dem Begriff beispielsweise das „allgemeine Wohl", aber auch die unterschiedlichen, sich ständig wandelnden Interessen der Öffentlichkeit[122]. Das öffentliche Interesse kann im Einzelfall aber auch gerade darin bestehen, dass das materielle Recht nicht an einer Formvorschrift scheitert und damit die Anwendung des Grundsatzes von Treu und Glauben unterstützen. Indem mit der Berücksichtigung des Grundsatzes von Treu und Glauben den allgemein in der Rechtsordnung verkörperten Wertungen Rechnung getragen wird, soll damit gerade auch zwingendes Recht beeinflusst werden. Es überzeugt daher nicht, dass eine grundsätzlich auch im öffentlichen Interesse kodifizierte prozessuale Befugnis dem Grundsatz von Treu und Glauben nicht zugänglich sein soll.

---

116 Zeiss, S. 35, 38; Baur, Summum ius summa iniuria, S. 97 (114); Baumgärtel, ZZP 69 (1956), 97, 131; ders., AcP 169 (1969), 181 (182).

117 MüKoZPO/Lüke, Einl. III Rdnr. 33; Zeiss, S. 35; ders., ZPO, Rdnr. 220; Baur, Summum ius, summa iniuria, S. 97 (112ff.).

118 Vgl. Vollkommer, S. 20; Zeiss, ZPO, Rdnr. 220; MüKoBGB/Roth, § 242 Rdnr. 89ff.; Konzen, S. 237f.; Baumgärtel, ZZP 86 (1973), 353, (358f.).

119 Zeiss, S. 35; Hellwig, System I, S. 459.

120 Zeiss, S. 35ff.

121 Baumgärtel, ZZP 69 (1956), 89 (96); ders., ZZP 86 (1973), 353, (359); Koch, S. 12ff.

122 Koch, S. 12.

Überzeugender ist vielmehr eine andere Ansicht in der Literatur[123], die die Anwendung des Grundsatzes von Treu und Glauben auf zivilprozessuale Befugnisse nur dann verneinen will, wenn die betreffende Gesetzesregelung selbst bereits zu Lasten des materiellen Gerechtigkeitsgedankens erfolgte, sie vornehmlich der Gewährleistung des für den Gang der Rechtspflege unerlässlichen Mindestmaßes von Rechtssicherheit zu dienen bestimmt ist. Für die Nichtanwendung von Treu und Glauben ist danach maßgebend, dass eine Werteabwägung bereits erkennbar durch den Gesetzgeber stattgefunden hat, indem der Gerechtigkeitsgedanke eindeutig anderen Wertungen im Rahmen der Norm untergeordnet wurde.

Auch nach der Rechtsprechung[124] kann grundsätzlich auf Normen, die dem Formenzwang unterliegen, der Grundsatz von Treu und Glauben angewendet werden. Die Formenstrenge des Zivilprozesses ist danach kein Selbstzweck[125]. Daher stehe auch bei Formvorschriften im Vordergrund, dass sie dem Schutz des sachlichen Rechts zu dienen bestimmt seien. Es sei somit immer zu fragen, welcher Grad an Formenstrenge nach den maßgeblichen verfahrensrechtlichen Vorschriften sinnvoll zu fordern sei. Bei der Entscheidung, inwieweit die Ausübung einer prozessualen Befugnis durch Formenzwang oder durch Treu und Glauben eingeschränkt werden könne, müsse zwischen den Wertungen der Rechtssicherheit und der Gerechtigkeit abgewogen werden[126]. Als Ergebnis dieser Abwägung sollen nur bestimmte einzelne prozessuale Normen dem Grundsatz von Treu und Glauben nicht zugänglich sein, insbesondere solche, die Fristen für Ausübungshandlungen festlegen oder die Form der Klage- und Rechtsmittelschriften bestimmen.

Im Ergebnis stellt daher sowohl ein Teil der Literatur, auch die Rechtsprechung als Kriterium für die Anwendung des Grundsatzes von Treu und Glauben auf die dem Formenzwang unterliegenden Normen auf den bereits in einer Norm verwirklichten Gerechtigkeitsgedanken ab. Insofern stimmen sie dahingehend überein, dass sie den Grundsatz von Treu und Glauben nur nicht auf die Normen über die Form der Klageschriften und Rechtsmittelschriften sowie die Normen anwenden, welche Fristen festlegen.

Als letztes Anwendungshindernis des Grundsatzes von Treu und Glauben kommt der Wortlaut des § 242 BGB selbst in Betracht. Der Tatbestand verlangt ein „Schuldverhältnis“. Dabei wir aber unbestritten anerkannt, dass folgerichtig

---

123 Baumgärtel, ZZP 69 (1956), 89, 97; ders., AcP 169 (1969), 181 (182); ders., ZZP 86 (1973), 353, (359/360); vgl. auch Larenz, SR I, § 10 III, S. 146.

124 RGZ 123, 204 (206); 133, 365 (369); BGHZ 113, 228 (231).

125 Vgl. auch Henckel, Gerechtigkeitswert, S. 9.

126 Vollkommer, S. 46, 55; BVerfG 15, 288 (292); 88, 118 (126); BGHZ 101, 134 (137).

zur Akzeptanz der weiten Anwendbarkeit des § 242 BGB als rechtsgebietsübergreifendes Prinzip auch für den Zivilprozess über den Wortlaut der Norm hinaus eine so genannte „Sonderverbindung“[127] bzw. ein „sozialer Kontakt“ als personale Verbindung[128] ausreichen muss. Der geforderte soziale Kontakt wird in dem Prozessrechtsverhältnis der Parteien zueinander, aber auch der Parteien zum Gericht und umgekehrt gesehen[129], welches die Gesamtheit der prozessualen Rechtsbeziehungen umfasst und gegenseitige Rücksichtnahme verlangt[130].

Im Ergebnis ist nach alledem der Grundsatz von Treu und Glauben auf die unterschiedlichsten prozessualen Befugnisse im Prozess anwendbar[131] und erfüllt damit die Anforderungen an eine allgemeine Rechtsmissbrauchsschranke.

(2) § 226 BGB

Auf den ersten Blick erscheint auch der „Schikaneparagraph“, § 226 BGB, zur Transponierung der Lehre von der unzulässigen Rechtsausübung ins Zivilprozessrecht geeignet. Die Vorschrift bestimmt: „*Die Ausübung eines Rechts ist unzulässig, wenn sie nur den Zweck haben kann, einem anderen Schaden zuzufügen.*“ Ursprünglich als allgemeine materiellrechtliche Rechtsmissbrauchsschranke vorgesehen erwies sie sich schon bald nach In-Kraft-Treten des BGB als zu eng. Indem die Ausübung eines Rechts nur untersagt wird, wenn die Ausübungshandlung eine ausschließliche Schädigungsabsicht erkennen lässt, konnte daraus schon für das materielle Recht kein allgemeines Verbot des Rechtsmissbrauchs abgeleitet werden[132]; denn eine solche Schädigungsabsicht ist zumeist nur schwer zu beweisen. Insgesamt erscheint die Norm als Einfallstor für moralisch-ethische Wertungen in das Zivilrecht ungeeignet[133]. Zudem verstößt eine allein von dem

---

127 Weber, JuS 1992, 631, (635) m. w. N.; Siebert, Verwirkung, S. 123; Larenz, SR I, § 10 I, S. 127.

128 Palandt/Heinrichs, § 242 Rdnr. 6; MüKoBGB/Roth § 242 Rdnr. 72ff.; Weber, JuS 1992, 631, (635).

129 Baumgärtel, ZZP 69 (1956), 89, (93); ders., ZZP 86 (1973), 353, (358); vgl. zum Prozessrechtsverhältnis auch Lüke, ZZP 108 (1995), 427ff.

130 Rosenberg/Schwab/Gottwald, § 2 I, S. 8; Baumgärtel, ZZP 69 (1956), 89, (108).

131 Baumgärtel, ZZP 69 (1956), 89, (90); MüKoZPO/Lüke, Einl. Rdnr. 33; Zöller/Vollkommer, Einl. Rdnr. 56; Stein/Jonas/Schumann, 20. Aufl., Einl. IV Rdnr. 242ff.; Siebert, Verwirkung, S. 126; Rosenberg/Schwab/Gottwald, § 65 VI, S. 362; Bernhardt, ZZP 66 (1953), 77ff.; Jauernig, ZZP 66 (1953), 389ff.; Dölle, FS f. Riese, S. 279ff.; RGZ 102, 217 (222); RGZ 161, 350 (359); RGZ 162, 65 (67); BGH NJW 1961, 826 (828); BGHZ 50, 191 (196); 102, 199 (203).

132 Siebert, Verwirkung, S. 106ff.; ders., Rechtsmissbrauch, S. 8; Staudinger/Werner, § 226 Rdnr. 7ff.; Henckel, S. 363; Haferkamp, S. 124; Merz, ZfRV 1977, 162 (167).

133 RGZ 64, 220 (223f.); RGZ 71, 432 (435); RGZ 76, 150 (154); RGZ 78, 137 (142); RGZ 86, 191 (195); RGZ 107, 357 (363); RGZ 135, 374 (376).

Zweck der Schadenszufügung getragene Handlung stets auch gegen den Grundsatz von Treu und Glauben, es sei denn, man würde in dem Prozessrechtsverhältnis der Parteien keine Sonderverbindung sehen. § 226 BGB wird also ohnehin von § 242 BGB konsumiert[134].

(3) § 826 BGB

Wegen seines Wortlautes: „*Wer in einer gegen die guten Sitten verstoßenden Weise einem anderen vorsätzlich Schaden zufügt, ist dem anderen zum Ersatze des Schadens verpflichtet*", scheint neben § 242 BGB auch § 826 BGB als allgemeine Rechtsmissbrauchsschranke im zivilprozessualen Urteilsverfahren in Betracht zu kommen.

Nach Rechtsprechung und h. L.[135] verstößt ein Verhalten dann gegen die „guten Sitten", wenn es dem Anstandsgefühl aller billig und gerecht Denkenden widerspricht. Darunter soll „das Rechts- und Sittlichkeitsbewusstsein des Volkes"[136], d. h. die herrschende Rechts- und Sozialmoral zu verstehen sein. Sittenwidriges Verhalten stellt sich jedoch nicht allein als objektives Faktum dar; verlangt wird als weitere Voraussetzung, dass der sittenwidrig Handelnde Kenntnis von seinem sittenwidrigen Verhalten hat[137]. Daneben wird mit Bezug auf die Rechtsfolge gefordert, dass die sittenwidrig handelnde Partei hinsichtlich der Schadensfolgen vorsätzlich handelt, der Schädiger sie also voraussieht und zumindest billigend in Kauf nimmt[138]. Liegen diese Voraussetzungen vor, haftet er aus § 826 BGB auf Schadensersatz. Die grundsätzlich für eine deliktische Haftung im deutschen Recht erforderliche Rechtswidrigkeit der Handlung wird gleichsam vorausgesetzt, indem das gegen die guten Sitten verstoßende Verhalten zugleich als rechtswidriges Verhalten angesehen wird[139].

Es fragt sich, ob § 826 BGB neben § 242 BGB als allgemeine Rechtsmissbrauchsschranke eine Bedeutung zukommen kann. Der Gegenstand der Wertung ist insofern unterschiedlich, als sie bei § 242 BGB die Sonderbeziehung der Parteien betrifft, während sie sich im Rahmen des § 826 BGB an dem Verhalten ei-

---

134 Henckel, S. 363; Palandt/Heinrichs, § 226 Rdnr. 1; a. A. Staudinger/Werner, § 226 Rdnr. 18/19, der § 226 BGB im Prozess neben § 242 BGB anwenden will.

135 RGZ 48, 114ff. ; BGH NJW 1955, 1273 (1274); BGH NJW 1956, 337 (585, 707); Staudinger/Sack, § 138 Rdnr. 13ff.; Palandt/Thomas, § 826 Rdnr. 2, § 138 Rdnr. 2; Larenz, SR I, § 4 II b), S. 53; Siebert, Verwirkung, S. 112; Simitis, S. 16 m. w. N.

136 RGZ 80, 219 (221); BGH NJW 1955, 1274 (1275); BGHZ 10, 228 (232); Siebert, Verwirkung, S. 114ff.; Simitis, S. 18; Palandt/Thomas, § 826 Rdnr. 2, § 138 Rdnr. 2; Staudinger/Sack, § 138 Rdnr. 18.

137 RGZ 159, 211 (227) ; Deutsch/Ahrens, Rdnr. 234.

138 Vgl. nur: Palandt/Thomas, § 826 Rdnr. 9; BGH NJW 2001, 3187 (3189).

139 Simitis, S. 19 m. w. N. ; Deutsch/Ahrens, Rdnr. 232.

ner Partei orientiert[140]. Soweit die Sonderbeziehung aber vorliegt – und dies ist im zivilprozessualen Urteilsverfahren vermittels des Prozessrechtsverhältnisses zwischen den Parteien stets der Fall -, spielt diese Unterscheidung keine Rolle. Unbestritten stellt das von § 826 BGB vorausgesetzte, dem „Rechtsgefühl aller billig und gerecht Denkenden“ widersprechende Verhalten im Rahmen des zivilprozessualen Prozessrechtsverhältnisses zwischen den Parteien immer auch einen Verstoß gegen den Grundsatz von Treu und Glauben dar[141]. Indem § 826 BGB die Beachtung des sittlichen Rechtsbewusstseins sichern will, geht sein Tatbestand im Grundsatz von Treu und Glauben auf, der ebenfalls auf die sittliche Idee der gebundenen Rechtsausübung verweist[142].

Allein die normierte Rechtsfolge könnte § 826 BGB neben § 242 BGB eine Berechtigung als allgemeine Rechtsmissbrauchsschranke verschaffen. Die Konsequenz eines Schadensersatzes setzte jedoch im Vergleich zu § 242 BGB einschränkend voraus, dass das zu missbilligende Verhalten in jedem Fall vorsätzlich im Hinblick auf die Schädigung der gegnerischen Partei erfolgt sein muss. Diese Voraussetzung schränkte den oben definierten Anwendungsbereich einer allgemeinen Rechtsmissbrauchsschranke erheblich ein, sämtliche Befugnisausübungen mit fahrlässiger Schadensfolge würden ausgegrenzt. § 826 BGB kann somit nur als spezielle Beschränkung einer prozessualen Befugnisausübung gesehen werden.

Diese Schranke der Einhaltung der guten Sitten könnte im Zivilprozess eigenständige Bedeutung aber speziell dann erlangen, wenn Prozesshandlungen unredlich ausgeübt werden, denen im Verfahren eine bindende Wirkung zukommt[143], also nicht mehr mit Rechtsmitteln gegen sie vorgegangen werden kann. In Betracht kommen Fälle, in denen ein unrichtiges unanfechtbares Urteil durch sittenwidriges Verhalten erschlichen oder von einem Titel in sittenwidriger Weise Gebrauch gemacht wurde. Lassen besondere Umstände die Vollstreckung des Titels durch den Gläubiger missbräuchlich erscheinen, soll es einer Partei nach Ansicht der Rechtsprechung[144] möglich sein, Schadensersatz gemäß § 826 BGB zu verlangen. Gleichzeitig soll durch den Schadensersatzanspruch die Rechtskraft des Urteils durchbrochen werden[145]. § 826 BGB findet hier aber generell nur

---

140 Siebert, Verwirkung, S. 129; Henckel, S. 367.

141 Baumgärtel, ZZP 69 (1956), 89, (125); Zöller/Vollkommer, vor § 322 Rdnr. 72; Deutsch/Ahrens, Rdnr. 246; Larenz, § 10 I, S. 128; Schilken, Rdnr. 153.

142 Henckel, S. 368, Schilken, Rdnr. 153.

143 Baumgärtel, ZZP 69 (1956), 89, (130).

144 RGZ 78, 389 (393); BGH NJW 1963, 1606 (1608); BGHZ 40, 130 (133).

145 „Die Rechtskraft muss zurücktreten, wenn es mit dem Gerechtigkeitsgedanken schlechthin unvereinbar wäre, dass der Titelgläubiger seine formelle Rechtsstellung unter Missachtung der materiellen Rechtslage zu Lasten des Schuldners ausnutzt“.,

Anwendung, soweit es sich um offensichtlich gravierende Verstöße gegen die Gerechtigkeit handelt. Nur unter sehr strengen Voraussetzungen wird die Rechtssicherheit für die Gerechtigkeit zurückgestellt, so dass die Rechtskraft nicht durchsetzbar sein soll[146]. Diese Ansicht ist zwar nicht unumstritten, denn in der Literatur[147] wird auch vertreten, dass eine Erweiterung der Restitutionsgründe durch Anwendung des § 826 BGB im Zivilprozess nicht zulässig sei. Der Meinungsstreit ist aber an dieser Stelle nicht zu entscheiden. In der Zusammenschau lässt sich feststellen, dass auch dieser Anwendungsbereich des § 826 BGB nur eine Beschränkung ganz spezieller Befugnisausübungen darstellt. Damit scheidet diese Norm als selbständige allgemeine Rechtsmissbrauchsschranke des zivilprozessualen Urteilsverfahrens aus.

Zusammenfassend scheint zunächst allein die Anwendung des § 242 BGB im zivilprozessualen Urteilsverfahren als allgemeine Rechtsmissbrauchsschranke geeignet zu sein.

e) § 823 Abs. 1 BGB

Denkt man in diesem Zusammenhang auch an die Anwendung des § 823 Abs. 1 BGB, stellt sich in Deutschland unabhängig von den Tatbestandsmerkmalen bereits die dogmatische Eingangsfrage, ob die Ausübung einer zivilprozessualen Befugnis nach dieser Norm Schadensersatzansprüche auslösen kann. Soweit die Rechtslage schon dies verhindert, verbietet sich eine Qualifikation der Norm als allgemeine Rechtsmissbrauchsschranke.

Der BGH[148] vertritt diesbezüglich die Ansicht, dass die Ausübung zivilprozessualer Befugnisse generell nicht mit der Schadensersatzfolge des § 823 BGB sanktioniert werden dürfe. Es fehle schon an der Rechtswidrigkeit der schadensbegründenden Handlung, weil die „schadensgeneigte Tätigkeit" des Prozessierens grundsätzlich gerechtfertigt sei. Derjenige, der sich zum Vorgehen gegen

---

vgl. RGZ 61, 359 (365); RGZ 78, 389 (393); BGHZ 40, 130 (133); BGHZ 50, 115 (120); BGHZ 101, 380 (383); 103, 44 (46); BGH NJW 2002, 2940 (2943); Palandt/Thomas, § 826 Rdnr. 46.

146 Zöller/Vollkommer, vor § 322 Rdnr. 76; BGHZ 101, 380 (383ff.); BGH NJW 2002, 2940 (2943).

147 Baumgärtel, ZZP 69 (1956), 89, 130f.; Henckel, S. 104ff.; MüKoZPO/Gottwald, § 322 Rdnr. 205; Baumbach/Lauterbach/Albers/Hartmann, Einf. §§ 322-327 Rdnr. 30f.; Jauernig, § 64 II, S. 261ff.

148 BGHZ 20, 169 (171f.); 36, 18 (20f.); BGH NJW 1962, 243 (245); einschränkend: BGHZ 74, 9 (13ff.), BGHZ 95, 10 (19); BGH NJW 1992, 2014 (2015); Hellwig NJW 1968, 1072ff.; Palandt/Thomas, § 823 Rdnr. 41; Schilken, Rdnr. 147; Rosenberg/Schwab/Gottwald, § 2 IV, S. 1ff., Baumgärtel, S. 259; Dölle, FS f. Riese, S. 279ff.; Lüke, ZZP 108 (1995), 427 (449).

seinen Schuldner eines staatlichen, gesetzlich eingerichteten und geregelten Verfahrens bediene, greife nicht unmittelbar und rechtswidrig in den geschützten Rechtskreis der gegnerischen Partei ein, selbst wenn sein Begehren sachlich nicht gerechtfertigt sei und dem anderen Teil aus dem Verfahren Nachteile erwüchsen. Den Schutz vor solchen Nachteilen übernehme das Verfahren selbst. Indem die Rechtsprechung auf diese Weise einen Rechtfertigungsgrund der Verfahrensinanspruchnahme für tatbestandsmäßige Schädigungen schafft, wird der deliktische Schadensersatzanspruch des § 823 BGB wegen rechtsmissbräuchlicher Befugnisausübung im Zivilprozess ausgeschlossen[149]; er schiede auch als allgemeine Rechtsmissbrauchsschranke aus.

Eine andere Auffassung in der Literatur lehnt diese Privilegierung des Parteiverhaltens ab und geht davon aus, dass in der Inanspruchnahme eines Gerichts kein Rechtfertigungsgrund gesehen werden könne[150]. Ziehe man die Inanspruchnahme eines gerichtlichen Verfahrens bei einer Verletzung besonderer gesetzlicher Pflichten als Rechtfertigungsgrund heran, führe dies zu einer Entleerung der jeweiligen Pflicht[151]. Allerdings dürfe auch die Möglichkeit der Gewährung von Schadensersatzansprüchen wegen rechtswidriger Inanspruchnahme eines Verfahrens nicht zur „Verkümmerung“ des Rechtsschutzes führen[152]. Schließlich bestehe ein besonderes öffentliches Interesse an der freien Zugänglichkeit der staatlichen Rechtspflege, das nicht durch potentielle Schadensersatzansprüche der gegnerischen Partei beeinträchtigt werden dürfe[153]. Diese Auffassung steht folglich vor dem entscheidenden Problem, ohne gravierende Schmälerung der Garantien effektiver Rechtsschutzgewährung entsprechende Verhaltensanforderungen für die Parteien definieren zu müssen, deren Verletzung einen Schadensersatzanspruch zur Folge hätte. Hierfür wird vorgeschlagen, die Haftung aus einer so genannten „unredlichen“ Prozessführung auf Vorsatz und grobe Fahrlässigkeit zu beschränken[154]. Die Pflicht zur redlichen Prozessführung ergebe sich aus einer analogen Anwendung der nach § 242 BGB bestehenden Parteipflichten[155]. Werden die danach vorgegebenen Pflichten im Prozess grob fahrlässig verletzt, soll sich nach dieser Ansicht ein Schadensersatzanspruch aus § 823 Abs. 1 BGB er-

---

149 Hopt, S. 2; Zeiss, NJW 1967, 703 (704).

150 Baur, JZ 1962, 94 (95f).; Henckel, S. 293; Hopt, S. 241; Zeiss, NJW 1967, 703, (705), Lüke, ZZP 108 (1995), 427 (446).

151 Hellwig, NJW 1968, 1072 (1074); Zeiss, NJW 1967, 703 (705).

152 Henckel, S. 302; Konzen, S. 305; Hellwig, NJW 1968, 1072 (1073); Zeiss, JZ 1970, 198.

153 BGHZ 74, 9 (15).

154 Zeiss, NJW 1967, 703 (705); Henckel, S. 303; a. A. Hopt, S. 243 ff. der für verschiedene Verfahren bestimmte Verhaltenspflichten postuliert, die sich an einer Abwägung der Interessen beider Parteien orientieren.

155 Konzen, S. 284, 328.

geben. Für die Bejahung der Rechtswidrigkeit sei jedoch immer erforderlich, dass das prozessuale Verhalten tatsächlich unredlich sei, eine Rechtswidrigkeitsindizierung durch Verletzung der in § 823 Abs. 1 BGB aufgezählten Rechtsgüter wird abgelehnt[156].

Ausgehend von der Frage nach der Geeignetheit des § 823 Abs. 1 BGB als allgemeine Rechtsmissbrauchsschranke im zivilprozessualen Urteilsverfahren lässt sich unabhängig von diesem Streit sagen, dass es auch bei seiner Übertragung auf prozessuale Befugnisausübungen an einer wesentlichen Voraussetzung mangelt. Zu berücksichtigen ist, dass § 823 Abs. 1 BGB keine einfach strukturierte deliktsrechtliche Generalklausel darstellt, was daraus folgt, dass im deutschen Recht der Einzelrechtsgüterschutz dominiert. Dies bedeutet, dass rechtswidrige Handlungen im Bereich des § 823 Abs. 1 BGB auf ein bestimmtes Rechtsgut fixiert sind. Nur bei § 823 Abs. 2 BGB ist die Pflichtverletzung unmittelbar maßgebend, nämlich dann, wenn sich ein Schutzgesetz darin erschöpft, eine Handlungspflicht zu normieren. Konkret bedeutet dies, dass die unterschiedlichen rechtsmissbräuchlichen Verhaltensweisen, die im zivilprozessualen Urteilsverfahren auftreten können, durch die deliktischen Einzeltatbestände nicht allgemein abgedeckt werden[157]. Auch die Anwendung des § 823 BGB im zivilprozessualen Urteilsverfahren würde bei weitem nicht dazu führen, dass sämtliche zivilprozessuale Befugnisausübungen mit Schadensersatz sanktioniert werden könnten. Es fehlt somit an der für eine allgemeine Rechtsmissbrauchsschranke erforderlichen Abstraktheit der Regelung.

f) Zwischenergebnis

Für das deutsche zivilprozessuale Urteilsverfahren findet sich eine allgemeine Rechtsmissbrauchsschranke somit nur im Geltungsbereich des Grundsatzes von Treu und Glauben.

2. Die allgemeine Rechtsmissbrauchsschranke im französischen Urteilsverfahren

Nachfolgend soll für das französische zivilprozessuale Urteilsverfahren nach einer vergleichbaren allgemeinen Rechtsmissbrauchsschranke gesucht werden.

---

156 Zeiss, NJW 1967, 703 (708).
157 Vgl. auch Hopt, S. 225ff.

a) Das intérêt à agir

Diese Funktion, nämlich das Problem der Kollision zivilprozessualer Ausübungshandlungen mit in der Rechtsordnung vorhandenen übergeordneten Moralwerten zu lösen, könnte von dem in Art. 31 *nouv. C. pr. civ.*[158] für die *action en justice* geforderten gesetzlich geschützten Interesse, dem *intérêt légitime à agir*, übernommen werden.

Art. 30 *nouv. C. pr. civ.*[159] definiert die *action en justice* als Recht des Klägers, ein Begehren dem Gericht zu unterbreiten, bzw. als Recht des Beklagten, die Begründetheit eines Begehrens des Klägers vor dem Gericht zu bestreiten[160]. Dieses Klagerecht des Klägers bzw. das Recht des Beklagten, sich zu verteidigen, ist von dem mit der Klageerhebung geltend gemachten subjektiven Recht (*droit substantiel* oder *droit fondamental*) und von dem Klageantrag (*demande*), der Prozesshandlung mit der die *action* ausgeübt wird[161], zu unterscheiden[162]. Das von der Partei behauptete subjektive Recht bildet das Objekt der *action*, aber seine Existenz wird für ihre Ausübung nicht vorausgesetzt. Eine *action* des Klägers liegt bereits vor, wenn der Kläger erreicht hat, dass der Richter über die Begründetheit des subjektiven Rechts entschieden hat, sei es positiv oder negativ[163]. Praktisch kann die *action* vom Gericht – wenn die gesetzlichen Voraussetzungen nicht vorliegen – für unzulässig erklärt werden, ohne dass eine Untersuchung der Begründetheit des geltend gemachten subjektiven Rechts stattgefunden hat.

Das *intérêt légitime d` agir* zählt zu den Zulässigkeitsvoraussetzungen der *action*[164]. Fehlt es daran, liegt ein „*défaut d`intérêt*" vor. Die *action* ist dann vom Gericht als unzulässig abzuweisen[165] und es gilt der Satz: „*L`intérêt est la mesure*

158 Art. 31 *nouv. C. pr. civ.*: „*L`action est ouverte á tous ceux qui ont un intérêt légitime au succès ou au rejet d`une prétention, sous réserve des cas dans lesquels la loi attribue le droit d`agir aux seules personnes qu`elle qualifie pour élever ou pour combattre une prétention*".

159 Art. 30 *nouv. C. pr. civ.*: „*L`action est le droit, pour l`auteur d`une prétention, d`être entendu sur le fond de celle-ci afin que le juge la diese bien ou mal fondée. Pour l`adversaire, l`action est le droit de discuter le bien-fondé de cette prétention*".

160 Vincent/Guinchard, Rdnr. 52 ff.

161 „*L`action est le droit de saisir le juge et la demande en justice est la manière dont s`exerce ce droit*".

162 Bussy, Rép. pr. civ., Rdnr. 42; Desdevises, J. Cl. pr., fasc. 125 Rdnr. 6ff.; Coudeville-Loquet, S. 112; Sonnenberger, FS f. Münch. Jur. Ges., 63 (68); vgl. Ferid/Sonnenberger, Bd. 1/1, 1C 18ff.

163 Bussy, Rép. pr. civ., Rdnr. 42; Coudeville-Loquet, S. 113.

164 Cass. civ. 1er, 25.01.1972, Bull. civ. I, n° 25 S. 22; Cass. civ. 25.02.1967, Bull. civ. I, n° 67 S. 50; Cass. com. 12.11.1974, Bull. civ. IV n° 283 S. 255 ; Kranzbühler, S. 168.

165 Coudeville-Loquet, S. 124; Guinchard/Bandrac, Rdnr. 11 ; Kranzbühler, S. 168.

des actions; pas d'intérêt, pas d'action"[166]. Ein *intérêt* zu besitzen bedeutet, dass der gestellte Klageantrag (*demande*) geeignet sein muss, die betroffene Rechtslage zu Gunsten der Partei zu verändern[167]. Das Interesse muss somit rechtlich motiviert sein, ein wirtschaftliches Interesse (*intérêt économique*) genügt nicht[168]. Auch muss es im Zeitpunkt der Klageerhebung bereits entstanden sein[169] und weiter fortbestehen, demnach „*né et actuel*" sein. Ein nur hypothetisches Interesse soll nicht genügen[170]. Schließlich kann das Interesse sowohl materiell als auch immateriell sein; diese Voraussetzungen der *action* sollen verhindern, dass Gerichte zur Klärung rein theoretischer oder akademischer Fragen ausgenutzt werden.

Dies alles verdeutlicht, dass es sich bei dem *intérêt* durchaus um ein Rechtsinstitut handelt, das geeignet ist, verschiedenste Arten von Werten bei der Ausübung einer *action* zu berücksichtigen. Es legt aber letztlich nur die inneren, formalen Grenzen der *action* fest und stellt keinen Ausgleich zwischen Wertungen her, die durch formal ordnungsgemäße Ausübung einer *action* verwirklicht werden und solche, die keine Berücksichtigung erfahren, aber als übergeordnete Wertung für die Rechtsordnung maßgebend sind. Das *intérêt* stellt auch nur eine Schranke für die *action*, nicht für andere prozessuale Befugnisse dar, so dass darin keine allgemeine Rechtsmissbrauchsschranke zu sehen ist.

b) Die Lehre vom abus de droit d'agir

Mit dem *abus de droit*[171] erwähnt der *Nouveau Code de Procédure Civil* auch explizit eine Schranke rechtsmissbräuchlichen Verhaltens, die auf eine gleichnamige Lehre rekurriert. Die Einordnung als allgemeine Rechtsmissbrauchsschranke, scheint hier nahe zu liegen, denn Art. 32-1 *nouv. C. pr. civ.*[172] führt zweifellos übergeordnete Werte der Rechtsordnung in den Prozess ein, indem der mit einer zivilen Geldstrafe bedroht wird, der vor Gericht in einer „verzögernden oder missbräuchlichen" Art handelt. Ähnliche Regelungen finden sich für das

166 „Das Interesse ist der Aktionsmaßstab; kein Interesse, keine Aktion", vgl. für alle Vincent/Guinchard, Rdnr. 24.
167 Cadiet, Rdnr. 843; Kranzbühler, S. 171.
168 Ausf. Kranzbühler, S. 182ff.
169 Guinchard/Bandrac, Rdnr. 22; Kranzbühler, S. 186ff.
170 Coudeville-Loquet, S. 130; Guinchard/Bandrac, Rdnr. 11.
171 Im Folgenden übersetzt mit „Rechtsmissbrauch".
172 Art. 32-1 *nouv. C. pr. civ.*: „*Celui qui agit en justice de manière dilatoire ou abusive peut être condamné à une amende civile de 15 à 1.500 euros, sans préjudice des dommages-intérêts qui lui seraient réclamés*".

Appellationsverfahren in Art. 559 *nouv. C. pr. civ.*[173] und für das Revisionsverfahren in den Art. 581[174] und 628[175] *nouv. C. pr. civ.* Wie im deutschen Zivilprozessrecht legt auch hier keine Norm „abusives" Verhalten fest. Zur Bestimmung der Kriterien des so angesprochenen Rechtsmissbrauchs bleibt daher nur der Rückgriff auf die Lehre vom *abus de droit.* Diese Lehre wurde zur Beschränkung des subjektiven Rechts entwickelt[176] und intendiert auch konkret, Konflikte zwischen widerstreitenden Interessen bei der Ausübung eines subjektiven Rechts zu lösen[177]. Sie geht von der Grundformel aus, dass man eigene Rechte sorgfältig ausüben muss, um zu verhindern, dass dabei eine andere Person geschädigt wird; bei Nichteinhaltung dieser Regel ist man für den daraus entstehenden Schaden verantwortlich. Sowohl Rechtsprechung als auch Literatur [178] behandeln den *abus de droit* als besondere Kategorie des „fehlerhaften Verhaltens" (*faute*) i. S. der deliktischen Generalklauseln der Art. 1382, 1383 *C. civ.*[179]. Die *„faute"* setzt sich aus zwei Elementen zusammen: Dem objektiven Unwerturteil, bestehend aus einer Pflichtverletzung (*violation d'une obligation*), und der subjektiven Zurechenbarkeit (*imputabilité*)[180]. Die Pflichtverletzung kann durch Verstöße gegen Gesetz, Verordnung oder Satzung sowie gegen Verkehrssitte, Gebräuche und auch die Gebote von Sitte und Anstand verwirklicht werden[181]. Maßstab ist dabei die aus dem römischen Recht übernommene Rechtsfigur des *„bonus pater famili-*

---

173 Art. 559 *nouv. C. pr. civ.*: *„En cas d'appel principal dilatoire ou abusif, l'appelant peut être condamné à une amende civile de 15 à 1.500 euros, sans préjudice des dommages-intérêts qui lui seraient réclamés…".*

174 Art. 581 *nouv. C. pr. civ.*: *„En cas de recours dilatoire ou abusif, son auteur peut être condamné à une amende civile de 15 à 1.500 euros, sans préjudice des dommages-intérêts qui lui seraient réclamés".*

175 Art. 628 *nouv. C. pr. civ.*: *„Le demandeur en cassation qui succombe dans son pourvoi peut, en cas de recours jugé abusif, être condamné à une amende civile dont le montant ne peut excéder 3000 euros et, dans les mêmes limites, au paiement d'une indemnité envers le défendeur".*

176 Ausführlich Rüdy, S. 2ff.

177 Cadiet/Le Tourneau, Rép. dr. civ., Rdnr. 30f.

178 Jeantin, J. Cl. Resp. civ: fasc. 131-1, Rdnr. 10, 11; Terré/Simler/Lequette, Rdnr. 739 ; Merz, ZfRV 1977, 162 (164) ; Coudeville-Loquet, S. 22; Le Tourneau/Cadiet, Rdnr. 6865 ; Rüdy, S. 12 ff.; Solus/Perrot, Bd. I, Rdnr. 119 ; vgl. auch Darstellung bei Oberacher, S. 102ff., 110, der auch auf die von der Praxis überholte Kritik der älteren Literatur an der Einordnung des *abus de droit* unter Art. 1382 C. civ. eingeht.

179 Art 1382 *C. civ.*: *„Tout fait quelconque de l'homme, qui cause à autrui un dommage, oblige celui par la faute duquel il est arrivé, à le réparer".*
Art 1383 *C. civ.*: *„Chacun est responsable du dommage qu'il a causé non seulement par son fait, mais encore par sa négligence ou par son imprudence".*

180 Zweigert/Kötz, § 40 IV; S. 623; Rüdy, S. 12; Oberacher, S. 105.

181 Terré/Simler/Lequette, Rdnr. 715ff. ; Ferid/Sonnenberger, Bd. 2, Rdnr. 2 O 120.

as"[182], also das Verhalten einer anderen ordentlichen und sorgfältigen Person, wobei dieses objektive Kriterium insofern eingeschränkt wird, als auf die konkrete Lage des Schädigers abgestellt wird[183]. Das subjektive Element der *faute*, die Zurechenbarkeit, kann in Form eines vorsätzlichen (*délit*) oder eines fahrlässigen Fehlverhaltens (*quasi-délit*) verwirklicht sein. Ein *délit* setzt voraus, dass der Schädiger sowohl sein schädigendes Verhalten als auch den schädigenden Erfolg bezweckt hat (*faute intentionnelle*)[184]. Hat der Schädiger den möglichen Schaden dagegen nicht vorhergesehen oder hat er die Möglichkeit des Schadenseintritts zwar erkannt, jedoch nicht die notwendigen Vorsichtsmaßnahmen zur Verhinderung der Realisierung des Schadens getroffen (*faute non-intentionnel*), liegt ein *quasi-délit* vor[185]. Auf diese Weise können übergeordnete Werte der französischen Rechtsordnung im Zivilprozess berücksichtigt werden, wenn durch ein nicht dem Prinzip des „*bon père de famille*" entsprechendes Verhalten eine andere Partei geschädigt worden ist. Die Problematik des Rechtsmissbrauchs ist in Frankreich also untrennbar mit der Frage verbunden, ob für ein derartiges Verhalten Schadensersatz verlangt werden kann[186].

Diese Verknüpfung mit der Rechtsfolge des Schadensersatzes als von Außen an das Recht herantretende Sanktion beruht wiederum auf der französischen Konzeption vom subjektiven Recht, wonach dieses immer unbeschränkt ausgeübt werden kann und keine inneren Schranken besitzt[187]. Die Dominanz dieser „Aussentheorie" hat historische Gründe. In Frankreich wurde der Gedanke des Rechtsmissbrauchs zunächst im Zivilrecht und dort im Zusammenhang mit dem Eigentumsrecht, d. h. einem subjektiven Recht entwickelt[188]. Geformt wurde eine Schranke, die Ausdruck einer Wertung zwischen dem Eigentümerrecht und dem Schutz der Gesellschaft bzw. anderer Rechtsinhaber war, deren Interessen von

182 Entsprechend „*bon père de famille*".

183 Ferid/Sonnenberger, Bd. 2, Rdnr. 2 O 123; Le Tourneau/Cadiet, Rdnr. 7696

184 Terré/Simler/Lequette, Rdnr. 727; Ferid/Sonnenberger, Bd. 2, Rdnr. 2 O 140; Le Tourneau/Cadiet, Rdnr. 3510ff.

185 Terré/Simler/Lequette, Rdnr. 726, 728; Le Tourneau/Cadiet, Rdnr. 6704.

186 Hopt, S. 77ff.; Cadiet/Le Tourneau, Rép. dr. civ, Rdnr. 34; Rüdy, S. 12; Merz, ZfRV 1977, 162 (164f.); Solus/Perrot, Bd. I, Rdnr. 115.

187 Hopt, S. 82, 84 m. w. N.; Siebert, Verwirkung, S. 87ff. a. A. jedoch früher Josserand, esprit, Rdnr. 260ff., der eine missbräuchliche Handlung bejahte, wenn sie sich in den Grenzen des einzelnen Rechts bewege, aber die Gesamtheit der Normen einer Rechtsordnung gegen sich habe. Danach seien subjektive Rechte nur als relative, nicht mehr als absolute Rechtsmacht zum uneingeschränkten Gebrauch zu betrachten, die man nicht entgegen ihrer sozialen Funktion ausüben dürfe.

188 Vgl. nur Colmar, 02.05.1855, DP 1856, S. 2 (9); Cass. civ. 03.08.1915, 1929, 1 300 (*Clément-Bayard*); Cass. Req. 10.06.1902, DP 1902, 1, 454.

der Ausübung dieses Rechts tangiert waren[189]. Eine Beschränkung wurde als problematisch empfunden, weil nach der so genannten „romanistischen Auffassung“ ein subjektives Recht aufgrund seines absoluten Charakters nicht in seiner Ausübung beschränkt werden konnte. Zusätzliche innere Schranken und Pflichten bzgl. des Inhalts eines subjektiven Rechts hätten danach dessen absoluter Natur widersprochen[190]. Als Beschränkung eines subjektiven Rechts kam folgerichtig nur eine von außen an das subjektive Recht herantretende Schranke in Betracht, welche die die absolute Ausübungsfreiheit nicht von innen heraus beeinträchtigte[191]. Konsequent wurde für die Bewältigung des Rechtsmissbrauchs nicht nach einer allen Rechten immanenten Schranke gesucht, sondern nach einer allgemeinen Außenschranke, die sich im Deliktsrecht fand[192]. Obwohl andererseits die „Innentheorie“ durchaus bekannt und unter dem Stichwort der „Relativität der Rechte“[193]diskutiert wurde, konnte sich diese Lehre nicht durchsetzen, die dem subjektiven Recht keine absolute, sondern eine nur jedem einzelnen in Verfolgung eines sozialen Zweckes eingeräumte Rechtsmacht zusprach[194]. Im Ergebnis sanktioniert die Lehre vom *abus de droit* daher ein formal ordnungsgemäßes Verhalten, soweit damit die Schädigung einer anderen Person verbunden ist.

Zur Einordnung als ein Korrektiv im Sinne der oben beschriebenen allgemeinen Rechtsmissbrauchsschranke müsste diese Lehre vom *abus de droit* aber auch auf eine Vielzahl prozessualer Befugnisse angewendet werden können. Bedenken ergeben sich insofern, als stets der Missbrauch eines bestimmten Rechts (*un droit nettement défini*) vorausgesetzt wird[195]. Unklar ist, wie eng in diesem Zusammenhang der Begriff „*droit*“, also das bestimmte Recht, definiert werden muss. Maßgebend soll sein, dass ein Recht inhaltlich und funktional bestimmbar ist[196], wobei subjektive Rechte diese Voraussetzung grundsätzlich immer erfüllen sollen[197]. Im Zivilprozess kommt als inhaltlich und funktional bestimmbares Recht nur das *droit d`action* (auch *droit d`agir* genannt) in Betracht, also das Recht des Klägers, ein Begehren dem Gericht zu unterbreiten, oder des Beklagten, die Begründetheit eines Begehrens des Klägers vor dem Gericht zu bestrei-

---

189 Taruffo/Dondi, S. 109f.

190 Siebert, Verwirkung, S. 88; vgl. Darstellung bei Lecomte, Rév. crit. 78, 481 (503ff.).

191 Planiol-Ripert, Bd. II, S. 298; vgl. nur die Darstellung bei Hopt, S. 80; Lecomte, Rév. crit. 78, 481 (503ff.).

192 Hopt, S. 74, 79 Fn. 4 m. w. N. ; Siebert, Verwirkung, S. 70 ff.

193 Josserand, abus, S. 18; vgl. Lecomte, Rév. crit. 78, 481 (503ff.).

194 Josserand, esprit, Rdnr. 264ff.

195 Taruffo/Dondi, S. 109; Cadiet/Le Tourneau, Rép. dr. civ, Rdnr. 9ff.; Jeantin, J. Cl. Resp. civ. : fasc. 131-1, n° 26ff.

196 Jeantin, J. Cl. Resp. civ: fasc. 131-1, Rdnr. 27.

197 Jeantin, J. Cl. Resp. civ: fasc. 131-1, Rdnr. 26; Cadiet/Le Tourneau, Rép. dr. civ, Rdnr. 10.

ten[198]. Diesbezüglich wird aber vertreten, dass das *droit d'agir* nach seiner Rechtsnatur gerade kein Recht darstelle, sondern nur ein gesetzliches Vorrecht, ein *pouvoir légal*[199]. Im Gegensatz zum subjektiven Recht, das einer Person gewährt wird, um ihre persönlichen Ziele im eigenen Interesse zu verwirklichen, definieren sich *pouvoirs légales* als funktionelle Rechte, die dem Inhaber nur zur Erfüllung bestimmter Interessen anderer zugeordnet werden[200]. Gegen die Einordnung des *droit d'action* als subjektives Recht spricht, dass es sich danach um eine gesetzlich eingeräumte, objektiv abstrakte Befugnis handele, die unabhängig von Natur und Inhalt der dem Rechtsstreit zugrunde liegenden Rechte bestehe[201]. Im Gegensatz zum subjektiven Recht komme der *action* nur ein „unpersönlicher", dauerhafter und objektiver Charakter zu[202]. Anders als bei subjektiven Rechten ändere sich die Natur der *action* nicht, wenn unterschiedliche subjektive Rechte ausgeübt würden[203].

Nach anderer Auffassung sei das *droit d'action* sehr wohl ein autonomes prozessuales subjektives Recht, das neben dem materiellen subjektiven Recht bestehe[204]. Hierfür spricht nicht nur die Terminologie des Gesetzes, sondern insbesondere die Tatsache, dass es sich bei der Ausübung der *action* um die Verwirklichung des Eigeninteresses einer Partei handelt, ihre Rechte vor Gericht geltend machen zu können. Die *action* als so genanntes *droit fondamental* stellt eine Konkretisierung des freien Zugangs zum Gericht dar[205], wie er insbesondere durch die Konvention zum Schutz der Menschenrechte und Grundfreiheiten vom 04.11.1950[206], die Charta der Grundrechte der Europäischen Union[207] und dem *Conseil constitutionnel* verfassungsrechtlich garantiert wird[208]. Nach modernem Rechtsverständnis vermag daher die erste Auffassung nicht zu überzeugen, die

---

198 Vgl. oben zur *action* 1. Kapitel, B.2.a), S. 50.

199 Bussy, Rép. pr. civ., Rdnr. 38; Hopt, S. 75; Vizioz, S. 147 ; Vincent/Guinchard, Rdnr. 70 m. w. N.

200 Jeantin, fasc. 131-1, Rdnr. 26 ; Cadiet/Le Tourneau, Rép. dr. civ., Rdnr. 12

201 Bussy, Rép. pr. civ., Rdnr. 38; Hopt, S. 75, 122; Vincent/Guinchard, Rdnr. 70; Vizioz, S. 109.

202 Vizioz, S. 147.

203 Vincent/Guinchard, Rdnr. 70.

204 Vgl. Bussy, Rép. pr. civ., Rdnr. 38 ; Cadiet, Rdnr. 669, 783 : Art. 30 *nouv. C. pr. civ.* spricht vom *„droit d' être entendu"*, vom Recht gehört zu werden, Art. 32 *nouv. C. pr. civ.* vom *„droit d'agir"*.

205 Coudeville-Loquet, S. 30 m. w. N. ; Vincent/Guinchard, Rdnr. 51 ff. ; Bandrac, Mél. Perrot, S. 1 ff.

206 BGBl 1952 II S. 686, 953, zuletzt geändert durch Prot Nr. 5 vom 20.01.1966, BGBl 1968 II S. 1120, zuletzt geändert durch Bek. vom 06.09.1988, BGBl. II S. 860.

207 Amtsblatt der Europäischen Gemeinschaften vom 18.12.2000, 2000/C 364/01 (Kapitel VI).

208 Vgl. nur ausf. Vincent/Guinchard, Rdnr. 59ff.

sich auch nicht auf den Gesetzeswortlaut berufen kann. Dem *droit d`agir* kommt daher der Charakter eines subjektiven prozessualen Rechts zu, so dass das *droit d`action* dem *abus de droit* zugänglich ist[209]. Dies wird nicht zuletzt ausdrücklich durch die verschiedenen Sanktionen des *nouv. C. pr. civ.* für den so genannten *abus de droit d`agir* ausdrücklich gesetzlich bestätigt[210].

Der *abus de droit d`agir* kann nach einer klassischen Trilogie in den *abus de droit d`agir en première instance* (Missbrauch des Rechts auf Anrufung eines Gerichts erster Instanz), den *abus de droit d`agir sur voie de recours* (Missbrauch des Rechts ein Rechtsmittel einzulegen) und den *abus de saisies* (Missbrauch des Rechts der Zwangsvollstreckung) untergliedert werden[211]. Die für das Urteilsverfahren allein relevanten ersten beiden Gruppen werden nachfolgend unter der zusammenfassenden Bezeichnung des *abus de droit d`agir bzw. abus de droit d` action* behandelt[212]. Eine andere prozessuale Befugnis, auf die der *abus de droit* Anwendung finden könnte, findet sich nicht.

Es kann somit festgehalten werden, dass es sich bei dem Verbot des *abus de droit d`agir* zwar um eine Beschränkung der Ausübung prozessualer Befugnisse handelt, die geeignet ist, unterschiedliche – den Befugnissen nicht immanente – Wertungen moralischen Ursprungs in den Prozess einzuführen. Die Schranke knüpft hingegen nur an das *droit d`agir* an und nicht an weitere prozessuale Befugnisse, wie für die allgemeine Rechtsmissbrauchsschranke gefordert. Damit sind deren Voraussetzungen durch die Lehre vom *abus de droit d`agir* nicht erfüllt.

---

209 Vgl. zur Entwicklung: Jeantin, J. Cl. Resp. civ: fasc. 131-2, Rdnr. 53ff.; Mesnard, S. 29 ff.; Le Tourneau/Cadiet, Rdnr. 6947 ; eine a. A. herrschte zu Beginn des 19. Jahrhunderts, wonach die Existenz eines *abus de droit* von der „*thèse négatrice*" bzw. der „*critique de forme*" verneint wurde. Es wurde für das subjektive Recht davon ausgegangen, dass man entweder *mit* Recht handele und es „gebrauche" bzw. *ohne* Recht, so dass man es „missbrauche". Werde ein Recht ausgeübt, könne dies nicht widerrechtlich sein, vgl. hierzu bei Cadiet/Le Tourneau, Rép. dr. civ., Rdnr. 113ff.; Planiol / Ripert, Bd. II, S. 298; Duguit, S. 198f.

210 Vgl. insb. Art. 32-1, 88, 118, 123, 207, 215, 305, 353, 363, 550, 581, 628 *nouv. C. pr. civ.* , die zusammen mit den Regelungen über die Kostenlosigkeit des Zivilprozesses mit Gesetz vom 20.01.1978 eingeführt wurden.

211 Mesnard, S. 19.

212 Guinchard/Junillon, Rdnr. 5958/5959; Le Tourneau/Cadiet, Rdnr. 6948; Mesnard, S. 58.

c) *Die Lehre vom abus de procédure*

Erwägenswert erscheint auch die französische Dogmatik zum Missbrauch verfahrensrechtlicher Möglichkeiten innerhalb des Prozesses, dem so genannten *abus des moyens et incidents de procédure* bzw. *abus de procédure.*

Auch beim *abus de procédure* handelt es sich um die Beschränkung einer Parteihandlung im Zivilprozess, die – wie die Lehre vom *abus de droit* – schädigendem Verhalten entgegenwirken will. Wie beim *abus de droit d`agir* wird hierfür auf die Lehre von der *faute* zurückgegriffen. Die Lehre vom *abus de procédure* setzt somit als Schranke erst dann an, wenn ein formal ordnungsgemäßes Verhalten im Prozess durch besondere hinzutretende Umstände zu einer Schädigung der anderen Partei führt, die missbilligt werden, etwa weil sie dem Verhalten eines „*bon père de famille*" widersprechen. Anders als bei der Lehre vom *abus de droit d`agir* wird kein Missbrauch eines dem subjektiven Recht entsprechenden zivilprozessualen Rechts voraussetzt. Der *abus des moyens et incidents de procédure* bezieht sich nur auf die prozessualen Befugnisse, die Kläger und Beklagtem im Verfahren zur Verfügung stehen[213], nie auf das *droit d`action.* Es handelt sich um Fälle, in denen der Kläger zwar einen Grund zur Klageerhebung hat, sich aber während des Verfahrens einer missbräuchlichen Art der Prozessführung bedient[214]. Dies geschieht häufig in Form von „*manoevres dilatoires*". Es handelt sich um Verhaltensweisen, die der Verzögerung des Prozesses zu dienen bestimmt sind[215], etwa exzessives Verteidigungsvorbringen oder wenn der Beklagte Verteidigungsmittel erst viel später als möglich einlegt[216].

Gerade kein *manoevre dilatoire* in dem hier verstandenen Sinne stellt aber die unbegründete Ausübung einer *action* dar, auch wenn sie sich zugleich verzögernd auf die Durchsetzung bestimmter Forderungen auswirkt. In diesen Fällen wird wiederum das *droit d`agir* entgegen bestimmter in der Rechtsordnung enthaltener Werte ausgeübt[217]. Soweit also *manoevres dilatoires,* die durch Ausübung des *droit d`agir* erfolgen, eine Schädigungsabsicht zugrunde liegt, dominiert die Einordnung als *abus de droit*, selbst wenn das verwerfliche Verhalten zusätzlich die

---

213 Mesnard, S. 113 ; Coudeville-Loquet, S. 144.

214 Hopt, S. 104; Mesnard, S. 113.

215 Blary-Clément, Sem. Jur. 1991, Doc. 3534, S. 335 (337). Daneben gibt es durchaus dilatorisch wirkende prozessuale Befugnisse, die keinen verwerflichen Charakter beinhalten und daher nicht zu den „*manoevres dilatoires*" zählen. Darunter fallen sämtliche Rechtsmittel, die einen Suspensiveffekt haben sowie dilatorische Einreden, die ein reguläre Verteidigungsmittel darstellen und daher nicht stets in verwerflicher Absicht ausgeübt werden (vgl. Art. 108, 109 *nouv. C. pr. civ.*).

216 Blary-Clément, Sem. Jur. 1991, Doc. 3534, S. 335 (337).

217 Mesnard, S. 113 ; Coudeville-Loquet, S. 146.

Verzögerung des gesamten Prozesses zur Folge hat[218]. Indem somit der *abus des moyens et incidents de procédure* ausdrücklich nicht das *droit d`action* in den Kreis der von ihm beschränkbaren Befugnisse einbezieht, kann nicht von einer allgemeinen Rechtsmissbrauchsschranke gesprochen werden, denn immerhin handelt es sich bei diesem Recht um eine elementare Befugnis der Parteien.

d) Der Grundsatz „fraus omnia corrumpit"

Eine allgemeine Rechtsmissbrauchsschranke könnte in dem Grundsatz *„fraus omnia corrumpit"* gesehen werden, der in Frankreich gewohnheitsrechtlich Berücksichtigung findet[219]. Die auf diesem Grundsatz fussende französische Lehre von der *„fraude"* findet unbestritten in allen Rechtsgebieten Anwendung und sanktioniert ein Verhalten, das durch „List" versucht, zur Anwendung bestimmter gesetzlicher Regelungen zu kommen, um einen Vorteil zu genießen, der dem fraudulös Handelnden nicht zusteht[220]. In diesen Fällen wird die nach Außen objektiv korrekt erscheinende Handlung von der Absicht getragen, zu einem vom Gesetz nicht tolerierten, seinem Zweck widersprechenden Ziel zu gelangen[221]. Die *fraude* betrifft im Zivilprozess Ausübungshandlungen, mit der gebotene Handlungen verhindert bzw. verbotene Handlungen trotz Verbotes vorgenommen oder ein ge- oder verbotenes Ergebnis auf anderem, zulässigem Weg verhindert bzw. erreicht wird. Eine *fraude* stellt somit entweder eine Umgehungshandlung, eine Täuschung bzw. arglistiges oder trügerisches Verhalten im Allgemeinen zur Anwendung oder Vermeidung einer gesetzlichen Regelung dar[222]. Ihr liegt grundsätzlich ein *beabsichtigtes* dem gesetzlichen Zweck widersprechendes Verhalten zugrunde[223]. Hinter der *fraude* steht immer die Absicht (*„faute intentionnelle"*), einen Dritten zu täuschen[224]. Ein Verhalten, welches eine *fraude* darstellt

---

218 Vgl. Blary-Clément, Sem. Jur. 1991, Doc. 3534, S. 335 (338) ; Coudevylle-Loquet, S. 143.

219 Calbairac, D. 1961, chron., S. 169 (170); Debois, S. 11ff.; Terré/Simler/Lequette, Rdnr. 555; Bergel, S. 381.

220 Coudeville-Loquet, S. 122 ; Jeantin, J. Cl. Resp. civ. : fasc. 131-1, n° 40 ; Mesnard, S. 118 ; Bergel, S. 381 ; Debois, S. 11; Calbairac, D. 1961, chron., S. 169 (170): "*Tout acte juridique ou activité judiciaire irrégulier ou techniquement correct, realise dans une intention de tromperie et qui tend à éluder une obligation conventionnelle ou légale*"; a. A. vgl. Übersicht bei Heeder, S. 77, wonach es sich auch um einen Fall der « *interprétation* » handeln kann.

221 Coudeville-Loquet, S. 121, Mesnard, S. 119.

222 Bergel, S. 381.

223 Heeder, S. 39 ; Jeantin, J. Cl. Resp. civ. : fasc. 131-1, n° 40 ; Mesnard, S. 119 ; Le Tourneau/Cadiet, Rdnr. 6870.

224 Calbairac, D. 1961, chron., S. 169 (170).

soll grundsätzlich mit einer prozessualen Rechtsfolge sanktioniert werden, demnach mit Nichtbeachtung oder Unzulässigkeit der Befugnisausübung im Prozess[225].

Soweit die *fraude*, bei der es sich insofern immer um eine „*faute intentionnelle*“ handelt, mit der Schädigung eines Dritten verknüpft ist, kann ein derartiges Verhalten auch einen Anwendungsfall der Lehre vom *abus de droit* bzw. *abus de procédure* mit der Rechtsfolge des Schadensersatzes darstellen[226]. Teilweise kann eine solche Handlung dann zusätzlich mit der Nichtbeachtung bzw. Unzulässigkeit im Prozess sanktioniert werden[227].

Gegen die Anwendung des Grundsatzes „*fraus omnia corrumpit*“ als allgemeine Rechtsmissbrauchsschranke spricht insofern jedoch, dass unter diese Beschränkung zu subsumierende Befugnisausübungen immer eine beabsichtigte, dem Gesetzeszweck widersprechende Handlung voraussetzen. Allein das Absichtserfordernis führt bereits dazu, dass sämtliche Befugnisausübungen, die nicht gezielt zweckwidrig vorgenommen werden, etwa in den Fällen, in welchen die Zweckwidrigkeit nur billigend in Kauf genommenen wird, nicht aufgrund von „*fraude*“ beschränkt werden können. Damit wird aber bereits eine Vielzahl von Handlungen ausgeschlossen, die im Übrigen die Voraussetzungen der hier definierten allgemeinen Rechtsmissbrauchsschranke erfüllen. Hinzu kommt, dass eine solche Absicht im Prozess oftmals schwer zu beweisen sein wird, so dass in der Praxis von einer weiteren erheblichen Anzahl von Fällen auszugehen ist, in denen die Beschränkung nicht zur Anwendung kommt. Letztlich bedingt eine moralischen Werten der Rechtsordnung widersprechende Befugnisausübung auch nicht zwangsläufig, dass es sich um ein zweckwidriges Verhalten handeln muss. Nicht berücksichtigt werden von der Beschränkung des Grundsatzes „*fraus omnia corrumpit*“ somit alle Befugnisausübungen, in denen sich eine Missbilligung aus der Art und Weise des Verhaltens gegenüber der gegnerischen Partei ergibt. Somit ist der Grundsatz der „*fraus omnia corrumpit*“ als allgemeine Rechtsmissbrauchsschranke abzulehnen.

e) Das Loyalitätsprinzip

Im französischen zivilprozessualen Urteilsverfahren ist von den Prozessparteien auch das so genannte Loyalitätsprinzip, das *principe de loyauté,* zu beachten[228].

---

225 Calbairac, D. 1961, chron., S. 169; Le Tourneau/Cadiet, Rdnr. 6870.

226 Le Tourneau/Cadiet, Rdnr. 6870 ; Mesnard, S. 119 ; Cadiet/Le Tourneau, Rép. dr. civ., Rdnr. 32 .

227 Le Tourneau/Cadiet, Rdnr. 6870 ; Mesnard, S. 119.

228 Boursier, Rdnr. 411.

Nach französischem Verständnis wird das *principe de loyauté* aus dem Respekt vor der Natur des Menschen, also aus dem Naturrecht hergeleitet und umfasst die Einhaltung moralischer Werte wie Aufrichtigkeit, Ehrlichkeit und Redlichkeit[229]. Die gegenseitigen Verpflichtungen gründen letztlich auf dem moralischen Wert der Brüderlichkeit, der „*fraternité*", und entsprechen dem Gefühl einer gemeinsamen Verbindung aller Menschen. Für den Zivilprozess liegt darin insbesondere eine Absage an die uneingeschränkte Durchsetzung der eigenen Interessen einer Partei[230]. Die den Parteiinteressen dienenden Befugnisse verdienen danach nur dann den Schutz der Rechtordnung, wenn sie nicht bösgläubig zur Erlangung eines Vorteils verwandt werden, der sich im Verhältnis zu dem bei der gegnerischen Partei eingetretenen Schaden als geringwertig darstellt. Das Loyalitätsprinzip wird auch als ein allgemeines Rechtsprinzip, als ein *principe général du droit* bezeichnet, indem es als Unterfall des verfassungsrechtlich garantierten Prinzips verstanden wird, sich im Prozess zu verteidigen (*principe constitutionnel des droits de la défense*)[231]. Letzteres wiederum beruht auf dem von Art. 6 MRK gewährleisteten Gebot des fairen Verfahrens[232]. Daraus ergibt sich, dass das *principe de loyauté* im gesamten französischen Recht und damit auch im Zivilprozessrecht zu berücksichtigen ist[233]. Es versteht sich im Rahmen des Urteilsverfahrens als eine Verpflichtung u. a. der Parteien, die es zur Gewährleistung eines fairen Verfahrens einzuhalten gilt[234]. Nach alledem handelt es sich beim Loyalitätsprinzip um eine Schranke der prozessualen Befugnisse der Parteien aufgrund von Moralwerten[235].

Wegen seiner Abstraktheit erschiene das *principe de loyauté* bei einer effektiven Umsetzung auch im Einzelfall besonders geeignet, die vielgestaltigen Sachverhalte zu erfassen, bei denen prozessuale Befugnisse gegenüber gegnerischen Parteien nicht mehr loyal ausgeübt werden. Nachfolgend soll untersucht werden, ob es im französischen Recht als eigenständiges Rechtsinstitut mit ver-

---

229 Le Tourneau, Rép. dr. civ., Rdnr. 2 ; Boursier, Rdnr. 22ff. ; Sonnenberger, FS f. Odersky, S. 703 (709).

230 Boursier, Rdnr. 349.

231 D.C. 70-76 vom 02.12.1976, Rec. S. 39, wo dem Prinzip der Wert eines Grundrechts (*Principe Fondamental reconnu par les Lois de la République*) zugeschrieben wurde; vgl. auch Boursier, Rdnr. 560 m. w. N., 563.

232 Vincent/Guinchard, Rdnr. 609; Boursier, Rdnr. 337, 339ff.

233 Le Tourneau, Rép. dr. civ., Rdnr. 8 ; Boursier, Rdnr. 75ff. ; Sonnenberger, FS f. Münch. Jur. Ges., 63 (70) ; Cadiet, Rdnr. 1086 ; Vincent/Guinchard, Rdnr. 609 ; Motulsky, Mél. Roubier, Rdnr. 17-18 : « *L'obligation des parties de conserver aux débats un minimum de loyauté n'est guère douteuse* », die Verpflichtung der Parteien, sich im Prozess loyal zu verhalten, könne nicht zweifelhaft sein.

234 Boursier, Rdnr. 407 ; 526ff.

235 Boursier, Rdnr. 551.

allgemeinerungsfähiger Schrankenfunktion Anwendung findet oder nur einen Unterfall anderer Schranken darstellt.

Das *principe de loyauté* liegt insbesondere Ausübungshandlungen zugrunde, die auf Normen beruhen, welche Ausfluss des Prinzips der streitigen Verhandlung (*principe de contradiction*) sind. Letzteres verwirklicht das Gebot der Gleichheit im Verfahren und wird – wie das *principe de loyauté* – aus dem *principe de la défense* abgeleitet, so dass auch ihm Verfassungsrang zukommt[236]. So werden die Parteien u.a. gemäß Art. 15 *nouv. C. proc. civ.* zu einem fairem Verhalten gegenüber dem Gegner angehalten[237], indem sie sich ihre Verteidigungsmittel und Beweise gegenseitig zur Kenntnis bringen müssen[238]. Einen gewissen Ausdruck findet das *principe de loyauté* auch in Fällen des „unredlichen Erwerbs von Beweismitteln", der *preuves frauduleusement obtenues*[239]. Aus Art. 9 *nouv. C. pr. civ.*[240] sowie den Art. 132 ff. *nouv. C. pr. civ.*, die den Austausch der Schriftsätze unter den Parteien regeln, wird abgeleitet, dass die Parteien sich nicht nur im gesetzlich vorgegebenen Rahmen, sondern auch im Einklang mit der Verpflichtung zur Loyalität verhalten müssen[241]. So lässt die Rechtsprechung Beweismittel im Zivilprozessrecht nicht zu, die beispielsweise durch Diebstahl oder Gewalt erlangt wurden[242]. Daneben finden sich Regelungen in Art. 24 *nouv. C. pr. civ.*[243], denen letztlich ebenfalls das *principe de loyauté* zugrunde liegt, indem sie Parteien auferlegen sich vor Gericht respektvoll zu verhalten.

Als ausdrückliche Beschränkung findet sich das *principe de loyauté*, indem die illoyale Geltendmachung des *droit d'agir* Kriterium für ein fehlendes legitimes Interesse, ein *défaut d'intérêt à agir,* sein soll, das im Wege eines *fin de*

---

236 Sonnenberger, FS f. Münch. Jur. Ges., 63 (69); Vincent/Guinchard, Rdnr. 611.

237 Vgl. Art. 15 *nouv. C. pr. civ.* : „*Les parties doivent se faire connaître mutuellement en temps utile les moyens de fait sur lesquels elles fondent leurs prétentions, les éléments de preuve qu'elles produisent et les moyens de droit qu'elles invoquent, afin que chacune soit à même d'organiser sa défense.*"; vgl. im Einzelnen Martin, Rép. pr. civ., Rdnr. 180ff. ; Boursier, Rdnr. 480ff.

238 Couchez, Rdnr. 242 ; Cadiet, Rdnr. 1086.

239 Vincent/Guinchard, Rdnr. 609; Guinchard/Bolard, Rdnr. 2387 m. w. N., Leborgne, RTD civ. 1996, 535; Sonnenberger, FS f. Münch. Jur. Ges., 63 (70).

240 Art. 9 *nouv. C. pr. civ.*: „*Il incombe à chaque partie de prouver conformément à la loi les faits nécessaires au succès de sa prétention*".

241 Boursier, Rdnr. 328ff. ; Guinchard, Rev. Justices 1999, 91 (115); ständ. Rechtspr. seit Cass. civ., 13.07.1897, D. 1900, I, S. 7.

242 Civ. 2e, 19.12.1960, Bull. civ. II, n° 786, S. 536; Civ. 2e, 18.03.1955, JCP 1955. II. 8909.

243 Art. 24 *C. pr. civ.*: „*Les parties sont tenues de garder en tout le respect dû à la justice. Le juge peut, suivant la gravité des manquements, prononcer, même d'office, des injonctions, supprimer les écrits, les déclarer calomnieux, ordonner l'impression et l'affichage de ses jugements.* "

non-recevoir[244] geltend gemacht werden kann. Ein *défaut d`intérêt à agir* wird insofern bejaht, wenn sich eine Partei durch die Klageerhebung widersprüchlich zum Nachteil der anderen Partei verhalten hat[245]. Aus dem *principe de loyauté* wird das Verbot des widersprüchlichen Verhaltens zum Nachteil eines anderen, „*l`interdiction de se contredire au détriment d`autrui*"[246] abgeleitet. Insbesondere soll es einem Kläger untersagt sein, sich zur Geltendmachung eines Klageanspruchs auf die negativen Konsequenzen eines Sachverhaltes zu berufen, wenn er diesen selbst herbeigeführt hat[247]. Ein Verstoß gegen diese Loyalitätspflicht führt zur Unzulässigkeit der Klageerhebung[248].

Eine weitere indirekte Schrankenwirkung übt das *principe de loyauté* in der Weise aus, als dass darin ein Kriterium des *abus de droit bzw. abus de procédure*[249] gesehen wird. *Abus* soll wegen *défaut de loyauté* bejaht und entsprechend sanktioniert werden können, soweit die Befugnisausübung der sie ausübenden Partei keinen wirklichen Vorteil, der gegnerischen Partei jedoch für den Verlauf des Prozesses Nachteile bringt[250]. Weitere Schrankenfunktionen des Loyalitätsprinzips finden sich nicht.

Gegen die Anwendung des Loyalitätsprinzips als allgemeine Rechtsmissbrauchsschranke spricht nach alledem, dass es nach wie vor kein hinreichend fest

---

244 Zum *fin de non-recevoir*, vgl. Vincent/Guinchard, Rdnr. 46; Couchez, Rdnr. 164; Pétel-Teyssié, défenses, Rép. pr. civ., Rdnr. 20ff. : Das Verteidigungsmittels der *fin de non-recevoir* ist im deutschen Recht mit den peremptorischen Einreden vergleichbar. Sein Ziel ist die endgültige Abweisung der Klage (*demande*). Die *fin de non-recevoir* richtet sich gegen das Klagerecht *(action en justice)* und stellt dem zugrunde liegenden subjektiven Recht schon vor seiner materiellrechtlichen Untersuchung ein unabänderbares Hindernis entgegen (Art. 122 *nouv. C. pr. civ.*). Damit wird das geltend gemachte Recht nicht vernichtet, sondern nur seine prozessuale Durchsetzbarkeit gehemmt, so dass es unvollständig wird. Die Besonderheit dieser Art des Verteidigungsmittels ist seine *nature mixte*; die Wirkung ist sowohl materiell-, als auch formellrechtlich. Die *fins de non-recevoir* sind folglich das prozessuale Mittel, mit dem der Beklagte geltend macht, dass die Voraussetzungen des Klagerechts gem. Art. 31 *nouv. C. pr. civ.* nicht vorliegen. Gem. Art. 123 *nouv. C. pr. civ.* können sie zu jedem Zeitpunkt des Verfahrens vorgebracht werden. Soweit der so genannte *ordre public* betroffen ist, müssen sie gem. Art. 125 *nouv. C. pr. civ.* sogar von Amts wegen berücksichtigt werden.

245 Vincent/Guinchard, Rdnr. 145, Boursier, Rdnr. 413, 416; Muir-Watt, Mél. Lousouarn, S. 303 ; Guinchard, Rev. Justices 1999, S. 116 ; Leborgne, RTD civ. 1996, 535ff.

246 Teilweise findet sich in der Literatur nun auch Bezugnahmen auf den aus dem *common law* stammenden Begriff des „*estoppel*".

247 Boursier, Rdnr. 419ff. ; Guinchard, Mégacode, Art. 126, n° 012.

248 Boursier, Rdnr. 413, 430ff.

249 Boursier, Rdnr. 569; 574.

250 Boursier, Rdnr. 569.

umrissenes Rechtsinstitut mit eigener Rechtsfolge darstellt. Die dazu diskutierten Lösungen sind einzelfallbezogen, heterogen, und das Loyalitätsprinzip wird dabei nur als unselbständiges Kriterium für andere Rechtsinstitute adaptiert. Es finden sich keine Hinweise, dass etwa allgemein aus dem Fehlen von Loyalität im Prozess eine direkte Rechtsfolge, beispielsweise die Unzulässigkeit einer bestimmten Befugnis, abgeleitet würde. Im Ergebnis kommt das *principe de loyauté* somit nicht als eigenständige allgemeine Rechtsmissbrauchsschranke in Betracht.

f) Zwischenergebnis

Die Prüfung der Rechtsinstitute des französischen Rechts, die an sich geeignet scheinen, übergeordnete Werte der Rechtsordnung moralischen Ursprungs in das zivilprozessuale Urteilsverfahren zu transponieren, hat zu dem Ergebnis geführt, dass kein Rechtsinstitut allein die Funktion einer allgemeinen Rechtsmissbrauchsschranke erfüllt, wie sie im Rahmen dieser Arbeit verstanden wird.

Die durch das so genannte *intérêt légitime* verwirklichte Schrankenfunktion deckt nur Wertungen des *droit d`agir* auf und sanktioniert Verhaltensweisen, in denen die Partei die inhaltlichen Grenzen des ihr formal zustehenden *droit d`agir* überschreitet.

Das Loyalitätsprinzip, welches nach seiner Funktion im französischen Zivilprozess durchaus geeignet wäre, als allgemeine Rechtsmissbrauchsschranke zu dienen, kommt ebenfalls nicht in Betracht. Die Entwicklung des französischen Rechts bzw. der Rechtsprechung geht nicht so weit, dass es als gewohnheitsrechtlich anerkannte Generalklausel mit eigenen Rechtsfolgen angesehen werden könnte. Vielmehr übt es eine Schrankenfunktion im Prozess (bisher) nur als ein Kriterium für die Konkretisierung des *abus* oder des fehlenden *intérêt légitime* aus.

Der Grundsatz *fraus omnia corrumpit* stellt nur eine spezielle Beschränkung beabsichtigter zweckwidriger Befugnisausübungen dar.

Die Lehren vom *abus de droit d`agir* sowie vom *abus de procédure* schließlich erscheinen jeweils untauglich, weil jede für sich genommen nicht sämtliche prozessualen Befugnisse berücksichtigt, die im Urteilsverfahren eine Rolle spielen können.

Für das französische Zivilprozessrecht könnte sich eine allgemeine Rechtsmissbrauchsschranke in dem hier definierten Sinne jedoch aus zwei sich ergänzenden Rechtsinstituten kombinieren lassen, nämlich aus der Lehre vom *abus de droit d`agir* sowie vom *abus de procédure*. Die beiden Rechtsinstitute bieten sich deshalb nicht eigenständig, wohl aber gemeinsam als allgemeine Rechtsmissbrauchsschranke an, weil sie sich bezüglich der betroffenen zivilprozessualen Befugnisse ergänzen. Jedes der beiden Rechtsfiguren beschränkt genau die Befugnisse, welche die andere gerade nicht berücksichtigt. Da im Übrigen alle Voraussetzungen einer allgemeinen Rechtsmissbrauchsschranke von beiden Rechtsinstituten erfüllt werden, sollen sie nachfolgend gemeinsam als allgemeine Rechtsmissbrauchsschranke des französischen Zivilprozessrechts betrachtet werden.

Die Konkretisierung dieser beiden Rechtsinstitute als allgemeine Rechtsmissbrauchsschranke und ihre Rechtsfolgen sollen nunmehr zusammen mit dem Grundsatz von Treu und Glauben in zwei getrennten Länderberichten erörtert und rechtsvergleichend untersucht werden.

2. Kapitel: Konkretisierung des „Tatbestandes“ der allgemeinen Rechtsmissbrauchsschranken im deutschen und französischen Zivilprozessrecht

Die bisherige Untersuchung hat ergeben, dass die Funktion einer allgemeinen Rechtsmissbrauchsschranke in Deutschland allein durch den Grundsatz von Treu und Glauben erfüllt wird, während sie in Frankreich gemeinsam von der Lehre vom *abus de droit d`agir* und der Lehre vom *abus de procédure* übernommen werden kann. Damit ist jedoch noch wenig gewonnen für die Frage, welches Verhalten im zivilprozessualen Urteilsverfahren nun in beiden Rechtsordnungen als „rechtsmissbräuchlich“ beurteilt wird. § 242 BGB und Art. 1382 *C. civ.* stellen Generalklauseln dar, die in beiden nationalen Rechtsordnungen einer Konkretisierung bedürfen. Die dafür jeweils maßgeblichen Grundsätze sollen als Voraussetzung für die anschließende rechtsvergleichende Betrachtung zunächst einmal wertungsfrei dargestellt werden.

A. Konkretisierung des Grundsatzes von Treu und Glauben im zivilprozessualen Urteilsverfahren

Auch die Bejahung der Anwendbarkeit des Grundsatzes von Treu und Glauben als dogmatische Grundlage einer Rechtsmissbrauchsschranke für das Prozessrecht sagt naturgemäß nichts über die Maßstäbe ihrer Anwendung im Einzelfall aus. Die Begriffe Treu und Glauben sind zu allgemein gefasst, um exakte Kriterien für eine Subsumtion einzelner Sachverhalte zu ermöglichen. Von der Lehre[251] werden zur Konkretisierung im Wesentlichen vier Fallgruppen vorgeschlagen, die sich generell gesagt an der Art und Weise der Handlung orientieren, mit der eine zivilprozessuale Befugnis ausgeübt wird, wobei das Vor- und das Nachverhalten zur eigentlichen Ausübungshandlung einbezogen wird. An diesen Kategorien orientiert sich auch die folgende Darstellung.

251 Stein/Jonas/Schumann, Einl. Rdnr. 248ff.; Baumgärtel, ZZP 69 (1956), 89 (108ff.); ders., ZZP 86 (1973), 353 (355); MüKoZPO/Lüke, Einl. Rn. 32; Zeiss, S. 1, 51ff.; ders., ZPO, Rdnr. 197ff.; Rosenberg/Schwab/Gottwald § 65 VII, S. 362ff; Fasching, FS f. Schwab, S. 101 (105ff.), Schilken, Rdnr. 148ff.

1. Das objektive Kriterium des rechtsmissbräuchlichen Schaffens prozessualer Rechtslagen

Bei dieser Fallgruppe, in der das rechtsmissbräuchliche Schaffen einer prozessualen Rechtslage beschränkt wird[252], bezieht sich der Vorwurf der unzulässigen Rechtsausübung auf vorprozessuales, der Prozessführung dienendes Verhalten. Dabei werden Ausübungshandlungen als unzulässig ausgegrenzt, deren zugrunde liegende Befugnis auf unredliche oder sonst zu missbilligende Weise herbeigeführt worden ist. Die Konkretisierung als unzulässige Rechtsausübung beruht auf dem schon im römischen Recht verankerten so genannten *„dolus praeteritus"* – Gedanken[253], wonach ein mit einem Vorwurf belastetes Verhalten nicht zu einem Vorteil führen soll. Charakteristisch ist, dass das Unwerturteil nicht an die Umstände der Ausübungshandlung selbst, sondern an das Schaffen der dafür notwendigen Voraussetzungen anknüpft. Typische Fälle dieser Art sind das Erschleichen der sachlichen[254], örtlichen[255] oder internationalen[256] Zuständigkeit[257] bzw. die rechtsmissbräuchliche Berufung auf die Zuständigkeit eines bestimmten Gerichts[258]. Daneben finden sich vermehrt Fälle, in denen die Voraussetzungen der Prozesskostenhilfe[259] oder eine bestimmte Art der Zustellung[260] herbeigeführt werden.

Voraussetzung ist, dass eine Partei einen prozessual erheblichen Tatbestand selbst arglistig herbeiführt. Durch unredliches Verhalten außerhalb des Prozesses erreicht eine Partei eine für sie vorteilhafte prozessuale Rechtsstellung[261]. Daneben werden zu dieser Fallgruppe auch Verhaltensweisen gerechnet, mit denen eine Partei eine bestehende, für sie günstige prozessrechtliche Konstellation in zweckwidriger Weise ausnutzt. Auf prozessualem „Umweg" versucht die Partei mit arglistiger Intention zu erreichen, was ihr das Prozessrecht auf direktem

252 Vgl. Zeiss, ZPO, Rdnr. 197; ders., S. 52ff.; Stein/Jonas/Schumann Einl. IV D Rdnr. 249ff.; Rosenberg/Schwab/Gottwald, § 65 VII, S. 362; Schilken, Rdnr. 149; Baumgärtel ZZP 86 (1973), 353 (355).

253 Vgl. Mader, S. 42.

254 Vgl. unten 5. Kapitel, Ziff. A.1, S. 112.

255 OLG Hamm NJW 1987, 138; KG FamRZ 1989, 1105f.

256 OLG Hamburg VersR 1982, 341.

257 Stein/Jonas/Schumann, Einl. IV D Rdnr. 250; Rosenberg/Schwab/Gottwald, § 65 VII, S. 362.

258 OLG Frankfurt a.M. MDR 1980, 318f.

259 RGZ 81, 175 (176); BGHZ 47, 289ff.; BGHZ 96, 151ff.; LG Hannover JurBüro 1988, 1711; OLG Köln VersR 1989, 277.

260 Vgl. unten 5. Kapitel, Ziff. A.2, S. 126.

261 Stein/Jonas/Schumann, § 1 Rdnr. 12; RGZ 51, 175 (176); OLG Hamm NJW 1987, 138.

Wege nicht gestattet. Schließlich kann eine prozessuale Rechtslage von einer Partei auch arglistig geschaffen werden, indem sie durch Vorspiegelung falscher Tatsachen ihren Gegner dazu bringt, die für sie günstige Rechtsstellung selbst zu begründen. Maßstab für die Missbilligung derartiger Verhaltensweisen ist, dass die jeweils geschaffene prozessuale Rechtslage entgegen dem ihr zugrunde liegenden Zweck zustande kommt[262].

2. Das objektive Kriterium des Missbrauchs prozessualer Befugnisse

Die Fallgruppe des Missbrauchs prozessualer Befugnisse[263] konkretisiert das Prinzip von Treu und Glauben dahingehend, dass im Einzelfall die Berufung auf eine formal gegebene Befugnis zweckwidrig und damit missbräuchlich sei. In Abgrenzung zum arglistigen Schaffen prozessualer Befugnisse sind hier die Voraussetzungen für die prozessuale Befugnis ordnungsgemäß „zustande gekommen“. Anknüpfungspunkt für die Missbilligung ist das nicht rechtlich geschützte Interesse der Partei, das im konkreten Fall den der prozessualen Befugnis zugrunde liegenden Zweckrahmen der Rechtsordnung überschreitet. Maßgebend für das Verdikt rechtsmissbräuchlichen Verhaltens ist in dieser Fallgruppe somit, dass die Ausübungshandlung der Partei von der Zweckbestimmung der prozessualen Befugnis im Rahmen der Rechtsordnung nicht gedeckt wird[264]. Gerade in dieser Fallgruppe der unzulässigen Rechtsausübung ist daher zunächst sorgfältig festzustellen, ob die Befugnis verleihende Verfahrensnorm bereits eine Interessenabwägung des Gesetzgebers zum Ausdruck bringt, so dass eine zusätzliche inhaltliche Beschränkung durch den Grundsatz von Treu und Glauben ausscheidet[265]. Zur Bestimmung der Zweckwidrigkeit müssen stets besondere Umstände vorliegen, die das Verhalten der Partei als eindeutig rechtsmissbräuchlich erkennen lassen. Nur zu leicht wäre es ansonsten z. B. der gegnerischen Partei möglich, unter Berufung auf einen Verstoß gegen Treu und Glauben das Verfahren zu verschleppen[266]. Aufgrund der Weite dieser Fallgruppe, sollen nachfolgend nur die bedeutendsten Unterfallgruppen missbräuchlicher Verhaltensweisen hervorgehoben werden.

262 Zeiss, S. 57ff., der diese Fallgruppe jedoch der Gesetzesumgehung zuordnet.
263 Zeiss, ZPO, Rdnr. 200; ders., S. 150ff.; Schilken, Rdnr. 152; RGZ 146, 385 (395ff.); BGHZ 36, 121 (138/139); OLG Stuttgart, JZ 55, 752; BGH JR 72, 67f.; BGH JR 76, 246f.
264 Wieacker, S. 34f.
265 Baumgärtel, ZZP 69 (1956), 89, 113.
266 Baumgärtel, ZZP 86 (1973), 353, 367.

a) Das Kriterium der Schädigungsabsicht oder des Fehlens eines erkennbaren schützenswerten Interesses

Ein unbestrittenes Merkmal für die zweckwidrige Ausübung einer prozessualen Befugnis stellt die Schädigungsabsicht einer Partei dar. Extremfall ist das Vorliegen der so genannten „Schikane“[267]. Dabei beruft sich eine Partei auf eine Befugnis nur, um dem Prozessgegner einen Schaden oder anderen Nachteil zuzufügen. Tatsächlicher Anknüpfungspunkt – der allerdings oft nur schwer zu beweisen sein wird – ist in diesen Fällen die subjektive Absicht des Handelnden. Wegen dieses Beweisproblems wird zumeist in den Fällen, bei denen Schikane vermutet wird, auf das objektive Tatbestandsmerkmal des fehlenden schützenswerten Interesses zurückgegriffen.

Bei Ausübungshandlungen, denen „nur“ kein schützenswertes Interesse zugrunde liegt, steht – im Gegensatz zum schikanösen Verhalten – nicht primär der dadurch beim Gegner entstehende Nachteil im Vordergrund. Vielmehr entspricht dem Nachteil des Gegners lediglich kein Vorteil der handelnden Partei, die folglich kein besonderes Interesse bzw. keinen bestimmten Nutzen geltend machen kann[268]. Die Missbilligung ergibt sich daraus, dass die Befugnisausübung die berechtigten Belange des Gläubigers nicht fördert, der Prozessgegner dadurch jedoch gleichzeitig beschwert oder sogar geschädigt wird[269]. Oft ist bei der Befugnisausübung maßgebend allein die eigene Befriedigung, Recht zu bekommen. Typisch ist auch, dass im Zeitpunkt der Ausübung der Befugnis der dadurch zu erreichende Erfolg bereits eingetreten bzw. unerreichbar ist oder dieser auch ohne Gerichtsentscheidung gesichert wäre[270].

b) Das Kriterium der zweckfremden Befugnisausübung

Zu der genannten Fallgruppe zählt auch die zweckfremde Befugnisausübung[271]. Die Befugnis wird von der jeweiligen Partei als Mittel für einen besonderen Zweck eingesetzt, der dem zugrunde liegenden Recht und dem ihm innewohnenden Zweck widerspricht. Anknüpfungspunkt ist wiederum die vom Gesetzgeber gewollte Zweckbestimmung der ausgeübten Befugnis, die so genannte Institutionenbezogenheit der Norm[272]. Das Verhalten der Partei wird danach bewertet,

267 Zeiss, S. 152; Baumbach/Lauterbach/Albers/Hartmann, Einl. III Rdnr. 55.
268 Zeiss, S. 166ff.
269 Zeiss, S. 166.
270 Zeiss, S. 167.
271 Stein/Jonas/Schumann Einl. IV D Rdnr. 254ff.
272 Rosenberg/Schwab/Gottwald, § 65 VII 4., S. 363.

ob es dem Zweck der ausgeübten Befugnis entgegensteht[273]. Hierher gehört beispielsweise der Versuch, einer Partei durch eine nicht gerechtfertigte Richterablehnung[274] oder die Ausübung einer anderen prozessualen Befugnis Zeit zu gewinnen. Der gesetzesfremde Zweck liegt dann in der Verzögerung des Verfahrens. Ebenso werden hier die Fälle der so genannten rechtmissbräuchlichen Anfechtungs- oder Nichtigkeitsklagen diskutiert, die nicht zur rechtlichen Kontrolle eines Beschlusses, sondern zur Erlangung eines ungerechtfertigten geldwerten Vorteils erhoben werden[275].

3. *Das objektive Kriterium des widersprüchlichen Verhaltens*

Der Fallgruppe des widersprüchlichen Verhaltens als Anknüpfungspunkt des Rechtsmissbrauchs liegt die Parömie des *„venire contra factum proprium nemini licet*[276] zugrunde, die in Deutschland so interpretiert wird, dass niemand eine Befugnis im Widerspruch zu seinem früheren Verhalten geltend machen darf, wenn die nachträgliche Geltendmachung der Befugnis gegen das Gesetz, die guten Sitten oder Treu und Glauben verstößt[277]. Erfasst werden Konstellationen, in denen sich eine Partei im Vergleich zu ihrem vorherigen Tun widersprüchlich verhält und ihr Gegner einen Nachteil erleidet, weil er sich im Vertrauen auf dieses frühere Verhalten auf eine bestimmte Sach- und Rechtslage eingestellt hat[278]. Die Missbilligung der Ausübungshandlung bezieht sich somit weder allein auf die Handlung selbst, noch auf das vorhergehende Tun. Das Unwerturteil folgt vielmehr aus dem Verhältnis der aktuellen Prozesshandlung zum früheren Verhalten der Partei.

Die rechtsethische Legitimation dieser Missbilligung des *venire contra factum proprium* sieht die h.M. in Rechtsprechung[279] und Literatur[280] im Vertrau-

---

273 Vgl. Wieacker, S. 34ff.

274 OLG Frankfurt a. M. NJW-RR 1989, 569 (570); KG FamRZ 1986, 1022 (1023); OLG Stuttgart OLGZ 1977, 107ff.; vgl. auch unten 5. Kapitel, Ziff. B.1, S. 136.

275 Vgl. unten 5. Kapitel, Ziff. B.2, S. 145.

276 Allgemein dazu vgl. Riezler, S. 1 ff.; Liebs, JZ 1981, 160 (161).

277 Für alle: Palandt/Heinrichs, § 242 Rdnr. 55ff. m. w. N.; Teichmann, JA 1985, 497 (500).

278 RGZ 102, 217 (218ff.); RGZ 123, 84 (85); RGZ 160, 241 (246); BGHZ 20, 198 (205); BGH NJW 1984, 805; Rosenberg/Schwab/Gottwald, § 65 VII 1., S. 363.

279 Z. B. BGHZ 32, 273 (279); 44, 367 (371); 47, 184 (189); 84, 280 (284); 94, 344 (354); BGH NJW 1980, 2407 (2408); 1981, 1045 (1046); 1985, 2589 (2590); 1986, 2104 (2107).

ensschutz. Positiv ausgedrückt muss für die Anwendung des Verbotes des widersprüchlichen Verhaltens ein Erfordernis für den Schutz des Verkehrsteilnehmers vorliegen, wonach dieser auf das konsequente Verhalten des anderen Rechtsgenossen vertrauen durfte[281]. Dieses Schutzbedürfnis der „Kontinuitätserwartung" beruht auf der Annahme, dass sich Teilnehmer am Rechtsverkehr im Regelfall konsequent verhalten und nicht ohne besonderen Grund von einer einmal eingenommenen Haltung abweichen[282]. Kontinuität im Handeln ist Ausdruck der ethischen Forderung nach Beständigkeit und Wahrhaftigkeit im persönlichen Miteinander[283]. Danach soll man sich als Person in seinem Handeln treu bleiben. Diese Verbindung der Kontinuität zum Grundsatz von Treu und Glauben legt nahe, dass das Verbot des widersprüchlichen Verhaltens als Schutz der Kontinuitätserwartung unmittelbar aus dem Gebot der Gerechtigkeit abzuleiten ist[284].

Im zivilprozessualen Urteilsverfahren sind hingegen die Voraussetzungen für die Bewertung eines Verhaltens als widersprüchlich und damit rechtsmissbräuchlich sehr eng auszulegen. Zum einen erlaubt das Zivilprozessrecht den Parteien nämlich ausdrücklich, noch bis zum Schluss der mündlichen Verhandlung ihr Vorbringen zu ändern oder zurückzuziehen[285]; zum anderen soll durch Anwendung dieser Konkretisierung rechtsmissbräuchlichen Verhaltens nicht erreicht werden können, dass prozessuales Zuwiderhandeln gegen vorangegangenes ausserprozessuales Verhalten generell als rechtsmissbräuchlich eingestuft wird[286]. Der Wesenskern des Zivilprozessrechts besteht schließlich darin, über bestrittenes vorprozessuales Verhalten zu entscheiden[287]. Allein die Widersprüchlichkeit eines Verhaltens kann also niemals für die Missbilligung als Vertrauensverstoß ausreichen; es muss stets ein weiterer missbilligenswerter Gesichtspunkt hinzukommen. Zu einem Vorverhalten, gegen das verstoßen wird, sind z. B. vertragliche Vereinbarungen zu zählen, die ein bestimmtes prozessuales Verhalten zum Gegenstand haben[288]. Es kommen aber auch sich widersprechende innerprozes-

---

280 Wieacker, S. 28; Larenz, SR I, § 10 II b, S. 133; Canaris, S. 270f., 287ff.; MüKoBGB/Roth, § 242 Rz. 423ff.; Palandt/Heinrichs, § 242 Rdnr. 55ff.; a. A. Staudinger/Schmidt, § 242 Rz. 622; Riezler, S. 110.

281 Wieacker, S. 29; Singer, S. 77.

282 Singer, S. 78.

283 Wieacker, S. 27; Canaris, S. 293; Teichmann, JA 1985, 497 (500); BGHZ 94, 344 (354).

284 Wieacker, S. 27ff.; Canaris, S. 288; Singer, S. 79.

285 Fasching, FS f. Schwab, 101 (107).

286 Stein/Jonas/Schumann, Einl IV D, Rdnr. 251; Rosenberg/Schwab/Gottwald, § 81 2., S. 447; Baumgärtel, ZZP 69 (1956), 89 (120); ders., ZZP 86 (1973), 353 (363).

287 Fasching, FS f. Schwab, 101 (107).

288 RGZ 102, 217 (218ff.); RGZ 123, 84ff.; RGZ 159, 186ff.; BGHZ 20, 198ff.; a. A. Rosenberg/Schwab/Gottwald, § 65 VII 2., S. 363; Zeiss, S. 100ff.; vgl. insbesondere

suale Verhaltensweisen in Betracht, durch die gegenüber der gegnerischen Partei ein Vertrauenstatbestand geschaffen wurde, z. B. durch die vorsätzliche Herbeiführung prozessualer Fehler, auf die man sich später zum Nachteil der gegnerischen Partei nach Treu und Glauben nicht mehr berufen können soll[289].

4. Das objektive Kriterium der Verwirkung prozessualer Befugnisse

Auch in der „Verwirkung" prozessualer Befugnisse wird eine Konkretisierung des Grundsatzes von Treu und Glauben gesehen[290]. Ansprüche, Gestaltungsrechte und Gegenrechte sollen verwirkt sein, wenn mit ihrer Ausübung so lange gezögert wird, dass die gegnerische Partei berechtigterweise annimmt, die Befugnis werde nicht mehr ausgeübt, und aus diesem Grunde Vermögensdispositionen trifft oder Gegenmaßnahmen unterlässt. Die prozessuale Befugnis wird folglich zu einem für den Gegner unerwarteten Zeitpunkt ausgeübt. Es handelt sich um ein widersprüchliches Verhalten durch Unterlassen und damit unverkennbar um einen Unterfall des *venire contra factum proprium*[291]. Wesentlich sind also Zeitablauf und das gegen Treu und Glauben verstoßende Unterlassen. Ein langer Zeitraum, in dem eine Befugnis nicht ausgeübt wurde, ist allein für eine Verwirkung nicht ausreichend; hinzutreten müssen weitere besondere Umstände[292]. Dabei scheiden solche Befugnisse als potentieller Gegenstand einer Verwirkung aus, die den Parteien schon von Gesetzes wegen nur in einem bestimmten Zeitraum zur Verfügung stehen. Eine Verwirkung kann in diesem ohnehin begrenzten Zeitraum schlechterdings nicht eintreten. Werden die Rechte nicht bis zu dem für sie vorgesehenen Termin bzw. Prozessabschnitt oder innerhalb der Frist vorgenommen, ist die nachträgliche Ausübung untersagt; die Parteien sind mit ihren Prozesshandlungen „präkludiert". Der Gesetzgeber will dann nämlich gerade erreichen, dass der Gegner des von der Präklusion Betroffenen von einem bestimmten Zeitpunkt an eine gesicherte Rechtsstellung erhält, indem seine Rechtslage unbedingt geschützt ist[293]. Unterliegt eine Prozesshandlung dagegen keiner Frist oder hat sie nicht zu laufen begonnen und besteht die Möglichkeit, dass die Partei mit der Ausübung ihrer prozessualen Befugnis auf eine bestehende Rechtslage ein-

---

zum Streit über die Anwendung des *venire contra factum proprium*, 5. Kapitel, Ziff. C.1, S. 172.

289 Vgl. BGHZ 40, 197 (203); Baumbach/Lauterbach/Albers/Hartmann, Einl. III Rdnr. 63.

290 Vgl insb. Griebeling, S. 44ff.; Schilken, Rdnr. 151; Zeiss, ZPO, Rdnr. 198.

291 MüKoBGB/Roth, § 242 Rdnr. 424, 464ff.; Palandt/Heinrichs, § 242 Rdnr. 87.

292 Schon Siebert, JW 1937, 2495.

293 Henckel, S. 95.

wirken kann, kann die Befugnisausübung verwirkbar sein. Unstreitig wird dies beispielsweise für die Beschwerde bejaht[294]. Die Verwirkbarkeit ist aber wiederum dann zu verneinen, wenn sich aufgrund der besonderen Rechtsnatur der Befugnis ein Vertrauenstatbestand nicht herausbilden konnte[295].

5. Zusammenfassung

Zusammenfassend gilt danach für das deutsche Zivilprozessrecht, dass regelmässig objektive Kriterien über die Bejahung eines Verstoßes gegen den Grundsatz von Treu und Glauben entscheiden. Die Konkretisierung des Rechtsmissbrauchs vollzieht sich durch Fallgruppenbildung zum objektiven Verhalten der Parteien, während subjektive Kriterien nur ergänzend oder indirekt herangezogen werden. Selbst eine Schädigungsabsicht wird im deutschen Zivilprozessrecht „objektiv", durch Beweisregeln, nämlich durch Ausschluss plausibler anderer Zwecke bestimmt. Ergänzende Kriterien wie das Fehlen eines schützenswerten Eigeninteresses oder eines zweckfremden Interesses haben ebenso eindeutig objektiven Charakter.

B. Die Konkretisierung der Lehren vom abus de droit d`agir und vom abus de procédure

Wie der Grundsatz von Treu und Glauben ist auch das der Lehre vom *abus de droit d`agir* bzw. vom *abus de procédure* zugrunde liegende maßgebende Tatbestandsmerkmal der *„faute"* konkretisierungsbedürftig.

1. Die Lehre vom abus de droit d`agir

Allgemein ist bereits festgestellt worden[296], dass eine *„faute"* im Sinne der Art. 1382, 1383 *C. civ.* begeht, wer – soweit er nicht schon gegen eine ausdrückliche gesetzliche Vorschrift verstößt – sich nicht wie ein *„bon père de famille"* ver-

294 Vgl. nur: Stein/Jonas/Schumann Einl. Rdnr. 259; Zöller/Gummer, § 567 Rdnr. 9, 10; OLG Frankfurt a.M. MDR 1977, 586; BGHZ 43, 289 (292); BGH NJW 1963, 154ff.

295 Griebeling, S. 130; aus diesem Grunde soll die Klagebefugnis nicht verwirkbar sein, vgl. zu diesem Streit 5. Kapitel, Ziff. C.2., S. 182.

296 Vgl. oben unter 1. Kapitel, Ziff. B.2.b), S. 51ff.

hält[297]. Eine Präzisierung findet sich im Gesetz nicht. Das französische Recht geht davon aus, dass es einer solchen Definition der *faute* auch nicht bedürfe, die juristische Aufgabe vielmehr darin bestehe, einzelne Fallgruppen zu analysieren und mit ihrer Hilfe die *faute* näher zu konkretisieren[298]. Der zentrale Streitpunkt besteht naturgemäß darin, welcher „Grad" fehlerhaften Verhaltens erforderlich ist, um einen *abus de droit d' agir* zu bejahen[299]. Dies folgt aus dem Zielkonflikt, nicht durch zu rigorose Beschränkung den freien und ungehinderten Zugang zu den Gerichten, also die Ausübung des *droit d'agir,* zu gefährden[300] und andererseits dennoch dem Rechtsmissbrauch bei Anrufung des Gerichts effektiv entgegenzuwirken[301]. Die Lehre vom *abus de droit d'agir* ist also aufgefordert, mit systemeigenen Kriterien einen Kompromiss zu finden zwischen dem Grundsatz der Freiheit, ein Gericht anzurufen, und dem allgemeinen Interesse, der Prozessflut bzw. der Schadenszufügung durch Ausübung des *droit d'agir* Einhalt zu gebieten[302].

Übereinstimmend wird dabei zunächst davon ausgegangen, dass ein *abus de droit d'agir* ausscheide, soweit die Partei, die missbräuchlich gehandelt haben soll, im gerichtlichen Verfahren obsiege. Hier gelte das so genannte Prinzip der Immunität des im Prozess obsiegenden Klägers, der « *immunité la plus totale reconnue au plaideur qui triomphe dans un procès* »[303]. Selbst ein nur teilweises Obsiegen genüge danach, um den *abus* für den Kläger oder den Beklagten grundsätzlich auszuschließen[304]. Es sei widersprüchlich, eine im Prozess vollständig oder teilweise obsiegende Partei wegen Missbrauchs ihres Rechts, dass Gericht

---

297 Vgl. Coudeville-Loquet, S. 157.

298 Ferid/Sonnenberger, Bd. II, 2 O 105; Terré/Simler/Lequette, Rdnr. 716 ; Le Tourneau/Cadiet, Rdnr. 6705.

299 Vgl. Hopt, S. 84 m. w. N.; Le Tourneau/Cadiet, Rdnr. 6708.

300 Jeantin, J. Cl. Resp. civ. : fasc. 131-2, n° 58 ; Hopt, S. 121ff.

301 Le Tourneau/Cadiet, Rdnr. 6950; Coudeville-Loquet, S. 31.

302 Coudeville-Loquet, S. 28; Cadiet/Le Tourneau, Rép. dr. civ., Rdnr. 113.

303 Cass. civ. 14.10.1964, Bull. civ. I n° 448; Cass. com. 19.02.1965 Bull. civ. III n°108; Cass. civ. II 18.11.1971 Bull. civ. I n° 134, D. 1972. somm. 39; Cass. civ. 05.05.1976 D. 1976, I.R., 221; nach neuerer Rechtsprechung ist es jedoch möglich, dass die in der ersten Instanz obsiegende Partei in der zweiten Instanz wegen *abus de droit d'agir* zu Schadensersatz verurteilt wird, vgl. nur Cadiet/Le Tourneau, Rép. dr. civ., Rdnr. 122 m. w. N.

304 Cass. civ. 14.10.1964 Bull. civ. I n° 448; Cass. com. 19.02.1965 Bull. civ. III n°108 ; Cass. civ. II 18.11.1971 Bull. civ. I n° 134, D. 1972. somm., 39 ; Cass. civ. 15.03.1972 Bull. civ. III n° 181 ; Cass. civ. 12.02.1974 Bull. civ. III n° 74 ; Cass. civ. 05.05.1976 D. 1976, I.R., 221 ; Cass. civ. 07.03.1984 Bull. civ. II n° 46 .

angerufen zu haben, sanktionieren zu wollen[305]. Umgekehrt folge aus der Grundfreiheit, die Gerichte anzurufen, dass nicht allein das Unterliegen einer Partei im Prozess als *abus de droit d`agir* gewertet werden dürfe[306].

Ansonsten wird in der Bestimmung des für einen *abus de droit d`agir* erforderlichen Grades einer *faute* eine Methode gesehen, eine ausgewogene Lösung des geschilderten Zielkonfliktes zu finden. Anhand der verschiedenen Grade der *faute* (der *faute délictuelle*, der *faute quasi- délictuelle* und der *faute simple)* sollen nun die dabei geltenden Kriterien des *abus de droit d` agir* herausgearbeitet werden.

a) Das subjektive Kriterium der faute délictuelle

Als Kriterium des *abus de droit d`agir* kommt zunächst die *faute délictuelle* in Betracht. Dieses vorsätzlich fehlerhafte Verhalten bezeichnet den schwersten Grad fehlerhaften Verhaltens im französischen Recht. Hier bezieht sich der Wille der Partei auf ihr äußeres Verhalten und auch auf den schädigenden Erfolg[307]. Unter *faute délictuelle* fallen daher Verhaltenweisen mit der Absicht, einen anderen zu schädigen (*l`intention de nuire*)[308] oder zu schikanieren (*esprit de chicane*)[309], wie auch solche, bei denen die Partei den als möglich erkannten Schaden in Kauf nimmt[310]. Insbesondere die Rechtsprechung benutzt dabei zur Begründung eines *abus de droit d`agir* die Terminologie, dass es sich um Fälle handele, in denen die *action „un acte de malice"* sei oder *„un acte de mauvaise foi"* darstelle[311]. Im letzteren Falle ist die Bezeichnung allerdings uneinheitlich, der Übergang zu einer *faute quasi-délictuelle lourde*[312] fließend.

---

305 Civ. 2e, 18.11.1971, D. 1972. somm. 39; Civ. 3e, 15.03.1972, Bull. civ. III, n° 181; Civ. 2e, 11.03.1987, J.C.P. 1987. IV. 174; Cass. civ. III, 05.05.1976, D. 1976, I.R. 221; Coudeville-Loquet, S. 150 ; Le Tourneau/Cadiet, Rdnr. 6954.

306 Blary-Clément, Sem. jurid. 1991, Doc. 3534, S. 338; Le Tourneau/Cadiet, Rdnr. 6957 ; Cadiet/Le Tourneau, Rép. dr. civ., Rdnr. 123.

307 Ferid/Sonnenberger, Bd. 2, 2 O 140.

308 Mesnard, S. 117 ; Lecompte, Rév. crit. 78, 481 (498ff.) ; Coudeville-Loquet, S. 51, 159 ; Jeantin, J. Cl. Resp. civ. : fasc. 131-2, n° 64 ; auch Karila de Van, RTD civ. 1995, 533 (542).

309 Jeantin, J. Cl. Resp. civ. : fasc. 131-2, n° 70.

310 Ferid/Sonnenberger, Bd. 2, 2 O 140 .

311 Ständ. Rspr.: Civ. 07.12.1885, D.P. 86.1.207; Civ. 2e, 06.02.1957, D. 1957. 211; Cadiet/Le Tourneau, Rép. dr. civ., Rdnr. 128, 136 m. w. N. ; Jeantin, J. Cl. Resp. civ. : fasc. 131-2, n° 74.

312 Vgl. nachfolgend unter 2. Kapitel B.1.b), S. 76.

Rechtsprechung wie Literatur[313] bejahen den *abus de droit d`agir* unter Berufung auf eine *faute délictuelle* unstreitig dann, wenn die Schädigungsabsicht das Hauptmotiv für die zu beurteilende Handlung darstellt, auch wenn die Handlung von weiteren, nicht verwerflichen Absichten (mit-) getragen wird. Die Schädigungs- oder Schikaneabsicht wird dabei oft aus – kaum systematisierten – Indizien abgeleitet. Dazu zählen beim *abus de droit d`agir* des Klägers z. B. nutzlose Prozesshandlungen[314], vom Prozesszweck nicht gebilligte Absichten[315], fehlendes Interesse am Prozess, etwa bei der künstlichen Erhöhung eines Streitwertes, um die Zuständigkeit eines bestimmten Gerichtes zu erlangen[316], das Einlegen von Prozessrechtsmitteln, um das Urteilsverfahren zu verlängern, bzw. die Erweiterung der Klage in moralisch zu missbilligender Absicht[317] oder andere verwerfliche Vorgehensweisen[318]. Ähnliche Kriterien werden von der Rechtsprechung auch für den *abus de droit d`agir* des Beklagten verwendet[319], bei dem verwerfliches Vorgehen oft in einer Prozessverzögerung gefunden wird[320]. Keine Rolle für

---

313 Coudeville-Loquet, S. 161; Mesnard, S. 20; vgl. Beispiele bei Le Tourneau/Cadiet, Rdnr. 6950.

314 Amiens 01.06.1959 J.C.P. 1959, IV 135 ; Cass. civ. 09.03.1949, S. 1950, 1, 13 ; Cass. civ. 03.07.1963 Bull. civ. I n° 369.

315 Cass. civ. III 11.12.1969 J.C.P.1970, IV, 30, Bull. civ. III n° 820, Cass. civ. I 15.06.1961 Bull. civ. I n° 319; Cass. civ. II 29.04.1976 J.C.P. 1976, II 18738; Paris 12.11.1980 Gaz. Pal. 1981, 1, 162; Cass. civ. III 26.10.1983 J.C.P. 1984, IV, 26; Trib. com. Le Havre 13.05.1930 D.H. 1931, somm., 22 ; Coudeville-Loquet, S. 53 m. w. N.

316 Cass. civ. 29.05.1876 D. 1876, I, 377; Cass. req. 09.04.1900 S. 1901, 1, 279, D. 1900, 1, 351.

317 Coudeville-Loquet, S. 51.

318 Z. B. : Cass. req. 21.06.1926 S. 1926, 1, 294 ; Cass. civ. I 16.01.1952 Bull. civ. I n° 23 ; Cass. civ. I 30.04.1958 Bull. civ. I n° 230 ; Cass. civ. III 23.03.1982 J.C.P. 1982, IV, 204 ; Cass. civ. 13.05.1958 Bull. civ. I n° 239 ; Cass. com. 05.03.1958 Bull. civ. III n° 108 ; Cass. civ. 08.01.1959 Bull. civ. II n° 38 ; Trib. civ. Dijon 13.11.1922 D.P. 1922, 5, 19 ; Cass. civ. 30.01.1962 Bull. civ. I n° 68 ; Cass. civ. 29.01.1964 Bull. civ. II n° 97 ; Cass. civ. 22.02.1968 Bull. civ. II n° 64 ; Cass. civ. 30.01.1969 Bull. civ. III n° 89 ; Trib. civ. Seine 12.07.1923 D.P. 1923, 5, 16.

319 Cass. civ. 25.05.1887 D.P.1888, 5, 427; Cass. req. 10.01.1910 D.P.1911,1,370; Cass. civ. 01.03.1932 D.H. 1932,201 ; Cass. civ. 25.01.1938 D.H.1938,139 ; Cass. civ. 31.05.1954 Bull. civ. II n°195 ; Cass. com. 09.11.1954 Bull. civ. III n°333 ; Cass. Com. 31.05.1955 Bull. civ. III n° 48 ; Cass. civ. 10.03.1955 Bull. civ. II n°142 ; Cass. com. 12.07.1955 Bull. civ. III n° 256 ; Cass. civ. 26.06.1957 Bull. civ. II n° 471 ; Cass. civ. 13.11.1959 Gaz. Pal.1960, 1, 98 ; Cass. civ. 23.03.1965 Bull. civ. 1965,1,206 ; Paris 4ème ch. 14.02.1958 Gaz. Pal.1958,1,170 ; Cass. soc., 11.03.1970, D. 1970, S. 548 ; Cass. 2e civ., 28.03.1973, D. 1973, IR S. 117 ; Cass. 2e civ., 12.11.1997, Bull. civ. II, n° 274.

320 Cass. req. 15.06.1938 S.1938,1,331; Cass. civ. 31.05.1949 Bull. civ. I, n° 195; Cass. civ. 11.03.1964 Gaz. Pal. 1964, 1, 439.

die Bestimmung der *faute* soll dagegen die Höhe des eingetretenen Schadens spielen[321].

Schließlich wird eine *faute délictuelle* immer dann bejaht, wenn die Voraussetzungen einer *fraude* vorliegen[322]. Ausreichend ist, dass deliktische Handlungen vorgenommen werden, um die gegnerische Partei zu täuschen oder zu ihrem Nachteil ungerechtfertigte Vorteile zu erlangen[323], oder das Gesetz in der Absicht umgangen wird, den Gegner zu schädigen[324].

b) Das subjektive Kriterium der faute quasi-délictuelle lourde

Ein unstreitiges subjektives Kriterium für den *abus de droit d`agir* ist auch in der so genannten *faute quasi-délictuelle lourde* zu sehen[325].

Unter einer *faute quasi-délictuelle lourde* ist grob fahrlässiges Verhalten, d.h. eine besonders offenkundige Sorglosigkeit[326] zu verstehen. Dies beinhaltet den grob schuldhaften Irrtum (*erreur grossière équipollente au dol*) sowie die unentschuldbare Fahrlässigkeit (*négligence inéxcusable*)[327]. Dieser Grad der *faute* ist erfüllt, wenn die Partei ohne rechtmäßiges Motiv gehandelt hat. Sie muss aber den durch ihre Handlung entstandenen Schaden nicht verursachen wollen und sich bei ihrer Handlung auch nicht sicher sein, dass überhaupt ein Schaden eintreten wird, wenn sie nur von der Möglichkeit des Schadenseintritts Kenntnis hatte[328]. In Abgrenzung zum Kriterium der *faute délictuelle* liegt keine explizite Schädigungsabsicht vor. Daher ist immer eine Pflichtwidrigkeit des Verhaltens erforderlich; die Willensbetätigung allein genügt nicht[329].

Im Prozessrecht wird auch im Zusammenhang mit der *faute quasi-délictuelle lourde* oft vom *mauvaise foi non intentionnelle* gesprochen, wenn zum Ausdruck gebracht werden soll, dass die Partei Kenntnis vom Schaden besaß, den sie verur-

---

321 Coudeville-Loquet, S. 162 ; nur in seltenen Fällen ist neben der *faute* auch die Schwere des herbeigeführten Schadens maßgebend. Führt die *action* zu einer besonders schweren Ehrverletzung oder verursacht sie im Bereich der materiellen Schäden gar den finanziellen Ruin, kann darin ein Hinweis auf einen *abus de droit* gesehen werden, vgl. Cadiet/Le Tourneau, Rép. dr. civ., Rdnr. 133 m. w. N.

322 Vgl. zur *fraude* oben unter 1. Kapitel, Ziff. B.2.d), S. 58.

323 Mesnard, S. 118.

324 Mesnard, S. 119.

325 Le Tourneau/Cadiet, Rdnr. 6950.

326 Ferid/Sonnenberger, Bd. 2, 2 O 150.

327 Cass. req. 27.05.1884 D. P. 1884, 1, 437; Cass. req. 27.07.1903 D.P. 1903, 1, 488; Cass. civ. III 05.01.1973 J.C.P. 1973, IV, 70, Bull. civ. III n° 26; Coudeville-Loquet, S. 59ff. m. w. N. sowie Cadiet/Le Tourneau, Rép. dr. civ., Rdnr. 129.

328 Coudeville-Loquet, S. 59.

329 Ferid/Sonnenberger, Bd. 2, 2 O 150.

sacht hat, aber nicht sein ganzes Ausmaß kannte[330]. Auf einen *mauvaise foi non intentionnelle* wird aus verschiedenen Verhaltensweisen der Parteien geschlossen, etwa aus Behauptungen in einem Rechtsstreit, für die keine Beweise geliefert werden[331], oder daraus, dass sich eine Partei bereits vor dem Prozess ungerechtfertigt weigert, bestimmte Ansprüche zu erfüllen, obwohl die Begründetheit der Ansprüche offensichtlich ist[332]. Insgesamt dienen diese Begründungsmuster dem Gericht dazu, von objektiven auf subjektive Umstände, nämlich wiederum eine gewisse arglistige Absicht, zu schließen[333].

Daneben begründet eine *faute quasi-délictuelle lourde* auch der bereits erwähnte grob schuldhafte Irrtum, der *erreur grossière équipollente au dol*[334]. Auf dieses Kriterium wird besonders dann ausgewichen, wenn die Bösgläubigkeit einer Partei nicht beweisbar ist[335]. Dies meint z. B. den Fall, dass der Kläger eine Klage zwar im guten Glauben an ihren Erfolg erhoben hat, sein Glaube daran jedoch – grob schuldhaft – fehlerhaft ist, weil sein Unterliegen im Rechtsstreit und die anders lautende Interpretation der anzuwendenden Rechtsnormen im Vergleich zu der seinigen eindeutig ist. Gleiches gilt, wenn er die Klage erhoben hat, obwohl er sich niemals sicher war, ob ihm sein behauptetes Recht tatsächlich zusteht bzw. existiert[336].

c) Das subjektive Kriterium der faute simple

Keine Einigkeit besteht in der französischen Literatur und Rechtsprechung, ob einen *abus de droit d'agir* auch Verhaltensweisen darstellen können, die mit einfacher Fahrlässigkeit, der *faute simple*, begangen werden. Schließlich liegt auf der Hand, dass das *droit d'action* ohne eine zumindest „gewisse" Verletzung der gegnerischen Partei gar nicht verwirklicht werden kann[337]. Vor diesem Hintergrund ist tatsächlich zweifelhaft, ob eine Partei, die im guten Glauben auf ihr *droit d'agir* handelt, dennoch wegen einfach fahrlässigen Handelns und eines *abus de droit* zur Verantwortung gezogen werden kann.

Einerseits wird – besonders von der älteren Rechtsprechung – vertreten, dass ein *abus de droit d'agir* bei einer *faute simple* nicht bejaht werden könne. Das missbilligte Verhalten müsse stets einen „schlechten", „böswilligen" oder zumin-

---

330 Mesnard, S. 120 ; Coudeville-Loquet, S. 163.
331 Cass. com. 20.10.1980 Bull. civ. IV S. 273.
332 Coudeville-Loquet, S. 63.
333 Mesnard, S. 120 ; Coudeville-Loquet, S. 168.
334 Le Tourneau/Cadiet, Rdnr. 6950; Coudeville-Loquet, S. S. 166.
335 Coudeville-Loquet, S. S. 167.
336 Coudeville-Loquet, S. 166 ; Cass. civ. 2^e^, 16.01.1989, J.C.P. 1989, II, 103.
337 Coudeville-Loquet, S. 182.

dest „grob schuldhaft“ verletzenden Akt darstellen[338]. Der freie und ungehinderte Zugang zum Gericht dürfe nicht durch ein darüber hinausgehendes Sanktionsrisiko gefährdet werden[339].

Andererseits wird zu diesem Fahrlässigkeitsgrad in der jüngeren Rechtsprechung[340] – die sich aber auch hier nicht systematisieren lässt[341] – zunehmend vertreten, es genüge für einen *abus de droit d`agir* jede Art von fehlerhaftem Verhalten. Einschränkend wird zum Teil hinzugefügt, dass die *faute simple* als Voraussetzung „ausreichend charakteristisch“[342] sein müsse. Soweit die Gerichte „Unvorsichtigkeit“, „Tollkühnheit“, „Fahrlässigkeit“ oder „tadelnswerte Leichtfertigkeit“ anführen, wird betont, dass das zu einem Schaden führende fehlerhafte Verhalten einen „bedeutenden“ Verstoß darstellen müsse[343]. Diese Bedeutung müsse das Gericht grundsätzlich anhand rechtspolitischer Überlegungen und der gesamten Umstände des Einzelfalles prüfen. Denn es obliege dem Gericht, für den Einzelfall festzustellen, wann *abus de droit d`agir* vorliege oder nur ein gutgläubiges, keine bedeutende *faute simple* darstellendes Fehlverhalten[344]. Anders als bei den anderen Graden der *faute*, hänge die Anwendung einer *faute simple* als ausreichendes Kriterium auch davon ab, wie schwerwiegend ein der gegnerischen Partei entstandener Schaden sei[345]. Eine weitere Rolle spiele die Komplexität der Angelegenheit: je leichter die Umstände einer Rechtsstreitigkeit zu bewerten seien, die Rechtslage eindeutig sei und es an sich keiner Entscheidung ei-

---

338 Vgl. z. B. Req. 02.06.1890, D.P. 1891.I.93; Civ. 15.03.1910, D.P. 1913.I.43; Req. 22.01.1918, S. 1918.I.166; Civ. 14.05.1929, G.P. 29.2.144; Civ. 23.03.1937, G.P.37.2.62; Civ. 10.03.1948, D. 48.255 ; Cass. civ. II 13.11.1959 Gaz. Pal.1960.1.98 : „*L`action en justice est un droit dont l`exercice ne degénère en faute pouvant donner lieu à des dommages-interêts que s`il constitue un acte de malice ou de mauvaise foi ou tout au moins une erreur grossière équipollente au dol*“.

339 Trib. Colmar, 02.05.1855, R. D. 1856, 2. 9; Trib. Sedan, 17.12.1901, R. S. 1904, 2, 217; Cass. civ. 3ème, 12.10.1971, D. 1972, 210; vgl. nur Guinchard, Mégacode, Art. 32-1, n° 1.

340 Civ. 1re, 04.10.1954, Bull. civ. I, n° 262; Civ. 2e, 31.05.1967, Bull. civ. II, n° 199, Com. 30.10.1968, J. C. P. 1969. II. 15964; Com. 12.01.1976, D. 1977. 141; Civ. 2e, 05.05.1978, Bull. civ. II, n° 116; schon Josserand, ésprit, Rdnr. 284; Lecomte, Rév. crit. 78, 481 (507ff.); Hopt, S. 117.

341 Durry, RTD civ. 1972, 395 (398).

342 Vgl. Cass. civ. I, 05.04.1954, Gaz. Pal. 1954, 1, 379: « *une faute suffisement caracterisée* » ; Coudeville-Loquet, S. 187 ; Jeantin, J. Cl. Resp. civ. : fasc. 131-2, n° 72

343 Mesnard, S. 45 ; Coudeville-Loquet, S. 191 ; Terré/Simler/Lequette, Rdnr. 743 ; Le Tourneau/Cadiet, Rdnr. 6951.

344 Cass. civ. III, 20.06.1972, J.C.P. 1972, II, 17202 ; Cass. civ. III 19.01.1983, J.C.P. 1983, IV, 103.

345 Cass. civ. I, 25.10.1966, Bull. civ. I, n° 482; Cass. civ. 10.05.1977, Bull. civ. I n° 159; Cass. com. 19.05.1980, J.C.P. 1980, IV, 216 ; Cass. civ. 29.01.1986, Bull. civ. III, n° 3.

nes Gerichts bedürfte, desto eher genüge eine *faute simple* als ausreichendes Kriterium für einen *abus de droit d'agir*[346]. Es wird weiter danach differenziert, ob das *droit d' agir*, dessen missbräuchliche Ausübung in Frage steht, vom Kläger oder Beklagten ausgeübt wurde[347]. Grundsätzlich verdiene ein *droit d'action* des Beklagten mehr Schutz als das des Klägers, da dieser den Rechtsstreit nicht eingeleitet habe. Das Kriterium für den *abus de droit d'agir* müsse daher bezüglich des Beklagtenrechts strenger sein[348]; weswegen auch Entscheidungen selten sind, die gegen einen Beklagten wegen einer *faute simple* auf *abus de droit d'agir* erkennen.

Für die aktuelle Rechtsprechung lässt sich danach insgesamt feststellen, dass sie zwischenzeitlich auch im Rahmen der Fallgruppe des *abus de droit d'agir* eine einfache „Verschuldenshaftung" entwickelt hat[349]. Für diese Auffassung spricht auch, dass sich trotz der jüngeren Entwicklungen auf diesem Gebiet die Befürchtung der älteren Rechtsprechung nicht verwirklicht hat, die Bejahung des *abus de droit d'agir* bei Vorliegen einer *faute simple* hielte die Parteien davon ab, ein Gericht anzurufen[350].

2. *Die Lehre vom abus de procédure*

Bereits anlässlich der Frage, ob der *abus de procédure* als allgemeine Rechtsmissbrauchsschranke geeignet ist, wurde darauf hingewiesen, dass sich seine Kriterien wie beim *abus de droit d'agir* anhand der Lehre von der *faute* bestimmen[351]. Wegen der Konkretisierung der Anforderungen kann daher insoweit auf die Ausführungen zum *abus de droit d'agir* verwiesen werden. Während unstreitig Verhaltensweisen der Parteien, die der *faute délictuelle* und *faute quasi-delictuelle lourde* zuzuordnen sind, als ausreichend für den *abus de procédure* angesehen werden, ist dies bei Vorliegen einer *faute simple* mangels systembildender Kriterien wiederum anhand der konkreten Umstände im Einzelfall zu bestimmen. In der Literatur wurde in diesem Zusammenhang beobachtet, dass

346 Cass. civ. 09.02.1954, Bull. civ. I, n° 54; Cass. civ. 02.02.1955, Bull. civ. I, n° 53; Cass. civ. 05.02.1958, Bull. civ. I, n° 78; Cass. civ. 13.05.1958, Bull. civ. I, n° 239; Cass. com. 09.06.1960, Bull. civ. III, n° 220 ; Cass. civ. 12.02.1962, Bull. civ. I, n° 95 ; Cass. civ. 12.06.1963, Bull. civ. I, n° 316; Cass. civ. 12.06.1968, Bull. civ. III n° 265; Cadiet/Le Tourneau, Rép. dr. civ., Rdnr. 132.

347 Mesnard, S. 117 ; Hopt, S. 103.

348 Hopt, S. 103.

349 So bereits 1968 Hopt, S. 119, 157ff.; Le Tourneau/Cadiet, Rdnr. 6951.

350 So bereits 1968 Hopt, S. 122.

351 Vgl. oben 2. Kapitel B.1, S. 72.

sich im Vergleich zum *abus de droit d`agir* bei der Bejahung des *abus de procédure* weniger Entscheidungen finden, die auf einer *faute simple* beruhen[352]. Die Ursache hierfür ist darin zu vermuten, dass der *abus de procédure* zumeist entweder eindeutig vorsätzliche Handlungen betrifft, beispielsweise eine Prozessverschleppung, so dass die *faute simple* als Kriterium nicht in Rede steht, oder der durch den *abus de procédure* eintretende und für eine *faute simple* maßgebende Schaden im allgemeinen nicht den Schweregrad aufweist, wie er sich bei einer missbräuchlichen Klageerhebung ergeben kann[353]. Schließlich besteht der Schaden fast immer vor allem in den – insoweit vom Klägerwillen abhängigen – mit einem Prozess verbundenen Kosten.

3. *Zusammenfassung*

Die vorstehenden Untersuchungen zur Konkretisierung der Lehre vom *abus de droit d`agir* und zum *abus de procédure* ergeben, das die Annahme eines Rechtsmissbrauchs im französischen Zivilprozessrecht an das im Deliktsrecht entwickelte abgestufte System fehlerhaften Verhaltens, der *faute*, anknüpft. Die Kriterien sind subjektiven Ursprungs, wobei bestimmten objektiven Verhaltensweisen eine Indizwirkung zukommen soll. Eine weitere Konkretisierung des objektiven Verhaltens bei Vorliegen eines bestimmten Grades der *faute*, im Sinne einer objektiv-systematischen Fallgruppenbildung, findet sich im französischen Zivilprozessrecht nicht. Zu sehr ist das – in Frankreich mit deutlichen Randunschärfen versehene – subjektive Moment maßgebend, als dass man davon losgelöst Kategorien äußerlicher Verhaltensweisen bilden könnte.

Abus de droit d`agir und *abus de procédure* liegt danach immer im Fall der *faute délictuelle* vor, die eine Schädigungsabsicht voraussetzt, und im Fall der *faute quasi-delictuelle lourde*, die ein bösgläubiges Handeln oder ein grob schuldhaftes arglistiges Handeln erfordert. Im Fall der so genannten *faute simple caracterisée* hängt die Bejahung des *abus* von den Umständen im Einzelfall ab. Insofern ist zu berücksichtigen, inwieweit unvorsichtiges oder sorgloses Handeln auf Arglist oder Böswilligkeit schließen lassen. Hierfür sind alle Umstände maßgebend, wie insbesondere die Schwere des eingetretenen Schadens, ob der Kläger oder der Beklagte gehandelt hat sowie die rechtliche Gebildetheit der handelnden Partei.

352 Hopt, S. 105.
353 Hopt, S. 105.

3. Kapitel: Die Rechtsfolgen der allgemeinen Rechtsmissbrauchsschranken

Bisher wurde lediglich festgestellt, dass mit den allgemeinen Rechtsmissbrauchsschranken dem rechtsmissbräuchlichen Verhalten Einhalt geboten werden *soll*. Zu prüfen ist nunmehr das Instrumentarium dieser Schranken, ob und wie nämlich dadurch die jeweilige Befugnis vernichtet, nur ihre Durchsetzung gehindert oder auf welchem Wege sonst der Ausübung der Befugnis Grenzen gezogen werden. Die Länderberichte sollen daher mit einer Darstellung der Rechtsfolgen der jeweiligen allgemeinen Rechtsmissbrauchsschranke abgeschlossen werden.

A. Rechtsfolgen der allgemeinen Rechtsmissbrauchsschranke im deutschen Urteilsverfahren

Wie erörtert findet sich im deutschen Zivilprozessrecht keine allgemeine Norm, die Rechtsfolgen eines im Urteilsverfahren begangenen Verstoßes gegen den Grundsatz von Treu und Glauben regelt. Daraus, dass die Einhaltung dieses Grundsatzes dem Schutz der gegnerischen Partei zu dienen bestimmt ist, leitet man ab, dass sie vor den Folgen der rechtsmissbräuchlichen Handlung bewahrt werden müsse[354]. Aus diesem Grunde müsse ein Verstoß zur Zurückweisung des missbräuchlichen Verhaltens durch das Gericht führen bzw. der Handlung Rechtswirkungen, die sie ohne den Rechtsmissbrauch nicht entfaltet hätte, versagt werden[355]. Danach wäre eine gegen Treu und Glauben verstoßende prozessuale Handlung bereits unzulässig oder fände auf andere Weise im Prozess keine Berücksichtigung[356]. Insbesondere soll nun aber auch untersucht werden ob der Verstoß gegen Treu und Glauben neben einer etwaigen Unzulässigkeit auch zu pekuniären Rechtsfolgen führen könnte.

354 Henckel, S. 291.
355 Rosenberg/Schwab/Gottwald, § 65 VII, S. 362; Henckel, S. 291.
356 Henckel, S. 291.

1. Die prozessualen Rechtsfolgen

Die vier oben untersuchten Fallgruppen, die den Grundsatz von Treu und Glauben konkretisieren, zeichnen sich dadurch aus, dass sie höchst unterschiedliche Handlungen betreffen, die als rechtsmissbräuchlich gelten. Für die Frage der prozessualen Konsequenzen des Verstoßes einer Partei gegen den Grundsatz von Treu und Glauben legt dies nahe, dass auch die prozessualen Rechtsfolgen sich nicht einfach in der Wirkungslosigkeit der jeweiligen Prozesshandlung erschöpfen, sondern entsprechend den vier Fallgruppen zu differenzieren ist.

a) Die Rechtsfolgen beim rechtsmissbräuchlichen Schaffen prozessualer Rechtslagen

In dieser Fallgruppe wird sanktioniert, dass eine Partei durch treuwidrige Manipulation von Tatsachen gegenüber der anderen Partei durch die Anwendung oder Nichtanwendung eines Rechtsinstituts im Prozess einen Vorteil erlangt, der ihr nicht zusteht. Hieraus ergibt sich als Rechtsfolge die Versagung eben dieses Vorteils. Dies bedeutet je nach Rechtslage, dass die Ausübung der herbeigeführten Befugnis versagt bzw. die vermiedene Befugnis oder Rechtslage ihre Wirkung doch entfaltet.

b) Die Rechtsfolgen bei der missbräuchlichen Prozessausübung

Bei der missbräuchlichen Prozessausübung ergibt sich die Wirkung der allgemeinen Rechtsmissbrauchsschranke aus der Tatsache, dass eine formal bestehende prozessuale Befugnis unter bestimmten Umständen ausgeübt wird, die die Ausübung missbräuchlich werden lassen. Solche besonderen Umstände können eine Schädigungsabsicht, aber auch eine interessenlose oder zweckwidrige Rechtsausübung sein. Soweit es sich insofern um die rechtsmissbräuchliche Ausübung einer so genannten *Erwirkungshandlung*[357] handelt, wird diese vom Gericht zurückgewiesen; ist bereits über sie entschieden, muss der Einwand des Rechtsmissbrauchs dagegen im Rahmen ordentlicher Rechtsmittel vorgebracht werden[358].

---

357 Hierunter werden Parteihandlungen verstanden, die das Gericht zu einer bestimmten Entscheidung veranlassen sollen. Mit ihnen liefert die Partei den Stoff zur Begründung dieser Entscheidung. Über den Prozess hinaus wirken sie nicht. Es handelt sich um Anträge, Behauptungen oder Beweisführungen, vgl. Roseberg/Schwab/Gottwald, § 64 I, S. 349ff.; Zöller/Greger, vor § 128 Rdnr. 14; Jauernig, § 30 III, S. 120.

358 Stein/Jonas/Schumann, 20. Aufl., Einl. IV D Rdnr. 261.

Stellt die rechtsmissbräuchliche Handlung jedoch eine *Bewirkungshandlung*[359] dar, muss das Gericht die dadurch eingetretene Rechtslage möglicherweise nicht berücksichtigen bzw. ist die Verfahrenslage unwirksam. Die durchzuführende Korrektur der Prozessrechtslage ist jedoch im Einzelfall stets von dem betroffenen Prozessrechtsinstitut abhängig[360].

c) Die Rechtsfolgen des „venire contra factum proprium"

Liegt ein Fall des widersprüchlichen Verhaltens im Zivilprozess vor, hat dies zur Folge, dass die im Widerspruch zum vorangegangenen Verhalten stehende Ausübungshandlung im Prozess nicht mehr geltend gemacht werden darf bzw. vom Gericht zurück- bzw. abzuweisen ist[361]. Die jeweilige konkrete Umsetzung ist wiederum – entsprechend der obigen Darstellung – davon abhängig, ob es sich um eine Bewirkungs- oder Erwirkungshandlung handelt[362].

d) Die Rechtsfolgen der Verwirkung

Im Rahmen der Verwirkung ist die Rechtsfolge bereits in dem dauerhaften Versagen der Befugnisausübung angelegt. Verwirkung bedeutet, dass die Befugnis weggefallen ist; es handelt sich um einen Rechtsendigungsgrund[363]. Das Gericht hat die betroffene prozessuale Befugnis somit entsprechend ihrer Rechtsnatur als Erwirkungs- oder Bewirkungshandlung im Prozess nicht zu berücksichtigen[364].

2. Die pekuniären Rechtsfolgen

Bei der Betrachtung solcher „Rechtsverstöße", die jedenfalls zu prozessualen Sanktionen führen, drängt sich in Zeiten zunehmender Ökonomisierung des Zi-

---

359 Dies sind alle Parteihandlungen, die ohne die Hilfe einer gerichtlichen Tätigkeit prozessuale Wirkungen auslösen, d.h. innerhalb des Verfahrens, in welchem sie vorgenommen werden, eine bestimmte Prozessrechtslage begründen und auch über den Prozess hinauswirken können. Beispiel sind die Klagezurücknahme, die Zurücknahme eines Rechtsmittels oder der Einspruch, vgl. Rosenberg/Schwab/Gottwald, § 64 II, S. 351ff.; Zöller/Greger, vor § 128 Rdnr. 14; Jauernig, § 30 III, S. 120.

360 Stein/Jonas/Schumann, 20. Aufl., Einl. IV D Rdnr. 261.

361 Zum Problem, ob dies wegen Unbegründetheit oder Unzulässigkeit erfolgt, vgl. unten 5. Kapitel, C., S. 172ff.

362 Vgl. oben unter 3. Kapitel A.1.b), S. 82.

363 Griebeling, S. 130.

364 Vgl. oben unter 3. Kapitel A.1.b), S. 82.

vilprozesses naturgemäß die Frage auf, ob allein mit dem Verstoß gegen den Grundsatz von Treu und Glauben auch pekuniäre Rechtsfolgen begründet werden können.

a) Die Möglichkeit einer Schadensersatzpflicht

Soweit durch treuwidriges Verhalten der gegnerischen Partei Schäden entstehen, könnte man daran denken, als Sanktion eine Schadensersatzpflicht vorzusehen. Hierfür müsste jedoch zunächst einmal die Möglichkeit des Eintritts eines „Schadens" im Rechtssinne bestehen. Ein solcher kann schon nicht eintreten, wenn bereits die prozessualen Rechtsfolgen, insbesondere die Abweisung einer Befugnisausübung, dafür Sorge getragen haben, dass das treuwidrige Verhalten keine Wirkung entfaltet. In diesem Fall wird die gegnerische Partei gerade vor dem Schadenseintritt bewahrt[365]. Andererseits ist naturgemäß dieser „Schutz" nur effektiv, wenn der Schaden allein in der durch die Befugnisausübung geschaffenen Prozessrechtslage besteht. Sind mit der rechtsmissbräuchlichen Befugnisausübung weitere schädigende Beeinträchtigungen verbunden, z. B. finanzielle Aufwendungen, können diese durch die prozessuale Sanktion nicht rückgängig gemacht werden. Erst dann stellt sich die Frage nach einer möglichen Schadensersatzpflicht der rechtsmissbräuchlich handelnden Partei.

Der dafür in Betracht kommende § 823 BGB setzt aber auch die Rechtswidrigkeit der prozessualen Befugnisausübung voraus. Insofern wurde bereits festgestellt[366], dass mit der zu bevorzugenden Auffassung diese generell bei der Ausübung von Befugnissen im Rahmen eines Zivilprozesses verneint wird; die Inanspruchnahme eines staatlichen, gesetzlich eingerichteten und geregelten Verfahrens stelle einen Rechtfertigungsgrund dar.

Soweit das deutsche Recht auch einen Verstoß gegen die „guten Sitten" – dies wäre ebenfalls ein Verstoß gegen Treu und Glauben – mit einer Schadensersatzpflicht flankiert, setzt dies gemäß § 826 BGB auch für die Sanktionierung eines Treueverstoßes voraus, dass der sich aus der missbräuchlichen Prozesshandlung ergebende Schaden vorsätzlich herbeigeführt wurde. Allenfalls die missbräuchliche Ausübung einer prozessualen Befugnis in der Absicht oder zumindest unter billigender Inkaufnahme, dass der Gegner geschädigt werde, löst folglich eine Schadensersatzpflicht wegen Verstoß gegen die guten Sitten aus[367]. Allein mit dem gleichzeitigen Verstoß gegen Treu und Glauben kann diese Rechtsfolge nicht zur regulären Sanktion der allgemeinen Rechtsmissbrauchsschranke erklärt

---

365 Henckel, S. 291f.
366 Vgl. oben unter 1. Kapitel Ziff. B.1.e), S. 47.
367 Henckel, S. 301.

werden. § 826 BGB stellt daher nur eine spezielle pekuniäre Sanktion für den Teil rechtsmissbräuchlicher Befugnisausübungen dar, die seine – engen – Tatbestandsvoraussetzungen erfüllt.

b) Die Möglichkeit einer Prozessstrafe

Wenngleich die deutsche Zivilprozessordnung das Institut einer Prozessstrafe nicht kennt, könnte die Verzögerungsgebühr i. S. v. § 34 GKG eine funktionsähnliche pekuniäre Rechtsfolge in Fällen des Verstoßes gegen Treu und Glauben vorsehen.

§ 34 GKG ermöglicht die Auferlegung einer besonderen Gebühr, soweit eine Partei die verschiedentlich in der Zivilprozessordnung kodifizierte „Prozessförderungpflicht" schuldhaft verletzt, so dass es zu einer Verzögerung des Verfahrens kommt. Hierbei handelt es sich auch nach deutscher Interpretation um einen strafähnlichen Rechtsnachteil[368]. Eine Verzögerung setzt voraus, dass das Gericht entweder eine mündliche Verhandlung vertagen oder einen neuen Termin zur mündlichen Verhandlung anberaumen muss. Hierfür kann ein rechtsmissbräuchliches Verhalten im Sinne der allgemeinen Rechtsmissbrauchsschranke dann ausreichen, wenn es in Verzögerungsabsicht vorgenommen wurde. Zusätzlich ist als weiteres Merkmal erforderlich, dass die verzögernde Handlung bzw. das Unterlassen zumindest mit einfacher Fahrlässigkeit[369] begangen wurde und ursächlich für die Verzögerung war. Das Gericht entscheidet über die Gebühr nach freiem Ermessen, sie soll aber der Höhe nach grundsätzlich einer vollen Gebühr gemäß § 11 Abs. 2 GKG entsprechen[370].

Daraus folgt, dass § 34 GKG keine allgemeine pekuniäre Sanktion eines Verhaltens darstellt, das die Voraussetzungen der allgemeinen Rechtsmissbrauchsschranke erfüllt. Die Sanktion kommt vielmehr nur in Betracht, wenn die rechtsmissbräuchliche Ausübung einer prozessualen Befugnis zum Zweck der Verfahrensverzögerung erfolgt.

3. Zusammenfassung

Im Ergebnis kann eine prozessuale Sanktion eines Verstoßes gegen Treu und Glauben jeweils nur anhand der konkreten Prozessrechtslage festgestellt werden. Nicht jeder Verstoß gegen die allgemeine Rechtsmissbrauchsschranke führt zur

---

368 Hartmann, Kostengesetz, § 34 Rdnr. 1.
369 Hartmann, Kostengesetz, § 34 Rdnr. 9; OLG Hamm Rpfleger 89, 303.
370 Hartmann, Kostengesetz, § 34 Rdnr. 26.

Eliminierung der treuwidrigen Handlung. Verallgemeinerungsfähig erscheint aber, dass das deutsche Zivilprozessrecht zur allgemeinen Beschränkung der rechtsmissbräuchlichen Befugnisausübung den Weg gewählt hat, ihr möglichst die Wirkung durch prozessuale Sanktionen zu nehmen und auf diese Weise so weit als möglich Schäden erst gar nicht entstehen zu lassen. Nur wenn die rechtsmissbräuchliche Handlung weitere einschränkende Voraussetzungen erfüllt, kommen für diese „Spezialfälle" pekuniäre Sanktionen in Form einer Schadensersatzpflicht in Betracht, etwa für den Verstoß gegen die guten Sitten oder in Form einer Verzögerungsgebühr. Das Meiden nachträglicher pekuniärer Sanktionen in der deutschen Zivilprozessordnung weist stringent auf die Wertung hin, dass zuvörderst materiell richtige Urteile erreicht werden sollen, und nicht der Weg gegangen werden soll, prozessuale Verstöße auf materiellrechtlichem Wege mittels Schadensersatz – sekundär – zu kompensieren. Dies betont den Primat „innerprozessualer" Lösungen.

B. Rechtsfolgen der allgemeinen Rechtsmissbrauchsschranke im französischen Urteilsverfahren

Es bleibt zu prüfen, welche Folgen das französische Zivilprozessrecht an die Bejahung des *abus de droit d`agir* bzw. des *abus de procédure* knüpft.

Nimmt man die französische Dogmatik beim Wort, wonach der *abus de droit d`agir* und der *abus de procédure* auf den Art 1382, 1383 *C. civ.* fußen sollen, würde sich für die allgemeine Rechtsmissbrauchsschranke ausschließlich die Rechtsfolge eines Schadensersatzanspruches ergeben. Dies entspräche zunächst auch der im französischen Zivilprozessrecht ursprünglich angelegten Besonderheit, dass das Verfahren im Sinne einer streng gehandhabten Dispositionsmaxime[371] („*le litige est la chose des parties*"[372]), als reiner Parteiprozess verstanden wurde. Das Gericht hatte sich neutral zu verhalten, denn die Disposition über den Streitgegenstand stand allein den Parteien zu[373]. Dies wirkte sich in Fällen des *abus de droit d`agir* derart aus, dass dieser vom Gericht „sehenden Auges" nicht berücksichtigt werden durfte, solange die davon benachteiligte Partei nicht die Rechtsfolge des Art 1382 *C. civ.*, nämlich den Schadensersatz, geltend machte. Dies konnte dazu führen, dass die wahre Rechtslage unberücksichtigt blieb und

371 Vgl. Art. 6 *nouv. C. pr. civ.*: „*A l`appui de leurs prétentions, les parties ont la charge d` alléguer les faits propres à les fonder.*"; Fischer, S. 18.
372 André, S. 1ff. ; Cadiet, Rdnr. 1100 ; Vincent/Guinchard, Rdnr. 546.
373 Guinchard/Bolard, Rdnr. 2303; Martin, Rép. pr. civ., Rdnr. 65ff.

eine Partei benachteiligt wurde, weil sie die Kompensation des ihr entstandenen Nachteils nicht geltend machte[374].

Diese Situation hat sich mit den Regelungen des *nouv. C. pr. civ.* geändert. Den Parteien steht die Disposition über den Streitgegenstand nun nur noch eingeschränkt zu[375]. Französische Gerichte dürfen beispielsweise anders als noch unter Geltung des alten *Code de procédure civil* unklare Anträge auslegen[376] und sind nicht mehr an die rechtliche Qualifizierung des Sachverhaltes durch die Parteien gebunden. Nach Art. 12 *nouv. C. proc. civ.* hat der Richter nach den anwendbaren Normen zu entscheiden, ohne dass es auf die Vorgaben der Parteien ankommt[377]. Daneben enthält das französische Verfahren nun auch inquisitorische Ansätze[378], indem das Gericht auch Tatsachen im Prozess berücksichtigen kann, die nicht ausdrücklich von den Parteien eingebracht worden sind, seien es beiläufig erwähnte oder solche, welche die Parteien erst auf ausdrückliches Nachfragen des Richters erklärt haben[379]. Das Gericht kann selbst als unstreitig in den Prozess eingeführte Tatsachen streitig stellen und über diese[380] oder über streitige Tatsachen[381] von Amts wegen Beweis erheben. All diese „neuen" Befugnisse des Gerichts zeigen den Willen des französischen Gesetzgebers, die Gerichte im Sinne einer „gerechten" Justiz in ein Verfahren regulierend eingreifen zu lassen und damit u. a. rechtsmissbräuchliches Handeln der Parteien einzugrenzen[382]. In diese Wertung fügt sich ein, dass dem Gericht neben der Gewährung von Schadensersatzansprüchen weitere repressive Mittel an die Hand gegeben wurden, um *abus de droit d'agir* und den *abus de procédure* zu sanktionieren. Nachfolgend sollen diese Schranken untersucht werden.

1. Die zivile Geldstrafe

Die zivile Geldstrafe, die *„amende civile"*, sieht eine vom Gesetz bestimmte Zahlung einer Geldsumme an die Staatskasse vor. Sie führt auf übergeordneten Wer-

374 Coudeville-Loquet, S. 222.
375 Habscheid, FS f. Beitzke, S. 1051 (1054); Cadiet, Rdnr. 1100 ; Vincent/Guinchard, Rdnr. 546.
376 Sonnenberger, FS f. Münch. Jur. Ges., 63 (67).
377 Guinchard/Bolard, Rdnr. 2304; ausf. Martin, Rép. pr. civ., Rdnr. 134ff.
378 Martin, Rép. pr. civ., Rdnr. 10ff. ; einen guten Überblick bietet Fischer, S. 18ff.; Habscheid, FS f. Beitzke, S. 1051, (1054f.).
379 Martin, Rép. pr. civ., Rdnr. 121ff. ; Sonnenberger, FS f. Münch. Jur. Ges., 63 (68).
380 Vgl. Art. 7 Abs. 2 *nouv. C. pr. civ.* ; Art. 8 *nouv. C. pr. civ.* ; Martin, Rép. pr. civ., Rdnr. 121ff.
381 Vgl. Art. 143 *nouv. C. pr. civ.* ; Martin, Rép. pr. civ., Rdnr. 111.
382 Motulsky, Mél. Roubier, S. 175 (187).

ten der Rechtsordnung basierende Schranken, insbesondere auch moralischen Ursprungs, in den Zivilprozess ein, indem der Partei ein so genannter Geldersatz für den durch den *abus de droit d`agir* verursachten Schaden an der Gesellschaft auferlegt wird[383]. Dogmatisch verfolgt die *amende civile* den Zweck einer guten Verwaltung der Justiz und den Schutz des *ordre public*[384]. Die zugrunde liegenden Normen sind nach Einführung der Unentgeltlichkeit der Gerichtshandlungen[385] in den *nouv. C. pr. civ.* integriert worden, weil sich durch diese Kostenlosigkeit ein neues Schutzbedürfnis ergab. Ihre Funktion besteht in der Abschreckung gegen eine „Überflutung" der Gerichte mit missbräuchlichen Prozessen. Dem Interesse der gegnerischen Partei dient demnach eine *amende* weder in immaterieller noch in materieller Hinsicht[386].

Die generelle Rechtsgrundlage für die *amende civile* aufgrund eines *abus de droit d`agir* stellt Art. 32-1 *nouv. C. pr. civ.*[387] dar, der die Möglichkeit einer Sanktion für jede Art von *abus de droit d`agir* oder der verzögerten Geltendmachung des *droit d`agir* im Prozess vorsieht. Daneben finden sich spezielle Regelungen, die eine *amende civile* bei der missbräuchlichen und verzögerten Erhebung bestimmter Rechtsmittel zulassen, ungeachtet der Frage, ob es sich um einen *abus de droit d`agir,* einen *abus de procédure* oder ein *manoevre dilatoire* handelt[388]. Nach Art. 32-1 *nouv. C. pr. civ.* kann die missbräuchliche Ausübung des *droit d`agir* im Zivilverfahren mit einer zivilen Geldstrafe zwischen 15 € und 1.500 € bestraft werden. Dies kann unabhängig von einem zu leistenden Schadensersatz erfolgen. Die Entscheidung, einer rechtsmissbräuchlich handelnden Partei eine zivile Geldstrafe aufzuerlegen, liegt im Ermessen des Gerichts. Sie

---

383 Blary-Clément, Sem. jurid. 1991, Doc. S. 335 (340); Viatte, Gaz. Pal. 1978, 305 (307).

384 Coudeville-Loquet, S. 246.

385 Mit dem Gesetz Nr. 77-1468 vom 30.12.1977 wurde die Unentgeltlichkeit der Gerichtshandlungen bei den Zivil- und Verwaltungsgerichtsbarkeiten festgesetzt. Dies bedeutet jedoch nicht einen Wegfall sämtlicher bei Gericht entstehender Kosten. Insbesondere die in Art. 695 *nouv. C. pr. civ.* aufgeführten Kosten (siehe Fn. 401) sind weiterhin grundsätzlich von der unterliegenden Partei zu tragen, vgl. ausführlich Cadiet, Rdnr. 98 ff.

386 Coudeville-Loquet, S. 247 m. w. N.

387 Art. 32-1 *nouv. C. pr. civ.* : *„Celui qui agit en justice de manière dilatoire ou abusive peut être condamné à une amende civile de 15 à 1500 €, sans préjudice des dommages-intérêts qui seraient réclamés"*.

388 Vgl. nur: Art. 559 *nouv. C. pr. civ. pour l`appel*; Art. 581 *nouv. C. pr. civ. pour les voies de recours extraordinaires abusif ou dilatoires*; Art. 628 *nouv. C. pr. civ. pour exercice abusif du pourvoi en cassation* ; ausführliche Beschreibung bei Viatte, Gaz. Pal. 1978, S. 305ff.

wird von Amts wegen erhoben[389]. Mangels einer Pflicht des Gerichtes ist es in der Praxis jedoch außerordentlich selten, dass der Richter eine Strafe gemäß Art. 32-1 *nouv. C. pr. civ.* ausspricht[390]. Auch die Höhe der Geldstrafe liegt innerhalb des gesetzlichen Rahmens im Ermessen des Gerichts und kann nach der Schwere des Fehlverhaltens oder den der betroffenen Partei zu Verfügung stehenden finanziellen Ressourcen variieren[391].

Auf den *abus de procédure* ist die Regelung des Art. 32-1 *nouv. C. pr. civ.* nicht anwendbar, selbst dann nicht, wenn es sich um ein dilatorisches Verhalten handelt. Voraussetzung ist stets, dass sich das Verhalten auf das *droit d'agir* bezieht. Nur bestimmte Einzelfälle des *abus de procédure* werden von Spezialnormen mit einer zivilen Geldstrafe sanktioniert[392].

2. Die Schadensersatzzahlung an die gegnerische Partei

Zusätzlich zur *amende civile* steht dem Prozessgegner des rechtsmissbräuchlich Handelnden – soweit beantragt – Schadensersatz nach den Regelungen des Art. 1382, 1383 *C. civ.* zu, deren *faute*-Lehre den Lehren vom *abus* zugrunde liegt. Dies gilt uneingeschränkt auch für den *abus de procédure*[393]. Für den *abus de droit d'agir* weisen Art. 32-1, 559 *nouv. C. pr. civ.* sogar explizit auf die Rechtsfolge des Schadensersatzes hin, ohne dass dies von einer Verurteilung zur zivilen Geldstrafe abhinge. Ein besonderer Haftungstatbestand wird durch Art. 32-1 *nouv. C. pr. civ.* jedoch nicht begründet. Es handelt sich nur um einen Verweis auf die allgemeinen Haftungstatbestände des Deliktsrechts.

Für den *abus de procédure* findet sich kein entsprechender allgemeiner Verweis auf die Schadensersatzregelungen. Nur soweit er in Form der *manoevres dilatoires* erbracht wird sehen Art. 118[394] und 123[395] *nouv. C. pr. civ. vor,* dass ei-

---

389 Blary-Clément, Sem. jurid. 1991, Doc. S. 3353 (340); Coudeville-Loquet, S. 246 ; Viatte, Gaz. Pal. 1978, S. 305.

390 Ein TGI verhängt eine *amende civile* im Durchschitt einmal im Jahr, vgl. Coudeville-Loquet, S. 248.

391 Coudeville-Loquet, S. 249.

392 Vgl. z. B. die „*amende*" für *appel principal abusif* (Art. 559); *contredit abusif* (Art.88); *exercice des incidents de procédure* (Art. 295, 305, 353) ; *usage abusif des voies de recours extraordinaires.*

393 Le Tourneau/Cadiet, Rdnr. 6960; Cadiet, Rdnr. 971; Coudeville-Loquet, S. 152.

394 Art. 118 *nouv. C. pr. civ.* : „*Les exceptions de nullité fondée sur l'inobservation des règles de fond relatives aux actes de procédure peuvent être proposées en tout état de cause, sauf la possibilité pour le juge de condamner à des dommages-intérêts ceux qui se seraient abstenus, dans une intention dilatoire, de les soulever plus tôt*".

ne Partei, die eine *exception de nullité*[396], demnach die Einrede der Nichtigkeit, oder ein *fin de non-recevoir*[397] mit Verzögerungsabsicht später als möglich einlegt, zu Schadensersatz nach den allgemeinen Vorschriften verurteilt werden kann[398]. Die Anwendung der Normen steht im Ermessen des Gerichts und bezweckt, die Parteien zur zügigen Prozessführung anzuhalten[399].

Für beide Formen des *abus* stellt der Schadensersatzanspruch die am häufigsten ausgeurteilte Rechtsfolge dar. Er wird meist als Kompensation für nicht erstattete Kosten der Parteien geltend gemacht[400]. Bis zur Zivilprozessrechtsreform von 1975 wurden der obsiegenden Partei gemäß Art. 696 *nouv. C. pr. civ.* nur die in Art. 695 *nouv. C. pr. civ.* [401] benannten Kosten („*dépens*") erstattet.

---

395 Art. 123 N.C.P.: „*Les fins des non-recevoir peuvent être proposées en tout état de cause, sauf la possibilité pour le juge de condamner à des dommages-intérêts ceux qui se seraient abstenus, dans une intention dilatoire, de les soulever plus tôt*".

396 Vgl. Pétel-Teyssié, Rép. pr. civ., Rdnr. 54ff.; Vincent/Guinchard, Rdnr. 44 ; Fischer, S. 42; Desdevises J. Cl. pr., fasc.128 Rdnr.17 : Bei den *exceptions* handelt es sich um Verteidigungsmittel des Beklagten, welche auf die Klageerhebung (*demande en justice*) oder den prozessualen Verlauf des Verfahrens einwirken, so dass es nicht zu einer materiellrechtlichen Untersuchung des Streitgegenstandes kommt. Gemäß Art. 73 *nouv. C. pr. civ.* versteht man darunter jedes Mittel, das darauf hinwirkt, das Prozessverfahren wegen prozessualer Fehler zu beenden oder seinen weiteren Verlauf zu unterbrechen. Kennzeichnend ist, dass die *exception* meist nur vorübergehend wirkt, der Rechtsstreit in der Hauptsache demnach nur verzögert wird. Grundsätzlich unterscheidet der *nouv. C. pr. civ.* vier Kategorien von *exceptions*, nämlich die *exceptions d'incompétence* (Unzuständigkeitseinrede) gemäß Art. 75ff. *nouv. C. pr. civ.* , die *exceptions de litispendance et de connexité* (Einrede der Rechtshängigkeit und der Konnexität) gemäß Art. 100ff. *nouv. C. pr. civ.*, die *exceptions dilatoires* (aufschiebende Einreden) gemäß Art. 108ff. *nouv. C. pr. civ.* sowie die *exceptions de nullité* (Nichtigkeitseinreden) gemäß Art. 112-121 *nouv. C. pr. civ.*

397 Vgl. oben Fn. 244.

398 Desdevises, D. 1979, Chronique, S. 21f.; vgl. für die Rechtsmittelverfahren Art. 915 *nouv. C. pr. civ.*, in dem eine weitere indirekte Sanktion für typische den *appel* betreffende *manoevres dilatoires* enthalten sind. Danach ist der Vertreter der klagenden Partei verpflichtet, den *appel* innerhalb von vier Monaten nach Erhebung zu begründen. Wird diese Frist nicht eingehalten, wird das Urteil der ersten Instanz sofort vollstreckbar und der Rechtsstreit „von der Rolle gestrichen". Daneben sieht Art. 528-1 *nouv. C. pr. civ.* vor, dass ein *appel* mehrere Jahre nach der erstinstanzlichen Entscheidung unzulässig ist. Eine ähnliche Regelung findet sich für das Kassationsverfahren Art. 1009-1 *nouv. C. pr. civ.* Der Art. 550 II *nouv. C. pr. civ.* schließlich stellt es in das Ermessen des Gerichtes, eine Partei, die mit Verzögerungsabsicht einen *appel* nicht früher erhoben hat, zu Schadensersatz zu verurteilen.

399 Blary-Clément, Sem. Jur. 1991, Doc. S. 335 (341).

400 Martin J.C.P. 1976, 287; Guinchard/Nicod, Rdnr. 6723.

401 Art. 695 *nouv. C. pr. civ.*: „*Les dépens afférents aux instances, actes et procédures d'exécution comprennent:*

Die weiteren durch einen Prozess entstehenden Kosten („*frais irrépétibles*"), insbesondere das Rechtsanwaltshonorar, hatte jede Partei selbst zu tragen[402]. Erst im *nouv. C. pr. civ.* wurden insofern neue Regelungen aufgenommen, die es dem Gericht erlauben, im Einzelfall auch die *frais irrépétibles* anders zu verteilen. Trotz dieser weiteren Rechtsfolgen im Bereich des Kostenrechts ist jedoch die Erstattungsfunktion des Schadensersatzanspruchs geblieben, wenn sie sich auch relativiert hat[403].

Als Voraussetzung für eine Gewährung des Schadensersatzanspruches muss der Schadensersatzkläger einen gegenwärtigen und persönlichen Schaden erlitten haben. Daneben muss das fehlerhafte Verhalten und die Kausalität für den Schaden bewiesen werden. Andernfalls wird die Klage (im Fall des *abus* üblicherweise eine Widerklage[404]) auf Schadensersatz nicht zugelassen[405]. Der ansonsten zu zahlende Schadensersatz besteht grundsätzlich in der Zahlung einer Geldsumme, obwohl der durch das Betreiben des Prozesses entstandene Schaden oft nur schwer beziffert werden kann[406]. Bei der Schadensbewertung werden der

---

1. *Les droits, taxes, redevances ou émoluments perçus par les secrétariats des juridictions ou l'administration des impôts à l'exception des droits, taxes et pénalités éventuellement dus sur les actes et titres produits à l'appui des prétentions des parties;*
2. *(-)*
3. *Les indemnités des témoins;*
4. *La rémunération des techniciens;*
5. *Les débours tarifés;*
6. *Les émoluments des officiers publics ou ministériels;*
7. *La rémunération des avocats dans la mesure où elle est réglementée <<y compris les droits de plaidoirie>>".*

402 Anders als das deutsche unterscheidet das französische Recht nicht zwischen gerichtlichen und außergerichtlichen Kosten. Differenziert wird zwischen den enumerativ in Art. 695 *nouv. C. pr. civ.* (vgl. oben Fn. 401) aufgeführten *frais répétibles* oder *dépens*, die von der unterliegenden Partei zu tragen sind und als „unentbehrlich für den Prozess" bezeichnet werden, und den *frais irrépétibles*, die nicht in Art. 695 *nouv. C. pr. civ.* aufgeführt sind und jeweils von der Partei zu tragen sind, die sie verursacht hat. Traditionell werden die *frais irrépétibles* als „für den Prozess entbehrliche Kosten" bezeichnet; diese Entbehrlichkeit als Unterscheidungskriterium kann - weil zu den *frais irrépétibles* auch die Rechtsanwaltshonorare gehören - laut *Guinchard* jedoch nur mit viel „*hypocrisie*" weiter aufrechterhalten werden, vgl. hierzu Guinchard, Mégacode, Art. 725-1, n° 001; Cadiet, Rdnr. 99ff.

403 Vgl. nachfolgend zu den weiteren kostenrechtlichen Rechtsfolgen, 3. Kapitel, B.3, S. 92 sowie B.4, S. 95.

404 Teilweise erfüllt die Widerklage auf Schadensersatz wegen *abus de droit d'agir* auch nur die Funktion, dem Richter die Ernsthaftigkeit des Beklagtenvortrages zu verdeutlichen.

405 Coudeville-Loquet, S. 300.

406 Coudeville-Loquet, S. 295.

vom Rechtsmissbrauch betroffenen Partei die tatsächlich entstandenen Kosten (*dépenses* und *frais irrépétibles*), die verlorene Zeit, sämtliche „Sorgen" und durch den Prozess entstandene Nachteile berücksichtigt[407]. Das Gericht kann die Modalitäten der Überweisung des Geldersatzes und seine Höhe frei festlegen[408]. Allerdings muss es dafür Sorge tragen, dass die vom Schaden betroffene Partei vollständig befriedigt wird, es sei denn, es liegt ein Mitverschulden vor. Der zivilrechtliche Schadensersatz soll so vollständig wie möglich das durch den Schaden gestörte Gleichgewicht wiederherstellen und den Geschädigten so stellen, wie er gestanden hätte, wäre die schadensstiftende Handlung nicht eingetreten[409]. Ein immaterieller Schaden wird nach französischem Deliktsrecht ebenfalls ersetzt[410]. Auf diese Weise kommt dem Richter ein großer Ermessensspielraum zu. Insbesondere, wenn es immaterielle Schäden zu bewerten gilt, hängt die Entscheidung ganz von der subjektiven Einschätzung des Richters ab. Eine Kontrolle des richterlichen Ermessens ist nur infolge der Verpflichtung des Gerichts möglich, seine Entscheidung ausreichend zu begründen. Es muss die Tatsachen, die das Verhalten der Partei zu einem *abus* qualifizieren, genauestens darlegen[411]. Die einfache Feststellung, ein bestimmtes Verhalten sei missbräuchlich, reicht dafür nicht aus. Die meisten Urteile der *Cour de cassation* auf diesem Gebiet stellen daher nur fest, dass die Begründung des vorinstanzlichen Gerichts für die Bejahung eines *abus* nicht ausreichend sei[412].

3. Die Kostentragungspflicht nach Art. 700 nouv. C. pr. civ.

Auch die in Art. 700 *nouv. C. pr. civ.* [413] normierte Kostentragungspflicht kommt als Sanktion zur Durchsetzung einer allgemeinen Rechtsmissbrauchsschranke in

407 Vgl. nur : Terré/Simler/Lequette, Rdnr. 597.

408 Coudeville-Loquet, S. 304 ; Terré/Simler/Lequette, Rdnr. 598.

409 Ständ. Rspr., vgl. Cass. civ. II 26.10.1954, J.C.P. 1955, II, 876; Terré/Simler/Lequette, Rdnr. 597.

410 Cass. civ. II 10.01.1985, Gaz. Pal.1985, 1, Pan.Jur., 113 ; Terré/Simler/Lequette, Rdnr. 597.

411 Le Tourneau/Cadiet, Rdnr. 6952 ; Coudeville-Loquet, S. 307.

412 Vgl. Le Tourneau/Cadiet, Rdnr. 6952 ; Coudeville-Loquet, S. 308, Fn. 1.

413 Art. 700 *nouv. C. pr. civ.* : *„Comme il est dit au I de l'article 75 de la loi n° 91-647 du 10 juillet 1991, dans toutes les instances, le juge condamne la partie tenue aux dépens ou, à défaut, la partie perdante à payer à l'autre partie la somme qu'il détermine, au titre des frais exposés et non compris dans les dépens. Le juge tient compte de l'équité ou de la situation économique de la partie condamnée. Il peut, même d'office, pour des raisons tirées des mêmes considérations, dire qu'il n'y a pas lieu à cette condamnation".*

Betracht. Regelungsgegenstand sind die *frais irrépétibles*, demnach die nicht zu den *dépens* zählenden Kosten[414], die an sich nach den Kostenregelungen des *nouv. C. pr. civ.* von der jeweiligen Partei selbst zu tragen wären. Art. 700 *nouv. C. pr. civ.* erlaubt dem Gericht, aus Gerechtigkeitsgesichtspunkten („*équité*) diese Kosten anders auf die Parteien zu verteilen[415]. Damit Art. 700 *nouv. C. pr. civ.* eine Rechtsfolge des *abus de droit d`agir* darstellt, müsste die ihn begründende *faute* ein Verhalten darstellen, das dem Gericht erlaubt der abusiv handelnden Partei aus Gerechtigkeitsgründen sämtliche *frais irrépétibles* beider Parteien auferlegen. Damit kann über Art. 700 *nouv. C. pr. civ.* die Erstattung solcher Kosten verlangt werden, die eine Partei auch als Schadensersatz wegen *abus de droit d`agir* oder *abus de procédure* geltend machen könnte, um sie erstattet zu bekommen[416]. Die Maßstäbe des Art. 700 *nouv. C. pr. civ.* sind aber von einem fehlerhaften Verhalten der Partei unabhängig und daher leichter zu erfüllen und durchzusetzen[417].

Art. 700 *nouv. C. pr. civ.* verlangt – anders als Art 1382ff. *C. civ.* – kein fehlerhaftes Verhalten. Ausreichend ist das Kriterium der so genannten *équité*. Die *équité* stellt eines der wichtigsten Wertungskriterien des im Prozessrecht geltenden *principe de loyauté*[418] dar. Sie ist Ausdruck für die „maximale Verwirklichung des Guten" im Prozessrecht[419] und definiert sich als die Gesamtheit der Regelungen, die dem Ausgleich der im Prozess maßgebenden Interessen dienen[420]. Die Besonderheit der Anknüpfung an die „*équité*" liegt darin, dass das Gericht bei der einseitigen Kostenverteilung nicht an gesetzlich vorgegebene Tatbestandsmerkmale gebunden ist, sondern entsprechend der eigenen subjektiven Wertung frei entscheiden darf[421]. Es kommt nur auf die vom Richter beurteilte Notwendigkeit eines Kostenausgleichs an. Auf diese Weise stellt die Gerechtigkeit kein feststehendes Bezugsobjekt dar, an dem die Wertungen ausgerichtet werden, es kommt ihr vielmehr ein beweglicher, sehr subjektiver Charak-

---

414 Es handelt sich um solche Kosten, die nicht unter Art. 696 *nouv. C. pr. civ.* fallen und grundsätzlich von der Partei zu tragen sind, die sie aufgewendet hat, vgl. nur Guinchard/Nicod/Abbou, Rdnr. 6722ff. sowie oben Fn. 402.

415 Martin, J.C.P. 1976, chron., 287 ; Coudeville-Loquet, S. 408.

416 Cadiet, Rdnr. 104.

417 Loyer-Larher, D. 1977, chron. 205; Blary-Clément, Sem. jurid. 1991, Doc. 3534, S. 340; Jeantin, J. Cl. Resp. civ. : fasc. 131-2, n° 60 ; Coudeville-Loquet, S. 382; Cadiet, Rdnr. 105 ; Guinchard/Nicod/Abbou, Rdnr. 6736 ; Vincent/Guinchard, Rdnr. 1591.

418 Vgl. bereits oben, 1. Kapitel, B.2.e), S. 59 .

419 Ricoeur, S. 25f.

420 Vincent/Guinchard, Rdnr. 529-1.

421 Guinchard/Nicod/Abbou, Rdnr. 6735 ; Cass. 3^{e} civ., 22.06.1982, Bull. civ. III, n° 165.

ter zu. Unstreitig ist anerkannt, dass die Durchsetzung oder Verteidigung eines Rechts oder die Nutzung einer prozessualen Befugnis, die ein fehlerhaftes Verhalten – die für den *abus* erforderliche *faute* – darstellt und zu einer Schädigung der gegnerischen Partei führt, eine Ungerechtigkeit im Sinne der Nichteinhaltung der *équité* darstellen kann. Ist auch ein fehlerhaftes Verhalten nicht zwingend erforderlich, soll es doch erst recht zur Anwendung des Art. 700 *nouv. C. pr. civ.* führen können[422]. Das fehlerhafte Verhalten einer Partei im Sinne des *abus de droit d'agir* oder des *abus de procédure* reicht daher stets, um die Rechtsfolge des Art. 700 *nouv. C. pr. civ.* auszulösen[423].

Dies bedeutet für das Verhältnis zur oben beschriebenen Rechtsfolge des Schadensersatzes nicht, dass nicht zugleich Schadensersatz für abusives Verhalten und Auferlegung der Kosten auf die gegnerische Partei nach Art. 700 *nouv. C. pr. civ.* beantragt werden könnte[424]. Letzteres setzt jedoch eine Klage voraus, in der sich eine Partei ausdrücklich auf die Unbilligkeit ihrer grundsätzlich bestehenden Kostentragungspflicht beruft[425]. Nur vereinzelt ist anerkannt, dass ein Antrag auf Schadensersatz wegen Rechtsmissbrauchs einen Antrag auf Kostentragung der gegnerischen Partei nach Art. 700 *nouv. C. pr. civ.* beinhaltet[426]. Von Amts wegen wird Art. 700 *nouv. C. pr. civ.* nicht im Prozess berücksichtigt[427]. Ungeachtet dessen ist die Vorschrift jedenfalls als Sanktion einer allgemeinen Rechtsmissbrauchsschranke zu sehen.

---

422 Loyer-Larher, S. 205 (207); Martin, J.C.P. 1976, 287 (288); Jeantin, J. Cl. Resp. civ. : fasc. 131-2, n° 60.

423 Vgl. auch Perrot, RTD civ. 1983, 597 (598).

424 Cass. civ. III 06.01.1981 Bull. civ. III Rdnr. 4, D. 1981, I.R., 372; Normand, RTD civ. 1981, 433f. ; Pansier/Pansier, J.C.P., I, Doc., 3105, Rdnr. 21; Cadiet, Rdnr. 105; zur Abgrenzung der Verurteilung nach Art. 1382 *C. civ.* und Art. 700 *nouv. C. pr. civ.* vgl. Guinchard/Morel, Gaz. Pal. 1985, 146.

425 Normand, RTD civ. 1983, 183/184 m. w. N. ; Vincent/Guinchard, Rdnr. 1591; Guinchard/Nicod/Abbou, Rdnr. 6735.

426 Vincent/Guinchard, Rdnr. 1591; Guinchard, Mégacode, Art. 700, n° 17.; Normand, RTD civ. 1981, 433 (434) ; a. A. Civ. 3e, 08.12.1981, Gaz. Pal. 1982. 1. panor. 156 ; vgl. auch Normand, RTD civ. 1983, 183/184.

427 Rennes 05.05.1976, Gaz. Pal. 1976, 2, S. 502; Civ. 3e, 08.12.1981, Gaz. Pal 1982.1. Panor. 56; Normand, RTD civ. 1983, 183; Pansier/Pansier, J.C.P., I, Doc., 3105, Rdnr. 20; Guinchard/Nicod/Abbou, Rdnr.° 6735 m. w. N.

4. Die Prozesskostentragungspflicht

Pekuniäre Sanktionen könnte schließlich die Vorschrift des Art. 696 *nouv. C. pr. civ.*[428] auslösen, wonach ausnahmsweise auch die rechtsmissbräuchlich handelnde obsiegende Partei zur Tragung der *dépens*[429] verurteilt werden kann. Diese auf Gerechtigkeitsgründen fußende Regelung steht im Gegensatz zu der ebenfalls in Art. 696 *nouv. C. pr. civ.* enthaltenen Regelung, wonach die *dépens* im französischen Zivilprozess grundsätzlich der unterlegenen Partei von Amts wegen aufzuerlegen sind[430]. Art. 696 *nouv. C. pr. civ.* erlaubt dem Gericht durch diese zu begründende Möglichkeit einer Umverteilung der *dépens* der Gut- oder Bösgläubigkeit der einen oder anderen Partei Rechnung zu tragen[431]. Das Gericht kann die *dépens* unter den Parteien teilen oder die obsiegende Partei mit den gesamten *dépens* belasten[432]. Auch die obsiegende Partei kann also zur Tragung der *dépens* verpflichtet werden, wenn sie für diese teilweise aufgrund verwerflichen oder fehlerhaften Verhaltens verantwortlich ist[433]. Indem sich aber *per definitionem* ein *abus de droit d`agir* und ein Obsiegen im Prozess grundsätzlich ausschließen, kommt dies nur beim *abus de procédure* in Betracht. Als mögliche Fälle finden sich hier insbesondere prozessuale Verhaltensweisen, die auf verwerfliche Weise den Prozess verzögern oder vorgenommen wurden, um die gegnerische Partei zu benachteiligen[434]. Maßgebend ist wiederum das Vorliegen einer *„faute"*. Auch die Pflicht der siegreichen Partei die *dépens* zu tragen kann somit die Rechtsfolge eines *abus de procédure* darstellen.

---

428 Art. 696 *nouv. C. pr. civ.* : *„La partie perdante est condamnée aux dépens, à moins que le juge, par décision motivée, n` en mette la totalité ou une fraction à la charge d` une autre partie"*.

429 Vgl. Fn. 402.

430 Vincent/Guinchard, Rdnr. 1593; zum Umfang der in Betracht kommenden Kosten vgl. Fn. 401.

431 Vgl. Vincent/Guinchard, Rdnr. 1594.

432 Cass. soc. 18.02.1976, Bull. civ. V, n°. 100; Cass. Com. 08.04.1976, Bull. civ. IV, n°111; Soc. 22.03.1983, Bull. civ. V, n° 180; Civ. 2e, 15.02.1984, J.C.P. 1984. IV. 128; Civ. 2e, 10.02.1993, Bull. civ. II, Rdnr. 55 ; Guinchard/Nicod/Abbou, Rdnr. 6755ff. ; Cadiet, Rdnr. 101 ; Vincent/Guinchard, Rdnr. 1594.

433 Coudeville-Loquet, S. 372, Fn. 1 m. w. N. ; Vincent/Guinchard, Rdnr. 1594 ; Guinchard/Nicod/Abbou, Rdnr. 6755ff.

434 Z. B. Civ. 2e, 15.02.1984, J.C.P. 1984.IV.128; Civ. 1re, 29.01.1985, Gaz. Pal. 1985. Pan. 186.

5. *Die prozessualen Sanktionen*

Neben den zuvor untersuchten pekuniären Sanktionen der allgemeinen Rechtsmissbrauchsschranke interessieren gerade aus deutscher Sicht mögliche prozessuale Rechtsfolgen, die sich aus dem *abus de droit d`agir* und dem *abus de procédure* ergeben können. Eine allgemeine Regelung enthält der *nouv. C. pr. civ.* insoweit nicht. Es finden sich aber die nachfolgend dargestellten Spezialnormen mit rein prozessualen Rechtsfolgen, deren Tatbestandsvoraussetzungen auch durch einen *abus de procédure* erfüllt werden.

a) Die péremption d`instance

Die *péremption d`instance* (Art. 386-393 *nouv. C. pr. civ.*) kann mit „Verjährung des laufenden Verfahrens" übersetzt werden und bewirkt, dass (nur) das laufende Verfahren endet. Der Kläger behält sein Klagerecht (*action*) und kann mit demselben Streitgegenstand einen neuen Prozess anstrengen. Die *péremption d`instance* setzt voraus, dass über einen Zeitraum von zwei Jahren keine der am Verfahren beteiligten Parteien ihre Verpflichtungen erfüllt, um dieses zu betreiben[435]. Gemäß Art. 387, 388 *nouv. C. pr. civ.* ist sie nicht von Amts wegen zu beachten, sondern von einer Partei mittels *exception*[436] einzuwenden, sollte die gegnerische Partei nach zwei Jahren das Verfahren plötzlich doch weiter betreiben.

Ein *abus de procédure* vermittelt zugleich eine *péremption d` instance*, wenn etwa die klägerische Partei es unterlässt, bestimmte prozessuale Handlungen (z. B. die Zustellung der Klageschrift) vorzunehmen, um den Prozess zu verzögern oder um die gegnerische Partei anderweitig zu schikanieren.

b) Die caducité

Auch bei der so genannten Hinfälligkeit der Instanz gemäß Art. 385 *nouv. C. proc. civ.*, der *caducité*, handelt es sich um einen Erlöschensgrund der Instanz, der das *droit d`agir* unberührt lässt. Die *caducité* sanktioniert die Nichteinhaltung bestimmter Fristen, die formelle Voraussetzungen für gewisse Prozesshandlungen der Parteien darstellen. Ein *abus de procédure* wird in diesem Zusammenhang etwa bei der *assignation* relevant. Mit diesem formellen Schriftsatz leitet der Kläger ein Verfahren ein, indem er ihn dem Beklagten zustellt (Art. 56,

---

435 Art. 386 *nouv. C. pr. civ. : „L'instance est périmée lorsque aucune des parties n`accomplit de diligences pendant deux ans"*.

436 Vgl. Vincent/Guinchard, Rdnr. 44; oben Fn. 396.

752 *nouv. C. pr. civ.*). Damit die Streitsache rechtshängig wird, muss eine Kopie der *assignation* vier Monate nach der Zustellung an den Beklagten beim Urkundsbeamten der Geschäftsstelle eingereicht werden (Art. 757 *nouv. C. pr. civ.*). Wird diese Frist nicht eingehalten, z. B. weil der Kläger einen *abus de procédure* begangen hat, indem er mit Hilfe der *assignation* nur eine Verjährungsfrist unterbrechen oder die gegnerische Partei unter Druck setzen wollte, ist sie hinfällig.

c) Die radiation

Eine letzte prozessuale Sanktion eines *abus de procédure* könnte die „Löschung des Rechtsstreits", die *radiation*, sein. Auch hier wird die Untätigkeit der Parteien beim Betreiben des Rechtsstreits sanktioniert, indem die Instanz gemäß Art. 377 *nouv. C. pr. civ.* ausgesetzt wird. Zur Fortführung des Verfahrens genügt ein einfacher Antrag auf Wiedereintragung (Art. 383 *nouv. C. pr. civ.*). Die Untätigkeit kann auch einen *abus de procédure* darstellen, wenn der Prozess absichtlich oder fahrlässig verzögert wurde. Damit könnte auch die *radiation* als prozessuale Rechtsfolge des *abus de procédure* angesehen werden.

6. Zusammenfassung

Das französische Recht legt zur Beschränkung rechtsmissbräuchlichen Verhaltens den Schwerpunkt eindeutig auf pekuniäre Sanktionen. Dabei ist jedoch hervorzuheben, dass jedenfalls beim *abus de droit d'agir* vorausgesetzt wird, dass die abusiv handelnde Partei im Prozess unterliegt. Die pekuniäre Sanktion ist beim *abus de droit d'agir* daher zwingend mit der prozessualen Rechtsfolge verbunden, dass das vom rechtsmissbräuchlich Handelnden geltend gemachte *droit d'action* abgewiesen wird.

Beim *abus de procédure* kann hingegen eine Befugnisausübung neben pekuniären Sanktionen auch mit prozessualen Rechtsfolgen beschränkt werden. Auch dabei handelt es sich jedoch nicht um Rechtsfolgen, die nur dem *abus de procédure* zugeordnet werden könnten. Vielmehr erfüllt der Tatbestand des *abus de procédure* in diesen Fällen zugleich jeweils eine Spezialnorm, die mit Unzulässigkeit ein anderes missbilligenswertes prozessuales Verhalten sanktionieren will, deren Tatbestandsvoraussetzungen aber mit denen des *abus de procédure* identisch sind.

4. Kapitel: Rechtsvergleichende Betrachtungen zu den allgemeinen Rechtsmissbrauchsschranken

Die vorliegende Untersuchung hat die allgemeine Rechtsmissbrauchsschranke als ein allgemeines Korrektiv definiert, das eine zunächst von der Rechtsordnung formal eingeräumte zivilprozessuale Befugnis in einem weiteren Schritt aus Gründen moralischen Ursprungs missbilligt und die Ausübung dieser Befugnis beschränkt. Nachdem entsprechende Rechtsinstitute separat für das deutsche und französische Recht gefunden und dargestellt wurden, soll nun unter verschiedenen Aspekten geprüft werden, welche generellen Unterschiede sich bei der Konzeption von Tatbestand und Rechtsfolge ergeben und welche Schlüsse sich daraus für die Zweckmäßigkeit und Effektivität der Anwendung einer allgemeinen Rechtsmissbrauchsschranke ziehen lassen.

A. Die dogmatische Konzeption des Tatbestandes

Im deutschen Prozessrecht wird die Funktion der Kriterienbildung für die allgemeine Rechtsmissbrauchsschranke durch den aus dem materiellen Schuldrecht stammenden Grundsatz von Treu und Glauben wahrgenommen, während dies im französischen Recht mittels zweier sich ergänzender Rechtsinstitute, der Lehre vom *abus de droit d'agir* und vom *abus de procédure* geschieht. Beim Grundsatz von Treu und Glauben handelt es sich um die zum allgemeinen Prinzip für jedes Rechtsgebiet des deutschen Rechts erhobene Pflicht, sich redlich und loyal zu verhalten. Das französische Zivilprozessrecht ordnet den Rechtsmissbrauch dagegen bereits systematisch anders, nämlich als deliktischen Haftungsgrund ein, indem es darin eine eigenständige Kategorie des fehlerhaften Verhaltens sieht. Auch hier wird auf ein allgemeines Prinzip rekurriert: Herrschend ist das Verständnis, dass rechtsmissbräuchlich handelt, wer einen anderen durch sein fehlerhaftes Verhalten schädigt. Sowohl die Lehre vom *abus de droit d'agir*, als auch vom *abus de procédure* basieren dogmatisch auf den Generalklauseln der unerlaubten Handlungen. Es fragt sich, welcher Ansatz – beschränkt auf Befugnisausübungen der Parteien – der vorteilhaftere zur Bildung universeller Kriterien ist.

1. Der allgemeine Ansatz zur Bestimmung rechtsmissbräuchlichen Verhaltens

Aus den Länderberichten lässt sich entnehmen, dass zur Bestimmung der Kriterien der allgemeinen Rechtsmissbrauchsschranke in Deutschland eine Konkretisierung der Tatbestandsmerkmale „Treu und Glauben" bzw. in Frankreich der „*faute*" vorgenommen wird. Während in Deutschland ausgehend von der Feststellung der Nichteinhaltung einer aus Treu und Glauben resultierenden Pflicht auf eine rechtsmissbräuchliche Befugnisausübung geschlossen wird, vollzieht sich die Qualifizierung in Frankreich eher andersherum; hier wird ausgehend von der Ausübung der Befugnis bestimmt, ob ein *abus* besteht. Die Kriterien der *faute* können sich somit aus den verschiedensten Arten von Pflichten ergeben, die für jede Befugnis anders definiert werden. Hieraus lässt sich ableiten, dass sich im deutschen Recht rechtsmissbräuchliches Verhalten stets im Rahmen von Verstößen gegen die aus Treu und Glauben abgeleiteten Pflichten abspielt, während in Frankreich ein solch abgesteckter Pflichtenrahmen nicht existiert. Man sollte also annehmen, dass bei einem in Frankreich bestehenden weiten und offenen Pflichtenrahmen mehr Handlungen durch *abus de droit d'agir* und *abus de procédure* zu missbilligen sein müssten, als dies in Deutschland im Rahmen eines Treu und Glauben – Verstoßes der Fall ist. Dagegen spricht jedoch, dass entsprechend dem Ansatz des französischen Rechts immer nur ein Pflichtverstoß missbilligt werden kann, der in der Art und Weise der Befugnisausübung selbst liegt, während das deutsche Recht auch solche Verstöße gegen Treu und Glauben für die Beurteilung einer bestimmten Ausübungshandlung berücksichtigt, die dieser vorangehen oder sich auf sie auswirken, wie dies in den Fällen der Herbeiführung einer prozessualen Befugnis oder des *venire contra factum proprium* der Fall ist. Dies ist möglich, da es sich bei dem Grundsatz von Treu und Glauben um einen Pflichtenrahmen handelt, den es rechtsgebietsübergreifend bei jeder Handlung mit Rechtsfolgen und nicht nur bei einer Befugnisausübung einzuhalten gilt. Zusätzlich wirkt auf die Beurteilung einer Befugnisausübung als rechtsmissbräuchlich im französischen Recht einschränkend, dass hierfür immer das Vorliegen eines Schadens sowie die subjektive Vorwerfbarkeit der Handlung verlangt wird. Im Ergebnis wird durch diese Voraussetzungen der Anwendungsbereich rechtsmissbräuchlichen Verhaltens im Verhältnis zum deutschen Recht wieder eingeschränkt. Zwar können subjektive Kriterien auch in Deutschland für eine Missbilligung sprechen und so in die Interessenabwägung einfließen, sie stellen jedoch keine notwendige Voraussetzung für die Bejahung rechtsmissbräuchlichen Verhaltens dar.

Tatsächlich hat sich gezeigt, dass insgesamt der Anwendungsbereich im französischen Recht spezieller, der Ansatz des deutschen Rechts aufgrund seines weiten Geltungsbereichs allgemeiner ist, weil er auch den Einsatz außer- *und* innerprozessualer Handlungen zu einem einheitlichen rechtsmissbräuchlichen Vorgehen erfassen kann. Die Verpflichtung der Parteien, durch die Einhaltung von Treu und Glauben zu einem fairen Prozess beizutragen, greift aufgrund seiner Geltung als allumfassendes Prinzip auf eine größere Zahl von Verhaltensweisen der Parteien und damit auf den gesamten Prozessverlauf durch. Die Qualifikation des Rechtsmissbrauchs als fehlerhaftes Verhalten sieht in Frankreich ihr Ziel noch immer in erster Linie darin, die gegnerische Partei von materiellen Schäden freizustellen, die ihr durch die Ausübung des *droit d`agir* oder die Prozessführung der gegnerischen Partei entstehen könnten. Hier dient der Schutz durch die Beschränkung des Rechtsmissbrauchs vor allem der gegnerischen Partei und nur sekundär einem insgesamt fairen Verfahrensablauf, was beispielsweise auf Seiten des Benachteiligten auch eine Haltung ähnlich dem Grundsatz des „*dulde und liquidiere*“ zuließe und der normativen Geltung des Missbrauchsverbotes abträglich wäre. Im Ergebnis erscheint die allgemeine Rechtsmissbrauchsschranke des deutschen Rechts im Rahmen eines Prozessrechtsverhältnisses besser geeignet, für die Einhaltung eines insgesamt fairen Verhaltens der Parteien zu sorgen, als dies nach französischem Recht gewährleistet wäre. Angesichts der Vielgestaltigkeit prozessualer Befugnisse – und damit von Missbrauchsmöglichkeiten – stellt gerade die Einbeziehung verschiedenster Verhaltensweisen in die sich aus dem Grundsatz von Treu und Glauben ergebenden Pflichten ein wichtiges Korrektiv dar, die unterschiedlichsten prozessualen Leitbilder vor Rechtsmissbrauch zu schützen.

2. Die Konkretisierung des Tatbestandes

Das Ergebnis, dass die allgemeine Rechtsmissbrauchsschranke des deutschen Rechts bereits nach ihrem dogmatischen Ansatz Vorteile aufweist, soll nun dahin überprüft werden, ob dies auch bezüglich der jeweiligen Kriterien für das Vorliegen von Rechtsmissbrauch gilt.

Konkretisiert wird der Grundsatz von Treu und Glauben im deutschen Urteilsverfahren durch vier Fallgruppen: Verboten sein soll, prozessuale Rechtslagen rechtsmissbräuchlich zu schaffen, prozessuale Befugnisse zweckwidrig zu missbrauchen und sich widersprüchlich zu verhalten (*venire contra factum proprium*), insbesondere auch, wenn dadurch die Voraussetzungen der Verwirkung vorliegen. Gemeinsam ist diesen Fallgruppen, das sie von objektiven Kriterien bestimmt werden, während subjektive Tatbestandsmerkmale nur eine ergänzende Rolle spielen. Nicht das dahinter stehende Motiv, sondern die Art und Weise einer Parteihandlung prägen somit die Rechtsmissbräuchlichkeit.

Im französischen Zivilprozessrecht dagegen, wo das Tatbestandsmerkmal der *faute* neben der objektiven Pflichtverletzung auch die subjektive Zurechenbarkeit des Verhaltens verlangt, ist das subjektive Kriterium für den Einsatz der Schranke des *abus de droit d'agir* und der des *abus de procédure* konstitutiv. Dieses subjektive Erfordernis kann hier allerdings durch objektive Tatbestandsmerkmale indiziert sein. Berücksichtigt man weiter, dass die aktuelle französische Rechtsprechung mehr und mehr als subjektives Tatbestandsmerkmal eine *faute simple* ausreichen lässt, gewinnt man den Eindruck, dass sich an dieser Stelle des französischen Rechts ein Wandel vollzieht[437]. Die Berücksichtigung der *faute simple* korreliert mit einer Stärkung der Bedeutung der objektiven Tatbestandsmerkmale. Man wendet sich insofern von der Wertung ab, dass das Risiko eines Schadensersatzes – auch für einfache Fahrlässigkeit – dem freien und ungehinderten Zugang zu den Gerichten bzw. der Nutzung anderer prozessualer Befugnisse, die zu einem Nachteil des Gegners führen, entgegenstehe. Diese Tendenz trägt folglich dem Paradigmenwechsel Rechnung, dass auch durch die Beschränkung von rechtsmissbräuchlichem Verhalten der Parteien eine gute und faire Justiz, demnach insgesamt ein gerechtes Verfahren gewährleistet werden soll. Um dies zu erreichen müssen auch leichtere Fehler i. S. eines rechtsmissbräuchlichen Verhaltens sanktioniert werden[438]. Es lässt sich also feststellen, dass die Kriterien der allgemeinen französischen Rechtsmissbrauchsschranke schon *de lege lata* durchaus für einen Ansatz offen sind, nicht nur zwischen den Parteien subjektivrechtlich einen Schadensausgleich zu gewährleisten, sondern auch dem objektivrechtlichen Ziel eines gerechten Verfahrens mehr Raum zu geben. Besteht insofern zwischen den beiden Rechtsordnungen eine Ähnlichkeit in den der allgemeinen Rechtsmissbrauchsschranke zugrunde liegenden Wertungen, so könnte dies auf eine Annäherung auch der einzelnen Kriterien hindeuten. Tatsächlich lassen sich aus den Länderberichten übereinstimmende Kriterien als Ergebnisse dieses Wandels abstrahieren:

a) Das Kriterium der Schädigungsabsicht

In beiden Rechtsordnungen findet sich unbestritten die Schädigungsabsicht als Kriterium der allgemeinen Rechtsmissbrauchsschranke. Liegt sie vor, handelt es sich um die klassische Form des Rechtsmissbrauchs, nämlich die Schikane, wie sie bereits im deutschen materiellen Recht in § 226 BGB kodifiziert ist und in die Dogmatik des § 242 BGB inkorporiert wurde. Dabei muss entsprechend der deutschen Konzeption bei objektiver Betrachtung infolge der Schädigungsabsicht

437 Vgl. Voyame/Cottier/Rocha, l'abus de droit, S. 23 (32); Hopt, S. 125.
438 Normand, RTD civ. 1991, 160; Taruffo/Normand, S. 238.

ein Verstoß gegen Treu und Glauben vorliegen[439]. Dagegen sieht das französische Zivilprozessrecht in der Schädigungsabsicht ein rein subjektives Tatbestandsmerkmal i. S. der *faute délictuelle*. Soweit dieses subjektive Merkmal im französischen Recht aber nicht eindeutig feststellbar ist, sollen – ähnlich der deutschen Konzeption – objektive Kriterien eine Schädigungsabsicht im Sinne einer Beweisregel „vermuten" lassen.

b) Das Kriterium des objektiv schützenswerten Parteiinteresses

Beide Rechtsordnungen verweisen als Konkretisierungskriterium für die allgemeine Rechtsmissbrauchsschranke auf das dem Verhalten der Partei jeweils zugrunde liegende, objektiv schützenswerte Interesse an der Befugnisausübung. Einheitlich wird das fehlende, geringe bzw. „nutzlose" Interesse an der Befugnisausübung als „Beweis" für eine arglistige Gesinnung, insbesondere auch für die bereits erörterte Schädigungsabsicht verstanden. Letztlich werden auf diese Weise die hinter den kontradiktorischen Interessen der Parteien stehenden Werte in ihrer Bedeutung für den jeweiligen Einzelfall gegeneinander abgewogen. In beiden Rechtsordnungen müssen daher zunächst die von der jeweiligen Befugnis geschützten Interessen der Parteien bestimmt werden. Nicht verwechselt werden darf dieses objektiv festzustellende, subjektive Parteiinteresse mit dem so genannten „sozialen" Interesse, das der jeweiligen Norm nach seiner *ratio legis* zugrunde liegt[440].

c) Das Kriterium des guten Glaubens

Als weiteres Kriterium findet sich in beiden Rechtsordnungen der gute Glaube, *la bonne foi*. Im deutschen Recht stellt er einen der Grundpfeiler des Grundsatzes von Treu und Glauben dar, in der französischen Rechtsprechung wird der *mauvaise foi* als Kennzeichen für eine *faute quasi-délictuelle lourde* genannt. Die Berücksichtigung des guten Glaubens im französischen Zivilprozess ist Ausfluss des bereits erörterten *principe de loyauté*[441], das, wenn auch nicht positiv im Gesetz verankert, als „einem jeden Freiheitsrecht zugehöriges Element" Anwendung findet[442]. Das *principe de loyauté* bildet so eine Grundlage für das Prinzip der strei-

---

439 Vgl. nur BGHZ 64, 5 (9).
440 Vgl. unten unter 4. Kapitel A.2.d), S. 104.
441 Martin, Rép. pr. civ., Rdnr. 180 ; Le Tourneau, Rép. dr. civ., Rdnr. 8 ; Boursier, Rdnr. 439ff.
442 Sonnenberger, FS f. Münch. Jur. Ges., 63 (70) ; Le Tourneau, Rép. dr. civ., Rdnr. 8 ; Guinchard/Bolard, Rdnr. 2388 ; vgl. auch Motulsky, Mél. Roubier,

tigen Verhandlung und ist ein Teil des Rechts auf Verteidigung[443]. Illoyales oder bösgläubiges Verhalten, das eine *faute* darstellen kann, spielt daher auch für den *abus de droit d`agir* bzw. den *abus de procédure* eine wichtige Rolle[444].

d) Das Kriterium des objektiven Zwecks der Befugnis

Auch der gesetzlich vorgegebene Zweck einer Befugnis wird zur Bestimmung verwandt, ob die Befugnisausübung einen Rechtsmissbrauch darstellt oder nicht. Rechtsmissbrauch wird bejaht, wenn der vorgegebene Zweckrahmen einer Norm verlassen wird. Dieses Kriterium ist in Deutschland Ausdruck der herrschenden Innentheorie[445], die der im französischen Recht von *Josserand* entwickelten Lehre von der der sozialen Funktion der Rechte entspricht[446]. In Frankreich konnte sich dieses rein objektive Kriterium als selbständiger *Topos* dagegen nicht durchsetzen, obwohl es vereinzelt herangezogen wird, um das Vorliegen eines anderen Kriteriums indiziell zu stützen.

e) Schlussfolgerungen aus den gemeinsamen Kriterien

Wie zu vermuten war, lässt sich insgesamt erkennen, dass trotz der unterschiedlichen dogmatischen Konstruktion beide Rechtsordnungen signifikante Übereinstimmungen in der Auswahl der Kriterien aufweisen. Insbesondere wird über den *bonne foi* auch die Loyalität als allgemeines Kriterium für die Bejahung einer *faute* herangezogen, was nahe legt, dass ein Teil des Grundsatzes von Treu und Glauben bereits in der Lehre von der *faute* aufgeht.

Sicher ist, dass auch im französischen Zivilprozessrecht zunehmend die Loyalität zwischen den Prozessparteien berücksichtigt wird. Auch wenn sich diese Gewichtung des Loyalitätsprinzips nach der Rechtsprechung zum französischen Zivilprozessrecht bisher nur in Einzelfällen vollzieht, erscheint es für die französische Anschauung bemerkenswert, dass dann jedenfalls – unabhängig von einer Sanktion wegen rechtsmissbräuchlicher Befugnisausübung – ein prozessuales Verhalten wegen *défaut de loyauté* nicht beachtet werden muss bzw. als unzulässig abgewiesen wird. Sollte die Rechtsprechung diese Tendenz erweitern, wäre

---

Rdnr. 17-18: *„L`obligation des parties de conserver aux débats un minimum de loyauté n`est guère douteuse "*.

443 Vgl. oben unter 1. Kapitel, Ziff. B.2.e), S. 59; Sonnenberger, FS f. Münch. Jur. Ges., 63 (70, 71); Guinchard/Bolard, Rdnr. 2389.

444 Vgl. Civ. 1ère, 13.01.1993, Bull. Civ., 1993, n° 8; Soc. 26.11.1998, Gaz. Pal. 21.12.1999; Sonnenberger, FS f. Münch. Jur. Ges., 63 (70, 71).

445 Vgl. oben S. 38.

446 Josserand, esprit, S. 260ff.

der „Kristallisationspunkt“ für eine gewohnheitsrechtliche Generalklausel gesetzt, welche die Unzulässigkeit prozessualen Verhaltens direkt aus dem Verstoß gegen das Loyalitätsprinzip zulässt, ohne dass dieses Verhalten auch nur annähernd eine *faute* darstellen muss. Dies lässt eine Anspruchskonkurrenz mit dem Rechtsinstitut des *abus de droit* bzw. *abus de procédure* erwarten. Bereits jetzt deutet die vermehrte Berücksichtigung der Loyalität im Zivilprozess darauf hin, dass auch in Frankreich für einen Ansatz eine Notwendigkeit gesehen wird, wie im deutschen Recht den Rechtsmissbrauch über den Grundsatz von Treu und Glauben zu lösen, der insofern das französische Prinzip der Loyalität mitumfasste.

B. Die Rechtsfolgen

Orientiert man den Rechtsvergleich an den jeweiligen Rechtsfolgen der allgemeinen Rechtsmissbrauchsschranken, steht die Tatsache im Vordergrund, dass in Frankreich die pekuniären Sanktionen dominieren, während in Deutschland versucht wird, den Rechtsmissbrauch hauptsächlich mit prozessualen Rechtsfolgen zu beschränken.

I. Die prozessualen Sanktionen

Der Verstoß gegen den Grundsatz von Treu und Glauben führt im Urteilsverfahren meist zur Nichtbeachtung oder Zurückweisung der prozessualen Befugnis. Dabei kann die sich aus dem Verstoß ergebende Rechtsfolge, dass nämlich die rechtsmissbräuchliche Befugnisausübung im Prozess keine Berücksichtigung erfahren soll, je nach Art der betroffenen Befugnis unterschiedlich auswirken. Im französischen Recht ist dagegen mit der allgemeinen Rechtsmissbrauchsschranke von Gesetzes wegen keine prozessuale Sanktion verknüpft. Allein für den *abus de procédure* ergeben sich – ähnlich dem deutschen Recht – prozessuale Rechtsfolgen aus anderen Regelungen, nämlich soweit er in einem Untätigsein und damit einer Verzögerung des Prozesses liegt. Der Fundus der insofern zur Verfügung stehenden prozessualen Sanktionen unterscheidet sich jedoch erheblich von dem des deutschen Rechts, das mit diesen Rechtsfolgen hauptsächlich arbeitet. Für den *abus de droit d'agir* findet sich insofern gar keine prozessuale Rechtsfolge. Es ist für den Vergleich jedoch zu berücksichtigen, dass ein *abus de droit d'agir* nur vorliegen kann, wenn die rechtsmissbräuchlich handelnde Partei zumindest in derselben Prozessinstanz unterliegt. Insoweit ist mit dieser allgemeinen Rechtsmissbrauchsschranke immer die Abweisung des *droit d'action* verbunden. Streng genommen könnte darin ebenfalls eine zwingende prozessuale Rechtsfolge gesehen werden, die jedoch von der der Schadensersatzpflicht abhängig ist.

2. *Die Schadensersatzpflicht*

Nach dem alten *Code civil de procédure* war die Schadensersatzpflicht die einzige Möglichkeit, als obsiegende Partei die eigenen Kosten für das Verfahren erstattet zu bekommen, weil jede Partei ihre eigenen Kosten selbst zu tragen hatte. Noch heute stellt sie daher die wichtigste Rechtsfolge des *abus* dar. In Deutschland bestand eine solche Notwendigkeit aufgrund des anders strukturierten Kostenrechts nicht[447]. Soweit die Klageerhebung im Sinne des französischen Rechts ein fehlerhaftes Verhalten darstellt und die beklagte Partei obsiegt, muss sie nach deutschem Recht weder ihre Gerichtskosten noch ihre außergerichtlichen Kosten tragen. Der unterlegene Kläger trägt ohnehin das volle Kostenrisiko. Zusätzlich sucht die allgemeine Rechtsmissbrauchsschranke – dem Grundsatz der Priorität prozessualer Sanktionen folgend –, den Schadensersatzanspruch außerhalb des Haftungsrechts zu kompensieren, indem mögliche Schäden durch Wiederherstellung der formal und moralisch ordnungsgemäßen Prozessrechtslage verhindert werden sollen[448]. Die an einen Verstoß gegen Treu und Glauben anknüpfenden prozessualen Rechtsfolgen stellen insofern bereits *eo ipso* einen „Präventivschutz" dar, der die Wirksamkeit des Rechtsmissbrauchs zu vermeiden sucht[449]. Im französischen Recht, wo die Zurückweisung der ausgeübten Befugnis nur gesichert ist, soweit es sich um einen *abus de droit d`agir* handelt, weiß man sich dagegen zur Ergänzung dieses unvollständigen Rechtsschutzes nur durch weitere finanzielle Sanktionen zu helfen[450].

3. *Die zivile Geldstrafe*

Als eine weitere Sanktion der allgemeinen Rechtsmissbrauchsschranke ist die zivile Geldstrafe zu untersuchen. Diese Rechtsfolge des französischen Zivilprozessrechts dient nicht privaten Parteiinteressen, sondern der Gewährung einer funktionierenden und fairen Justiz. Sie wendet sich daher repressiv gegen den

---

447 Hopt, S. 173ff.
448 Hopt, S. 169 ff.
449 Henckel, S. 294; Hopt, S. 174ff.
450 Boursier, Rdnr. 438.

abus de droit d'agir bzw. dilatorisches Verhalten. Beleuchtet man die Effektivität dieser Sanktionen in der Praxis des französischen Rechts, zeigt sich allerdings, dass die *amende* als Sanktion offenbar nicht so häufig von Gerichten angewendet wurde, wie es zu erwarten gewesen wäre[451]. Der Grund dürfte nicht zwingend darin zu sehen sein, dass die Gerichte von der Effektivität der Norm nicht überzeugt wären. Dies mag vielmehr auch daran liegen, dass zum Schutz der Justiz zugleich mit Art. 32-1 *nouv. C. pr. civ.* auch neue Kostenregelungen mit präventivem Charakter wie Art. 700 *nouv. C. pr. civ.* geschaffen wurden[452]. Damit haben Werte Eingang in die Dogmatik gefunden, die nunmehr nicht nur dem Schutz der gegnerischen Partei vor Schäden dienen, sondern auch den Schutz des Gerichtssystems betonen. Offensichtlich geschah dies auch infolge der Erkenntnis, dass rechtsmissbräuchliches Verhalten der Parteien eben nicht nur einen ausgleichsbedürftigen Schaden der jeweils gegnerischen Partei, sondern auch eine Beeinträchtigung des Justizverfahrens und der Glaubwürdigkeit derselben darstellt. Wenn auch diese für das französische Recht neuartigen Sanktionen Ausdruck eines im Wandel begriffenen dogmatischen Verständnisses sind, haben sie sich in der Praxis noch nicht durchgesetzt.

Im deutschen Zivilprozessrecht findet sich diese Art von Sanktion für rechtsmissbräuchliche Befugnisausübung nicht. Das deutsche Recht verfolgt mit seinen prozessualen Regelungen allgemein die Strategie, weniger die Parteien maßregeln zu wollen, als eine missbräuchliche Befugnisausübung ungeschehen zu machen, so dass sie für eine Entscheidung erst gar nicht ausschlaggebend werden kann. Insofern soll bereits diese innerprozessuale Schranke die Glaubwürdigkeit einer gerechten Justiz gewährleisten, während in Frankreich ein außerprozessualer Schadensersatzanspruch zunächst nur die gegnerische Partei schützt und daher im Interesse der Justiz insgesamt eine ganz andere Notwendigkeit für weitere Sanktionen, wie die *amende*, bestand.

4. Die Kostentragungspflichten

Neben der zivilen Geldstrafe findet sich als weitere Novität im französischen Zivilprozessrecht die Regelung des Art. 700 *nouv. C. pr. civ.*. Sie erlaubt dem Gericht unter anderem, bei Vorliegen rechtsmissbräuchlichen Verhaltens der Parteien von der allgemeinen Kostenregelung abzuweichen, dass jede Partei die so genannten *frais irrépétibles* selbst zu tragen hat. Diese Rechtsfolge des Art. 700 *nouv. C. pr. civ.* kann von einer Partei zusätzlich zum Schadensersatz wegen ei-

---

451 Coudeville-Loquet, S. 431.
452 Taruffo/Normand, S. 239.

nes *abus de droit d'agir* oder *abus de procédure* beantragt werden. In Deutschland, wo regelmäßig die unterlegene Partei die gerichtlichen und alle außergerichtlichen Kosten zu tragen hat, wäre eine solche Regelung dagegen nur dann effektiv, wenn die obsiegende Partei auch die rechtsmissbräuchlich handelnde ist. Denn nur in diesem Fall wirkte die Verschiebung der außergerichtlichen Kostentragungspflicht entsprechend der französischen Regelung als Sanktion. Diese Konstellation dürfte jedoch von vornherein selten sein, soweit die Klageerhebung rechtsmissbräuchlich ausgeübt wurde. Liegt nämlich ein Verstoß gegen Treu und Glauben vor, so hat dies die Unzulässigkeit oder Nichtberücksichtigung der vom Rechtsmissbrauch bestimmten Befugnis bzw. Rechtslage zur Folge. Obsiegt der Kläger gleichwohl, war seine rechtsmissbräuchliche Befugnisausübung dafür nicht ausschlaggebend. Dem deutschen Recht muss daher der Gedanke, welcher der Regelung des Art. 700 *nouv. C. pr. civ.* zugrunde liegt, fremd sein.

Eine die Wertungen des Art. 700 *nouv. C. pr. civ.* zum Teil reflektierende Norm stellt im deutschen Recht nur der § 93 ZPO dar. Danach soll die obsiegende Partei im deutschen Recht nur dann die Kosten des Verfahrens zum Teil oder ganz tragen, wenn die beklagte Partei für den Rechtsstreit vor dem Prozess keine Veranlassung gegeben hat und den Anspruch sofort anerkennt. Nur im Rahmen dieser engen Voraussetzungen ist es daher möglich und notwendig, dass ein Verstoß gegen Treu und Glauben zur Kostentragungspflicht durch die obsiegende Partei führt.

C. Ergebnis

Insgesamt kann aus der rechtsvergleichenden Untersuchung für die Zweckmäßigkeit der im deutschen und französischen Zivilprozessrecht verwandten allgemeinen Rechtsmissbrauchsschranke der Schluss gezogen werden, dass beide Rechtsordnungen bestrebt sind, den gleichen Wertungen zu entsprechen. Einerseits soll der Kontrahent der rechtsmissbräuchlich handelnden Partei geschützt werden, andererseits soll losgelöst davon durch die Wirkung der allgemeinen Rechtsmissbrauchsschranke zwischen den Parteien die Einhaltung einer gewissen Loyalität, das faire Verfahren und die Glaubwürdigkeit der Justiz gesichert werden. Auch weil die französische allgemeine Rechtsmissbrauchsschranke nach ihrer Grundkonzeption nicht von Beginn ihrer Entwicklung an auf den Schutz der Justiz, sondern auch heute noch in erster Linie auf den Schadensausgleich zwischen den Parteien ausgerichtet ist, erscheint die deutsche allgemeine Rechtsmissbrauchsschranke zur Funktionserfüllung geeigneter und flexibler, indem sie von vornherein prozessuale Befugnissausübung einem rechtsethischen Minimum, hier dem Grundsatz von Treu und Glauben, unterstellt. Der speziellere Anwendungsbereich der allgemeinen Rechtsmissbrauchsschranke des französischen Rechts – die sich bereits aus zwei Rechtsinstituten zusammensetzt – lässt vermuten, dass das französische Zivilprozessrecht zur Erfüllung ähnlicher Wertungen im Bereich des Rechtsmissbrauchs verstärkt die dogmatische Konstruktion gewählt hat, eine Vielzahl von weiteren „Spezialregelungen" zu schaffen, die die allgemeine Rechtsmissbrauchsschranke insofern funktional ergänzen. Dies wird noch zu überprüfen sein.

Im Bereich der Rechtsfolgen bietet die deutsche Konstruktion durch den intensiveren Einsatz prozessualer Sanktionen den weiteren Vorteil, dass dadurch mehr Rechtssicherheit für die Berücksichtigung der materiellen Wahrheit im Prozess geschaffen wird. Rechtsmissbräuchliches Verhalten soll einen Prozess möglichst von vornherein nicht beeinflussen können, damit eine gerechte Entscheidung ergehen kann. Im französischen Recht stellen sich Schadensersatzzahlungen, zivile Geldstrafe sowie die Regeln der Kostentragung regelmäßig nur als nachträgliche sekundäre Sanktionen dar, die innerprozessual keine Rechtssicherheit schaffen, dass die vom Gericht getroffene Entscheidung auch gerecht, im Sinne materieller Richtigkeit, sein wird. Die etwa durch rechtsmissbräuchliche Befugnisausübung entstandenen Ungerechtigkeiten sollen vielmehr durch die pekuniären Sanktionen „nur" kompensiert werden. Ob auf diese Weise jedoch grundsätzlich ein Ausgleich zwischen den Interessen der Parteien i. S. einer – neben der Durchsetzung subjektiver Rechte vom Zivilprozessrecht zu verwirklichenden – objektiven Gerechtigkeit erreicht werden kann, ist nach der hier vertretenen Ansicht fraglich. Schließlich wird die Anstrengung eines Zivilprozesses bzw. die Einlassung auf einen solchen nicht nur von finanziellen, sondern gerade auch von immateriellen Interessen der Parteien bestimmt, die in der von französischen Recht gewählten Konstruktion nicht durchgängig hinreichende Berücksichtigung finden. Nach alledem zeichnet sich die deutsche Konzeption einer allgemeinen Rechtsmissbrauchsschranke als das effektivere Rechtsinstitut zur Erreichung eines von der Rechtsordnung vorgegebenen auch moralkonformen Weges zu einer objektiv gerechten Entscheidung aus.

5. Kapitel: Vergleich typischer Fälle der Beschränkung rechtsmissbräuchlicher Befugnisausübung

Aus dem vorstehenden Ergebnis, dass die deutsche Konzeption einer allgemeinen Rechtsmissbrauchsschranke zu bevorzugen ist, kann naturgemäß nicht gefolgert werden, dass das deutsche Zivilprozessrecht die zu verwirklichenden Wertungen auch praktisch effektiver durchsetzt. Möglicherweise gewährleistet nämlich das französische Rechtssystem auf anderem Wege, dass bestehende gleiche oder ähnliche Wertungen ebenso effektiv umgesetzt werden, wie dies im deutschen Recht mit Hilfe der allgemeinen Rechtsmissbrauchsschranke geschieht. Dafür spricht die so genannte „*praesumtio similitudinis*“, die Vermutung für die Ähnlichkeit der praktischen Lösungen[453] in verschiedenen Rechtsordnungen.

Andererseits legt die bisherige Untersuchung nahe, dass sich unterschiedliche – nämlich pekuniäre oder prozessuale – Rechtsfolgen ergeben, würde auf denselben Sachverhalt jeweils nur die allgemeine Rechtsmissbrauchsschranke angewendet, was auf Wertungsdifferenzen in der Praxis hindeuten könnte. Es ist ein Unterschied, ob man als Partei Schadensersatz wegen der rechtsmissbräuchlichen Ausübung einer Befugnis zu zahlen hat und den durch die Befugnis erlangten Vorteil im Prozess weiter nutzen kann, oder ob die Befugnisausübung und der mit ihr verbundene Vorteil im Prozess unberücksichtigt bleibt bzw. nicht zulässig ist. Beides könnte nicht als „gleiche“ praktische Lösung angesehen werden. Widerspricht ein rechtsmissbräuchliches Verhalten zum Beispiel der Wertung des Prinzips des rechtlichen Gehörs und kann es in Frankreich allein mit Schadensersatz und nicht durch Unzulässigkeit oder eine andere prozessuale Rechtsfolge beschränkt werden, bedeutete dies offensichtlich auch, dass das Prinzip des rechtlichen Gehörs hinter ein anderes Prinzip bzw. die darin verkörperte Wertung zurücktritt. Es kann also durchaus in den beiden Rechtsordnungen beim rechtsmissbräuchlichen Verhalten ein wesentlicher Wertungsunterschied oder aber bei der Anwendung der beiden Rechtsmissbrauchsschranken trotz gleicher Kriterien eine Inkongruenz bestehen.

Vor diesem Hintergrund stellt sich also die Frage, ob die durch die deutsche allgemeine Rechtsmissbrauchsschranke betonte „allumfassende“ Gewährleistung des fairen Verfahrens durch prozessuale Schranken für verschiedenste Befugnisausübungen in Frankreich durch andere Rechtsinstitute gewährleistet wird. Im folgenden soll versucht werden, anhand einzelner Beispiele festzustellen, ob bei

453 Zweigert/Kötz, § 3 III, S. 39.

der konkreten Lösung von Sachverhalten, die im deutschen Recht im Rahmen der Rechtsmissbrauchsproblematik problematisiert werden, eine Lösungsgleichheit mit dem französischen Recht besteht. Dabei wird weniger eine umfassende Prüfung bezweckt, als vielmehr die Untersuchung solch signifikanter Sachverhalte, anhand derer sich Anregungen und verallgemeinerungsfähige Schlussfolgerungen ergeben können. Die Auswahl der Beispiele orientiert sich an den systematischen und rechtlichen Voraussetzungen der zwei Rechtsordnungen, wobei sich die Sachverhalte möglichst so ähneln sollen, dass tatsächlich von einem „gleichen" Verhalten der Parteien auszugehen ist. Die Darstellung geht dabei zur besseren Vergleichbarkeit von den im deutschen Zivilprozessrecht gebildeten vier Fallgruppen zur Konkretisierung der allgemeinen Rechtsmissbrauchsschranke aus: Dem rechtsmissbräuchlichen Herbeiführen einer prozessualen Rechtslage, der zweckfremden Ausübung einer prozessualen Befugnis, dem widersprüchlichen Verhalten und schließlich der Verwirkung.

A. Rechtsmissbräuchliches Herbeiführen einer prozessualen Rechtslage

Im Rahmen dieser Fallgruppe bieten sich als zu vergleichende Sachverhalte solche an, die im deutschen Recht in die Unterfallgruppe der so genannten Zuständigkeits- bzw. Zustellungserschleichung fallen. Wie erläutert, ist hierfür charakteristisch, dass eine Partei den Sachverhalt außerhalb des Verfahrens derart manipuliert, dass die Tatbestandsvoraussetzungen einer prozessualen Norm vorliegen, die ohne die Manipulation keine Anwendung gefunden hätte. Entsprechend wird eine prozessuale Rechtslage auch dann manipulativ herbeigeführt, wenn eine Partei durch Einwirkung auf den Sachverhalt die Erfüllung bestimmter Tatbestandsvoraussetzungen verhindert.

I. Das Herbeiführen der gesetzlichen Zuständigkeit durch Teilung des Rechtsbegehrens

Für die rechtsvergleichende Untersuchung sind hier die Manipulationshandlung (die Herbeiführung), der damit angestrebte Erfolg (der Gegenstand der Herbeiführung) und schließlich das dem Erfolg zugrunde liegende Interesse der handelnden Partei zu erörtern.

In Fällen, die das deutsche Recht der „Zuständigkeitserschleichung" durch Teilung des Rechtsbegehrens zuordnet, schafft sich ein Kläger die gesetzliche Zuständigkeit eines Gerichtes selbst, indem er durch Reduzierung des Streitwertes die Befugnis zur Anrufung eines Gerichts erlangt, das wegen des Streitwertes des vollständigen Rechtsbegehrens an sich unzuständig wäre. Dies ist in beiden Rechtsordnungen wegen der jeweils existierenden streitwertabhängigen Zuständigkeiten der Eingangsgerichte möglich. Im deutschen Recht ist gemäß § 23 Nr. 1 GVG unter anderem die so genannte sachliche Zuständigkeit des Amtsgerichts für vermögensrechtliche Streitigkeiten dann gegeben, wenn die Streitwertgrenze von Euro 5.000 nicht überschritten wird. Nach. Art. R.* 311-1[454] i. V. m. R.* 321-1[455] *Code de l'organisation judiciaire* werden vermögensrechtliche Streitigkeiten (*actions personelles ou mobilières*) mit einem Streitwert bis zu € 7.600 zuständigkeitshalber dem *tribunal d'instance*[456], und bei einem höheren Streitwert dem *tribunal de grande instance*[457] zugewiesen. Es handelt sich hierbei um die Zuständigkeit in Form der *compétence d'attribution.*

In Deutschland wie in Frankreich liegt der Herbeiführung der vom Kläger gewünschten Zuständigkeit des Amtsgerichts bzw. des *tribunal d'instance* meist das Interesse der Kostenersparnis zugrunde[458]. In Deutschland hängen nicht nur die Gerichtskosten, sondern auch die außergerichtlichen Anwaltskosten vom Streitwert ab. In Frankreich werden ebenfalls die zu den *frais irrépétibles* zählenden Anwaltskosten nach Umfang und Bedeutung einer Sache, demnach auch am Streitwert gemessen. Ein Interesse an einer Kostenersparnis kann auch dann bestehen, wenn dem Kläger bereits vor einer Gerichtsentscheidung bekannt ist, dass er gegen den Beklagten wegen dessen schlechter finanzieller Verhältnisse nur einen Teil des ihm zustehenden Rechtsbegehrens wird durchsetzen können[459]. Auch kann sich die Beeinflussung der Zuständigkeit etwa bei dem erkannten Risiko lohnen, überhaupt nicht zu obsiegen[460]. Schließlich spielt auch der Zeitfaktor eine Rolle, weil Rechtsstreitigkeiten vor dem Amtsgericht bzw. dem

---

454 Art. R.* 311-1 *Code de l'organisation judiciaire : „Le tribunal de grande instance connaît, à charge d'appel, de toutes les affaires pour lesquelles compétence n'est pas attribuée expressément à une autre juridiction, en raison de la nature de l'affaire ou du montant de la demande".*

455 Art. R.* 321-1 *Code de l'organisation judiciaire : „Sous réserve des dispositions des articles suivants, le tribunal d'instance connaît, en matière civile, de toutes actions personnelles ou mobilières, en dernier ressort, jusqu'à la valeur de « 3800 € » « et à charge d'appel jusqu'à valeur de » « 7600 € »...* ".

456 Die *tribunal d'instance* und die *tribunal de grande* instance gehören zu den so genannten *juridictions de droit commun*, die mit den ordentlichen Gerichten des deutschen Rechts verglichen werden können. Beide stellen die erstinstanzlichen Eingangsgerichte dar. Gegen Entscheidungen beider Gerichte kann die sogenannte *Cour d'appel* als Appelationsgericht und damit zweite Instanz angerufen werden.

457 Siehe Fn. 456.

458 Diercks, MDR 1995, 1099ff. ; Elzer, JuS 2001, 224 (225) m. w. N.

459 Diercks, MDR 1995, 1099.

460 TI Avesnes-sur-Helpe, 25.10.1963, J.C.P. 1964. II. 13901 ; H.G., J.C.P. 1964. II. 13901.

tribunal d`instance aufgrund des einfacheren Verfahrens regelmäßig schneller zur Entscheidung gelangen.

Das Herbeiführen der sachlichen Zuständigkeit des Amtsgerichts vollzieht sich dadurch, dass der Kläger eine Teilklage erhebt. Er begrenzt so sein prozessuales Begehren auf einen Teil dessen, was ihm materiellrechtlich zur Verfolgung seiner Rechte gestattet wäre[461]. Der geltend gemachte prozessuale Anspruch, der sich nach dem herrschenden zweigliedrigen Streitgegenstandsbegriff aus dem Klageantrag und dem ihm zugrunde liegenden Lebenssachverhalt zusammensetzt[462], stellt daher nur einen Ausschnitt des dem Kläger materiell zustehenden Anspruchs dar. Entsprechend wird mit einer Teilfeststellungsklage ein Ausschnitt des als bestehend bzw. nicht bestehend behaupteten Rechtsverhältnisses, bei der Teilgestaltungsklage ein Ausschnitt des behaupteten Gestaltungsrechtes geltend gemacht[463]. Gebildet wird dieser Ausschnitt durch eine summenmäßige Begrenzung des materiellrechtlichen Anspruchs[464] oder die Begrenzung des Anspruchs auf ein bestimmtes Kriterium, wie etwa einen bestimmten Sachverhalt oder eine bestimmte Rechtsfolge[465].

Im französischen Recht führt der Kläger die Teilung seines Rechtsbegehrens durch eine Teilung der Klageerhebung (*demande*) durch, den so genannten *fractionnement de la demande.* Die *demande* ist die Prozesshandlung, mit der das *droit d`action*[466] ausgeübt wird. Mit ihr verlangt der Kläger vom Gericht, dass ihm der Vorteil zugesprochen wird, den der Beklagte verweigert[467]. Sie setzt sich aus dem Klageobjekt, dem „*objet*“, und dem Klagegrund, der „*cause*“, zusammen[468]. Das „*objet de la demande*“ ist ein Synonym für sämtliche vom Kläger vorgetragenen Behauptungen, die so genannten *prétentions*[469], und lässt sich mit „Klagegegenstand“ übersetzen. Die *demande* bezeichnet folglich das vom Kläger Verlangte, das gewünschte soziale oder wirtschaftliche Ziel des Klageantrages; es

461 Fenge, FS f. Pieper, 31 (32); Rosenberg/Schwab/Gottwald, § 154 V, S. 929; Zeiss, ZPO, Rdnr. 578; Elzer, JuS 2001, 224 (225); Musielak, FS f. Schumann, S. 295 (296).

462 Für alle: Zöller/Vollkommer, Einleitung Rdnr. 63.

463 Fenge, FS f. Pieper, 31 (33).

464 Man spricht dann von einer nicht individualisierten Teilklage, vgl. Zitelmann, ZZP 8 (1885), 254; Jauernig, JZ 1997, 1127f.

465 Hier wird von einer individualisierten Teilklage gesprochen, vgl. Zitelmann, ZZP 8 (1885), 254 ff.; Fenge, FS f. Pieper, S. 33ff.

466 Vgl. hierzu oben S. 54.

467 Cadiet, Rdnr. 983.

468 Guinchard/Bolard, Rdnr. 2306.

469 Vgl. Art. 4 al. 1er *nouv. C. pr. civ.*: *„L`objet du litige est déterminé par les prétentions respectives des parties“* ; Vincent/Guinchard, Rdnr. 514ff.; Solus/Perrot, Bd. I, Rdnr. 216 ; Martin, Rép. pr. civ., Rdnr. 65ff.

zielt auf eine bestimmte Rechtsfolge eines subjektiven Rechts ab[470]. Beim *„fractionnement"* macht der Kläger nur einen Teil des der *demande* zugrunde liegenden *„objet"* geltend. Die Teilung des *„objet"* kann dabei wie im deutschen Recht summenmäßig oder nach anderen Kriterien durchgeführt werden. Die der *demande* zugrunde liegende *cause*, die aus den rechtlich qualifizierten Tatsachen besteht[471], muss dabei nicht zwingend geteilt werden. Der geltend gemachte und auch der nicht geltend gemachte Teil können dieselbe ungeteilte *cause* besitzen.

a) Die Anwendung der allgemeinen Rechtsmissbrauchsschranke in Deutschland

Bei der Teilklage im deutschen Zivilprozessrecht soll zunächst interessieren, ob diese Beeinflussung der sachlichen Zuständigkeit durch Reduzierung des Streitwertes einen Rechtsmissbrauch darstellt und wenn ja, ob es nur auf das objektive Verhalten oder auch auf das subjektive Interesse des Klägers ankommt. Dafür soll auf einzelne typische Beispielsfälle eingegangen werden.

In einem Fall, den das LG Berlin[472] bereits 1931 zu entscheiden hatte, teilte der Kläger seinen Zahlungsanspruch, der dem Streitwert nach an sich zur Zuständigkeit des Landgerichts gehörte, in fünf Teilklagen und machte diese gleichzeitig beim Amtsgericht geltend. Das Amtsgericht verband die Teilklagen gemäß § 147 ZPO zur gemeinsamen Verhandlung und Entscheidung und wies sie unter prozessualen Gesichtspunkten zurück. In der Berufung des Klägers bestätigte das Landgericht Berlin die Entscheidung des Amtsgerichts und entschied, dass mit den fünf gleichzeitigen Teilklagen vor dem Amtsgericht in unlauterer Weise die Erschleichung der amtsgerichtlichen Zuständigkeit bezweckt worden und ein Rechtsschutzbedürfnis für die Erhebung der Teilklagen nicht gegeben" sei. Insbesondere den bei der Konfrontation mit fünf Klagen entstehenden Kostennachteil könne der Beklagte nicht mit einer Erweiterung des beschränkten Streitgegenstandes abwenden. Auch könne er den Teilklagen nicht jeweils mit einer Feststellungswiderklage auf Feststellung des Nichtbestehens des Restanspruchs entgegentreten, weil dem die Einrede der Rechtshängigkeit entgegenstünde[473].

Die Teilklagen wurden insgesamt als unzulässig angesehen und mangels Rechtsschutzbedürfnisses, demnach unter Anwendung einer speziellen Rechtsmissbrauchsschranke[474], zurückgewiesen. Das Beispiel zeigt, dass ausschlaggebend für die Annahme des Rechtsmissbrauchs die Beurteilung des klägerischen

470 Vincent/Guinchard, Rdnr. 515; Cadiet, Rdnr. 982.
471 Vincent/Guinchard, Rdnr. 519 m. w. N.; rechtsvergleichend: Habscheid, FS f. Fragistas, 529 (545).
472 LG Berlin JW 1931, 1766.
473 Vgl. hierzu auch Beinert, S. 31 m. w. N.
474 Vgl. oben unter 1. Kapitel Ziff. B.1.c), S. 35.

Interesses (zur Zuständigkeit des Amtsgerichts zu gelangen) als nicht schützenswert ist, weil solches Vorgehen den Beklagten benachteiligt[475]. Die Verfolgung keines oder nur eines prozessfremden Zweckes soll auf die subjektive Arglist des Klägers schließen lassen[476]. Allein das objektive Verhalten, die Zuständigkeit als Kläger durch die Teilklage einseitig zu beeinflussen spielt offenbar keine Rolle.

Diese Folgerung kann durch ein weiteren Beispiel verdeutlicht werden, eine Entscheidung des Landgerichts Gießen aus dem Jahre 1996[477]: Die Klägerin machte Schadensersatz wegen eines Verkehrsunfalls geltend. Der Unfallhergang war zwischen den Parteien streitig, der Ausgang der Beweisaufnahme offen. Der behauptete Schadensersatzanspruch setzte sich aus mehreren Schadenspositionen zusammen, die nach ihrem gesamten Streitwert die damalige Streitwertgrenze überschritten und damit die Zuständigkeit des Landgerichts begründet hätten. Von jeder der Schadenspositionen machte die Klägerin indes nur 25% geltend und rief stattdessen das Amtsgericht an. Nach Zurückweisung der Klage durch das Amtsgericht hob das LG Gießen das Urteil auf und verwies an das Amtsgericht zurück; eine rechtsmissbräuchliche Zuständigkeitserschleichung liege entgegen der Auffassung des Amtsgerichts nicht vor. Der Sachverhalt erfülle nicht die Voraussetzungen eines Verstoßes gegen Treu und Glauben. Ein Rechtsgebrauch im Zivilprozessrecht verdiene nur dann keinen Rechtsschutz, wenn er Zwecken diene, die zu schützen unter keinem denkbaren Gesichtspunkt gerechtfertigt seien[478]. Der hier erhobenen Teilklage habe jedoch ein schutzwürdiges Interesse zugrunde gelegen[479]. Die Vermeidung eines unnötigen Kostenrisikos aufgrund der unsicheren Tatsachengrundlage stelle ein schützenswertes Interesse dar, welches das zunächst nur teilweise Einklagen eines Anspruchs rechtfertige[480]. Es sei weder unzweckmäßig noch unwirtschaftlich, aufgrund des erhöhten Risikos des Prozessverlustes die Verfolgung des Restbetrages vom Ausgang des

---

475 So auch: Baumgärtel, ZZP 86 (1973), 353 (363); OLG Marienwerder, OLGRspr. 35, 72 (73); OLG Dresden SeuffArch. 66 Nr. 216; Baumbach/Lauterbach/Albers/Hartmann, § 2 Rdnr. 7; Beinert, S. 31ff.

476 OLG Hamm OLGZ 1987, 336 (337); LG Berlin JW 1931, 1766; AG Frankfurt a.M. VersR 1978, 878f.; Zeiss, ZPO, Rdnr. 296; Stein/Jonas/Roth, § 2 Rdnr. 32; Baumbach/Lauterbach/Albers/Hartmann, § 2 Rdnr. 7; Rosenberg/Schwab/Gottwald, § 32 II 1, S. 159; Thomas/Putzo/Hüßtege, § 23 GVG Rdnr. 5; Thannhäuser, S. 90.

477 LG Gießen, MDR 1996, 527ff.

478 BGH MDR 1987, 752.

479 LG Gießen MDR 1996, 527.

480 LG Gießen MDR 1996, 527/528; OLG Koblenz JurBüro 1983, 271; LG Köln JurBüro 1991, 1352 (1353); Thannhäuser, S. 90; Zöller/Greger § 253 Rdnr. 15 m. w. N.; einschränkend für den Fall der Beeinflussung der Zuständigkeit Baumbach/Lauterbach/Albers/Hartmann § 2 Rdnr. 7; KG JR 1952, 173; Zeiss, S. 81ff.

Prozesses abhängig zu machen[481]. Dem Beklagten stehe die Möglichkeit offen, eine Widerklage auf Feststellung des Nichtbestehens eines weitergehenden Anspruchs zu erheben und gemäß § 506 ZPO eine Entscheidung des Landgerichts über den gesamten Anspruch zu erreichen[482].

Für die Beurteilung des Klägerinteresses (Verringerung des Kostenrisikos) als schützenswert, war hier nicht nur die Art des Interesses, sondern auch maßgebend, dass der Beklagte – anders als im ersten Beispielsfall – durch die Herbeiführung der Zuständigkeit nicht benachteiligt wurde. Das Risiko, in einem erneuten Prozess mit den zunächst nicht geltend gemachten Nachforderungen und den damit verbundenen Kosten konfrontiert zu werden, kann der Beklagte durch eine Widerklage vermeiden, die den Streitgegenstand und damit auch den Streitwert erweitert und die einseitige Herbeiführung der Zuständigkeit zunichte macht[483]. Eine Entscheidung über das gesamte Rechtsbegehren kann der Beklagte schließlich auch im Wege der negativen Feststellungsklage erzwingen[484].

Beide Entscheidungen belegen, dass der objektive Tatbestand der Herbeiführung der sachlichen Zuständigkeit durch Teilklage für die Bejahung des Rechtsmissbrauchs allein nicht ausschlaggebend ist. Grundsätzlich kann von einer Zulässigkeit der Teilklage im deutschen Recht ausgegangen werden[485]. Handelt es sich um die Geltendmachung des Restanspruchs im sog. Zweitprozeß, so steht dem auch nicht eine etwaige Rechtskrafterstreckung aus dem Erstprozeß entgegen. Die Rechtskraft erstreckt sich im deutschen Recht nur auf den durch den Klageantrag geltend gemachten Streitgegenstand[486]. Soweit der zweite Teil eines Rechtsbegehrens daher nicht Gegenstand der ersten Klage war, kann er noch in einem nachfolgenden Prozess vom Kläger geltend gemacht werden. Diese Ansicht ist – soweit die Teilklage im Erstprozess offen gelegt wurde – nun-

---

481 LG Gießen MDR 1996, 527; Thomas/Putzo/Hüßtege, § 23 GVG Rdnr. 5.

482 LG Gießen MDR 1996, 527/528.

483 Zöller/Greger, § 253 Rdnr. 15; Beinert, S. 19; Baumbach/Lauterbach/Albers/Hartmann § 2 Rdnr. 7; OLG Koblenz, JurBüro 1983, 271; LG Köln JurBüro 1991, 1352f.; LG Gießen MDR 1996, 527; a. A. Zeiss, S. 60, 70ff., 80ff., der die einseitige Herbeiführung der sachlichen Zuständigkeit nur im Rahmen der Auslegung des § 23 Nr. 1 GVG prüft und für zulässig erachtet. Nach dieser Ansicht ist das subjektive Interesse des Klägers nicht maßgebend. Bei der Erhebung einer nichtindividualisierten Teilklage würden weitere Teilklagen wegen Rechtshängigkeit schon von Amts wegen ausgeschlossen.

484 Zeiss, NJW 1968, 1305; Diercks MDR 1995, 1099ff.

485 Elzer, JuS 2001, 224 (225); Lüke/Kerwer, NJW 1996, 2121 (2124); zur Unzulässigkeit von Teilklagen in bestimmten Einzelfällen vgl. Fenge, FS f. Pieper, S. 31 (35ff.) m. w. N.

486 Vgl. nur Rosenberg/Schwab/Gottwald, § 153, S. 920ff.; ständ. Rspr. BGH NJW 1979, 720.

mehr fast unstreitig[487]. Vereinzelt finden sich Abweichungen dann, wenn die Teilklage abgewiesen wurde[488].

Handelt es sich jedoch um eine „verdeckte" Teilklage, bei der weder Gericht noch die gegnerische Partei erkennen können, dass ein Prozess über etwaige Nachforderungen im Raum steht, ist die Rechtskrafterstreckung umstritten. Nach der neueren Rechtsprechung und h.M. in der Literatur[489] soll sich im Vergleich zur offenen Teilklage kein Unterschied ergeben, so dass eine Rechtskrafterstrekkung auf den nicht beschiedenen Restanspruch nicht zugelassen wird. Dagegen lehnt ein Teil der Literatur und die ältere Rechtsprechung[490] die gerichtliche Geltendmachung des bisher nicht beschiedenen Anspruchs in einem Folgeprozess wegen Rechtskrafterstreckung ab. Die Ausdehnung der Rechtskraft gegen den Kläger wird mit dem Beklagtenschutz begründet. Der Beklagte werde sonst von den Nachforderungen des Klägers überrascht und könne sich im Erstprozess nicht durch die Erhebung einer negativen Feststellungswiderklage schützen[491]. Die Gebote der Fairness und Waffengleichheit würden zwingend eine Rechtskrafterstreckung auch auf den nicht eingeklagten Teil des Anspruchs verlangen[492]. Nach dieser Auffassung kann in dem Fall, dass sich eine Klage erst in einem zweiten Verfahren als Teilklage herausstellt, von einer Sanktion durch erweiterte Rechtskrafterstreckung gesprochen werden. Gegen letztere Auffassung

487 Vgl. nur: BGHZ 85, 83ff; BGH NJW-RR 87, 525 (526); Thomas/Putzo/Reichold, § 322 Rdnr. 22ff., 26; Zöller/Vollkommer, vor § 322 Rdnr. 47 m. w. N.; Stein/Jonas/Leipold § 322 Rdnr. 161 ff.; Rosenberg/Schwab/Gottwald § 154 V, S. 929ff.; Musielak, FS f. Schumann, S. 295 (297); teilweise a. A. Leipold, FS f. Zeuner, S. 445ff., der auch bei einer „offenen Teilklage" den nicht eingeklagten Betrag bereits dem Grunde nach als zuerkannt ansehen will.

488 AK-ZPO-Fenge, § 322 Rdnr. 21; Beinert, S. 41ff.; Leipold, FS f. Zeuner, S. 439ff.; Zitelmann ZZP 8, 254ff.; Zeiss, ZPO, Rdnr. 581, weil sonst ein späteres zusprechendes Urteil das kontradiktorische Gegenteil des früheren Urteils aussprechen könnte.

489 BGH NJW 1997, 1990; BGH NJW 1997, 3019 (3020); OLG Frankfurt a.M. NJW-RR 1997, 700f.; Zöller/Vollkommer, vor § 322 Rdnr. 48; MüKoZPO/Gottwald, § 322 Rdnr. 121ff.; Stein/Jonas/Leipold, § 322 Rdnr. 161; Rosenberg/Schwab/Gottwald, § 154 V, S. 930; Elzer, JuS 2001, 224 (226f.); Thomas/Putzo/Reichold, § 322 Rdnr. 23; Musielak, FS f. Schumann, S. 295 (299).

490 Beinert, S. 55; BGHZ 34, 337 (340); BGHZ 36, 365 (367ff.); OLG Celle WM 1988, 353 (354ff.); Lent NJW 1955, 1865 (1866); ders. NJW 1968, 1305 (1306f.); Bötticher MDR 1962, 724f.; eine Rechtskrafterstreckung nur bei einer Abweisung der verdeckten Teilklage bejahen wiederum: Jauernig, JZ 1997, 1127f.; Jauernig, § 63 II, S. 252; in diesem Sinne wohl auch Baumbach/Lauterbach/Albers/Hartmann § 322 Rdnr. 51 ff.; Zeiss, ZPO, Rdnr. 581; AK-ZPO-Fenge, § 322 Rdnr. 21; Fenge, FS f. Pieper, S. 31 (40).

491 Jauernig, § 63 II, S. 252; OLG Celle WM 1988, 353 (354ff.).

492 Vgl. Fn. 490.

spricht jedoch, dass eine solche Beschränkung von Teilklagen den Kläger nötigt, seine Teilklage offen zulegen, um eben dieser Rechtskrafterstreckung zu entgehen. Der rechtspolitisch wünschenswerte Zweck einer Teilklage, den Zugang zur Rechtspflege zu erleichtern, geriete damit wieder in Gefahr[493], weil die Wahrscheinlichkeit einer die Kostenersparnis einer Teilklage zunichte machenden negativen Feststellungsklage des Beklagten stiege. Schließlich kann auch nicht mit dem Beklagtenschutz argumentiert werden, weil die Zulässigkeit einer negativen Feststellungsklage zur Erweiterung des Streitgegenstandes kein sicheres Verteidigungsmittel darstellt. Sie kann immer noch am Einwand der Rechtshängigkeit gemäß § 261 III Ziff. 1 ZPO oder am fehlenden Rechtsschutzbedürfnis scheitern[494]. Weitere Nachteile des Klägers können darin bestehen, im Folgeprozess eine dem Erstprozess widersprechende Entscheidung zu erhalten oder bezüglich seiner Nachforderung mit der zweiten Teilklage nicht rechtzeitig die Verjährung seines Anspruchs zu unterbrechen[495]. Daneben ist der Grundsatz der Waffengleichheit im Prozess nicht schon durch die infolge Unkenntnis fehlende Möglichkeit einer Feststellungswiderklage beeinträchtigt, solange der Beklagte weiterhin hinreichend Gelegenheit hat, sich im Prozess zu allen ihm wichtigen Fragen zu äußern[496].

Nach der insofern vorzuziehenden Meinung, welche eine Rechtskrafterstreckung auf die Geltendmachung des Restanspruchs ablehnt, ist für die Beurteilung einer Teilklage als unzulässig nur die Bejahung eines Rechtsmissbrauchs ausschlaggebend, dessen Vorliegen sich nach dem subjektiven Interesse des Klägers an der Teilung im Verhältnis zum Interesse des Beklagten bestimmt. Diese Ansicht entspricht auch den Anforderungen der Dispositionsmaxime, die beinhaltet, dass das Gericht an die Anträge der Parteien gebunden ist und auch eine risikobeschränkende Prozessführung möglich sein muss[497].

Zusammenfassend lässt sich feststellen, dass die Herbeiführung der sachlichen Zuständigkeit des Amtsgerichts durch eine Teilklage in Deutschland grundsätzlich zulässig ist. Erst die Absicht des Klägers, die Teilklage aus nicht schützenswerten und damit prozesszweckfremden Gründen zu erheben, lässt die Handlung rechtsmissbräuchlich werden. Die Rechtsfolge des Missbrauchs besteht in der Zurückweisung der Klage als unzulässig.

---

493 So: AK-ZPO-Fenge, § 322 Rdnr. 20.

494 Fenge, FS f. Pieper, S. 31 (50).

495 Lüke/Kerwer, NJW 1996, 2121 (2124); Elzer, JuS 2001, 224 (226).

496 Elzer, JuS 2001, 224 (226).

497 Zöller/Vollkommer, vor § 322 Rdnr. 47.

b) Die Rechtslage in Frankreich

Im französischen Zivilprozessrecht kann ebenfalls der *fractionnement de la demande* zur Herbeiführung der *compétence d`attribution* verwandt werden. Auch hier interessiert zunächst, ob bereits dem objektiven Tatbestand der Herbeiführung der Zuständigkeit durch Teilung der *demande* mit der allgemeinen Rechtsmissbrauchsschranke begegnet wird.

In einem Rechtsstreit im Jahre 1901, den der *Tribunal civil de la Seine*[498] zu entscheiden hatte, machte ein Gläubiger eine von ihm geforderte streitige Summe von FF 400 in zwei Teilen von jeweils FF 200 sukzessiv vor dem *tribunal de paix* geltend. Sein Ziel bestand darin, den Rechtsstreit auf diese Weise der Zuständigkeit des *tribunal civil* zu entziehen. Der *Tribunal civil de la Seine* sah jedoch diese Teilung und Erhebung der *demande* über die Restforderung in einem Folgeprozess als unzulässig an. Ein im Erstprozess ausgesprochener Vorbehalt, den Restbetrag des Teilklageantrages noch geltend zu machen, sei ohne Wirkung[499]. Somit wurde die Klage im Erstprozess zwar nicht zurückgewiesen, aber so behandelt, als habe der Kläger auf die Geltendmachung der gesamten Forderung verzichtet.

Die Gründe für diese Ablehnung eines *fractionnement de la demande* durch französische Gerichte verdeutlicht eine Entscheidung des *TI Privas*[500]. Zwischen der Klägerin, einer Bauträgergesellschaft, und dem Beklagten, der diese mit einem Hausbau beauftragt hatte, waren zwei Rechnungen in Höhe von insgesamt FF 50.200,-- streitig. In einem summarischen Verfahren hatte bereits ein Sachverständiger die Rechnungen begutachtet und die vom Beklagten geschuldeten Summen beziffert. Aufgrund dieses Gutachtens machte die Klägerin vor dem *tribunal d`instance* aus den beiden Rechnungen eine Forderung von genau FF 30.000,-- geltend. Dies war der Maximalbetrag, der seinerzeit zuständigkeitshalber noch vor dem *tribunal d`instance* geltend gemacht werden konnte; bei einer höheren Summe wäre der *tribunal de grande instance* zuständig gewesen. Die Geltendmachung des Restbetrages behielt sich die Klägerin ausdrücklich vor. Der Beklagte wurde zur Zahlung verurteilt. Kurze Zeit später machte die Klägerin auch die Restforderung von FF 20.200,-- vor dem *tribunal d`instance* geltend. Nunmehr rügte der Beklagte ausdrücklich die Unzuständigkeit des *tribunal d`instance*; die Klägerin habe durch die Beschränkung ihrer Forderung auf

---

498 Tribunal civil de la Seine du 07.03.1901, D.P. 1902.2.108 ; vgl. auch Req. 23.11.1885, DP 1886. 1. 56.

499 TI Privas, 21.06.1988, Gaz. Pal. 1989. 1. 382 ; Prévault, Gaz. Pal. 1989. 1. 383 ; TI Avesnes-sur-Helpe, 25.10.1963, J.C.P. 1964. II. 13901 ; H.G., J.C.P. 1964. II. 13901.

500 TI Privas, 21.06.1988, Gaz. Pal. 1989. 1. 382.

FF 30.000,-- im ersten Verfahren auf die Geltendmachung einer Restforderung verzichtet, zumal die Forderungen bereits im ersten Verfahren vollständig fällig gewesen seien. Der *tribunal d`instance* folgte dieser Rüge und wies die Klage über die Restforderung als unzulässig zurück, weil über den geltend gemachten Anspruch bereits rechtskräftig entschieden worden sei. Es sei offensichtlich, dass die Klägerin bei der ersten Anrufung des Gerichtes den Klageantrag auf FF 30.000 reduziert habe, um die Zuständigkeit des *tribunal d`instance* zu erreichen. Damit habe sie konkludent auf die Geltendmachung der Restsumme verzichtet. Eine Zuständigkeit im Streitfall könne sich nur ergeben, wenn den zwei nacheinander geltend gemachten Klageanträgen unterschiedliche Rechtsgründe („*causes*") zugrunde gelegen hätten oder die gesamte Forderung im Zeitpunkt des ersten Klageantrages noch nicht fällig gewesen sei[501]. Diese Voraussetzungen hätten jedoch nicht vorgelegen. Auch die Regelungen des *code de l`organisation judiciaire* erlaubten nicht, einen Klageantrag in mehreren Teilen geltend zu machen[502]. Dies widerspräche dem gesetzgeberischen Zweck der gesetzlichen Zuständigkeitsbestimmung über den Streitwert und würde zu ihrer Entleerung führen[503]. Selbst die Tatsache, dass die Klägerin in ihrem ersten Klageantrag darauf hingewiesen habe, dass sie nicht auf den Restbetrag verzichte, ändere daran nichts, zumal der Beklagte einer möglichen Prorogation zugunsten des *tribunal d`instance* widersprochen habe. Ließe man eine solche Praxis zu, führte dies unweigerlich dazu, dass in sämtlichen Fällen streitwertabhängiger Zuständigkeit das *tribunal d`instance* angerufen würde.

Festgehalten werden kann daher bereits an dieser Stelle, dass offensichtlich die Rechtskrafterstreckung des französischen Rechts und auch die gesetzlichen Zuständigkeitsregelungen ein *fractionnement de la demande* insofern beschränken, als die gerichtliche Geltendmachung des zweiten Teils der Forderung nicht zugelassen wird. Dies bestätigt die Entscheidung des *TI Avesnes-sur-Helpe*[504]

---

501 TI Privas, 21.06.1988, Gaz. Pal. 1989. 1. 382 (383).

502 TI Privas, 21.06.1988, Gaz. Pal. 1989. 1. 382 : „*Il n`est pas permis à un plaideur de fractionner une demande en deux instances successives, afin que chacune soit de la compétence du juge d`instance, alors que la réunion aurait dépassé le cadre de cette compétence*"; C. Paris 08.04.1967, D. 1967, somm. S. 86 ; Vincent/Guinchard, Rdnr. 321.

503 TI Privas, 21.06.1988, Gaz. Pal. 1989. 1. 382 ; Prévault, Gaz. Pal. 1989. 1. 383 : „*Les règles de l`organisation judiciaire ne permettent pas de fractionner la demande en deux instances distinctes qui echapperaient ainsi à la compétence du TGI ou à l`éventualité d`un appel*"; C. Paris 08.04.1967, D. 1967, somm. p. 86; TI Avesnes-sur-Helpe, 25.10.1963, J.C.P. 1964. II. 13901 ; H.G., J.C.P. 1964. II. 13901; Req. 23.11.1885, DP 1886. 1. 56; Paris, 02.04.1967, D. 1967. somm. S. 80.

504 TI Avesnes-sur-Helpe, 25.10.1963, J.C.P. 1964. II. 13901 ; H.G., J.C.P. 1964. II. 13901.

über ein *fractionnement* im Rahmen von Schadensersatzansprüchen aus einem Unfall, die wegen ihrer Sachverhaltsähnlichkeit zum genannten Beispielsfall im deutschen Recht nicht unerwähnt bleiben soll. Auch der *TI Avesnes-sur-Helpe* folgt mit seiner Auffassung der in Frankreich uneingeschränkt geltenden Meinung von der Unzulässigkeit des *fractionnement de la demande,* soweit die der Klage zugrunde liegende *cause* als unteilbar angesehen wird[505].

Die Klägerin machte Schadensersatz wegen eines Verkehrsunfalls geltend, den die Beklagte verursacht hatte. Die Klägerin begrenzte ihre Forderungen vor dem *tribunal d`instance* auf behauptete Sachschäden; die Geltendmachung eines entstandenen Personenschadens behielt sich die Klägerin ausdrücklich vor. Personen- und Sachschäden zusammen hätten nach ihrem Streitwert zur Zuständigkeit des *tribunal de grande instance* geführt. Durch die nur teilweise Geltendmachung blieb die Klägerin mit ihrem Streitwert unter dieser Zuständigkeitsgrenze. Die Beklagte rügte die Unzuständigkeit des Gerichts; die Klägerin setze die Regeln der Zuständigkeit außer Kraft, wenn sie aus einem Unfall herrührende Schadensersatzforderungen teile, die in ihrer Gesamtheit die Zuständigkeitsgrenze des *tribunal d`instance* überschritten. Das Gericht müsse sich daher wegen „*fraude à la loi*“[506] für unzuständig erklären.

Der *tribunal d`instance* entschied zugunsten der Beklagten, wenn auch nicht unter dem Gesichtspunkt der *fraude à la loi.* Nach seiner Ansicht seien für die Feststellung des Zuständigkeitsstreitwertes nicht nur die geltend gemachten Schadensersatzforderungen aus dem Unfall zu berücksichtigen. Seit dem Urteil der *Cour de Cassation* vom 27. November 1855[507] gelte das rechtliche Prinzip, dass ein Klageantrag bzw. sein Objekt nicht geteilt und sodann in Teilen sukzessiv geltend gemacht werden dürften, es sei denn, den sukzessiv geplanten Klageanträgen liege kein gemeinsamer Rechtsgrund (*cause*) zugrunde. Die einseitige Herbeiführung der Zuständigkeit des *tribunal d`instance* bei Vorliegen eines gemeinsamen Rechtsgrundes sei daher grundsätzlich unzulässig. Finde dieses Prinzip der Unteilbarkeit des Rechtsbegehrens keine Anwendung, seien streitwertabhängige Zuständigkeitsregelungen obsolet, weil der Kläger stets durch Teilung die Zuständigkeit des *tribunal d`instance* herbeiführen könnte. Schließlich beziehe sich die Rechtskraft der Entscheidung des angerufenen *tribunal d`instance* grundsätzlich auf alle aus dem Unfall herrührenden Schäden, so dass letztlich rechtkräftig über die gesamte Haftung aus dem Unfall entschieden werde[508]. Das

505 Giverdon, D. 1963.137 n°7 ; TI Privas, 21.06.1988, Gaz. Pal. 1989. 1. 382 ; Prévault, Gaz. Pal. 1989. 1. 383 ; Solus/Perrot, Bd. II, Rdnr. 419.

506 Vgl. oben 1. Kapitel, Ziff. B.2.d), S. 58.

507 Cass. civ. 27.11.1855, D. P. 1856, 1, 61.

508 TI Avesnes-sur-Helpe, 25.10.1963, J.C.P. 1964. II. 13901 ; H.G., J.C.P. 1964. II. 13901.

Prinzip der Unteilbarkeit des Rechtsbegehrens finde nicht nur bei summarischer Teilung der Forderung im Rahmen der Klageerhebung, sondern auch dann Anwendung, wenn die klagende Partei sich nur auf ein subjektives Recht berufe, obwohl ihr weitere Rechte zur Verfügung stünden. Maßgebend sei, dass das Gericht den gesamten zur Begründung des Klageantrages in Bezug genommenen Sachverhalt untersuchen müsse. Wegen der noch unbestimmten Höhe der Schadensersatzforderung für körperliche Schäden sah es den Klageantrag im Ganzen als unbezifferte Klage an, für die der *tribunal de grande instance* zuständig sei[509]. Sämtlichen Schadensersatzforderungen aus dem Unfall habe eine unteilbare „*cause*" zugrunde gelegen. Folglich müssten die zunächst unter Vorbehalt geltend gemachten Schadensersatzforderungen für die Bestimmung des Zuständigkeitsstreitwertes mitberücksichtigt werden. Die Teilung des Rechtsbegehrens in einen Sachschaden und daneben die Ankündigung späterer Geltendmachung von Personenschäden sei offensichtlich künstlich, weil die Schäden in dem Unfall eine gemeinsame Ursache hätten[510]. An der Einheitlichkeit der zugrunde liegenden „*cause*" ändere sich auch nichts, wenn möglicherweise unterschiedliche Rechtsgrundlagen für die Schadensersatzforderungen bestünden.

Es zeigt sich somit, dass die Teilklageerhebung im französischen Recht im so genannten Erstprozess dann einer direkten Beschränkung unterliegt, wenn der *fractionnement* vom Beklagten wegen Unzuständigkeit des Gerichts gerügt wird. Nach der unstreitig im französischen Zivilprozessrecht vertretenen Auslegung der Zuständigkeitsregeln besteht der Zweck dieser Normen darin, Gerechtigkeit zwischen den Parteien zu sichern[511]. Aus diesem Grunde soll ein Abweichen nur unter strengen Voraussetzungen möglich sein. Die Akzeptanz der Möglichkeit, durch *fractionnement* die streitwertabhängige Zuständigkeit einseitig durch den Kläger bestimmen zu lassen, liefe diesen Regelungen des Gesetzes zuwider. Für ein Abweichen von den Zuständigkeitsregelungen wird stets eine – auch stillschweigende[512] – Vereinbarung der Parteien verlangt. Beim Abweichen von einer streitwertabhängigen Zuständigkeit verlangt Art. 41 *nouv. C. pr. civ.* sogar, dass der Rechtsstreit bereits – wenn auch nur außergerichtlich – entstanden ist, damit der Beklagte entscheiden kann, ob er die Unzuständigkeit rügen oder der Prorogation zustimmen will. Eine solche Prorogationsvereinbarung wird aber bereits angenommen, wenn der Beklagte (wie teils in den obigen Beispielsfällen) darauf verzichtet, die Unzuständigkeit wegen der Höhe des Streitwertes zu rügen[513].

509 Vgl. Art. R* 311-1 *Code de l'organisation judiciaire*, S. 113 Fn. 454.

510 TI Avesnes-sur-Helpe, 25.10. 1963, J.C.P. 1964. II. 13901 ; H.G., J.C.P. 1964. II. 13901.

511 Vincent/Guinchard, Rdnr. 201.

512 Guinchard/Beauchard, Rdnr. 905.

513 Guinchard/Beauchard, Rdnr. 905ff.

Dies führt dazu, dass die fehlende Zuständigkeit oftmals erst im Folgeprozess gerügt wird, so dass die Geltendmachung der ersten Teilforderung zulässig ist. Insgesamt wird jedoch deutlich, dass auch das *fractionnement* stets aus Gerechtigkeitserwägungen, insbesondere zum Schutz des Beklagten, unzulässig sein soll.

Weiter wird die Geltendmachung der Restforderung im Folgeprozess grundsätzlich auch aus Gründen der Rechtskrafterstreckung, auf die sich die Partei ebenfalls berufen muss[514], versagt. Der *fractionnement* wird als ein Verzicht auf die Geltendmachung des restlichen Rechtsbegehrens gesehen, weil bereits im Erstprozess über die Gesamtforderung rechtskräftig entschieden wird. Neben dem Urteilstenor erwachsen im französischen Recht auch die Entscheidungsgründe in Rechtskraft[515]. Ist der einer Klage zugrunde liegende Sachverhalt nebst daraus resultierender Rechte, also die *cause*, für den Kläger nicht teilbar, wird diese immer im Ganzen von der Rechtskraft erfasst, so als sei sie mit der *demande* teilweise oder vollständig vorgetragen worden. Der Kläger erhält, auch wenn er eine unteilbare *cause* nur teilweise im Klageantrag geltend macht, stets eine Entscheidung über seine Gesamtforderung. Bei unbeschränkter Zulässigkeit eines *fractionnement* könnte er also durch die Teilung seiner *demande* sein eigenes Unterliegensrisiko auf einen Bruchteil der von ihm begehrten Rechtsfolge reduzieren und gleichzeitig kostengünstig ein Urteil erlangen, das eine rechtskräftige Entscheidung über sein gesamtes Rechtsfolgebegehren trifft. Die Entscheidung ginge über den konkreten Prozess hinaus und käme einem Grundurteil für Folgeprozesse gleich. In einem Folgeprozess wäre derselbe *tribunal d`instance* oder ein anderes Gericht an diese Entscheidung gebunden[516]. Damit bekäme der Kläger etwas, das ihm nach der Rechtsordnung nicht zusteht[517]. Dem entspricht der Nachteil auf Seiten des Beklagten: Gerade wenn die Teilung im Erstprozess nicht offensichtlich ist, könnte sich der Beklagte nicht umfassend verteidigen. Daneben würde er mit zusätzlichen Kosten und sonstigen Lasten eines Folgeprozesses beschwert. Diese Ungleichheit der Rechte zwischen Kläger und Beklagten will das französische Recht vermeiden. Die zugrunde liegende Wertung ist somit der Schutz des Beklagten.

Als Gemeinsamkeit der beiden Begründungen für die Beschränkung des *fractionnements* zeigt sich insgesamt, dass bereits der objektive Tatbestand unzulässig ist, unabhängig davon, welches subjektive Interesse des Klägers zugrunde

---

514 Vgl. nur Habscheid, FS f. Fragistas, 529 (540).

515 Vincent/Guinchard, Rdnr. 174; Guinchard/Fricero, Rdnr. 4977ff.; Habscheid, FS f. Fragistas, 529 (544f.).

516 TI Avesnes-sur-Helpe, 25.10.1963, J.C.P. 1964. II. 13901 ; H.G., J.C.P. 1964. II. 13901.

517 Vgl. Cass. civ. 27.11.1855: D.P. 1856. 1. 61; TI Avesnes-sur-Helpe, 25.10.1963, J.C.P. 1964. II. 13901 ; H.G., J.C.P. 1964. II. 13901.

liegt. Daneben kann darin auch eine indirekte Beschränkung der Erhebung einer Teilklage im Erstprozess gesehen werden. Ist nämlich die grundsätzlich Möglichkeit versagt, das gesamte Rechtsbegehren in einem Folgeprozess vor Gericht zu bringen, entfällt auch die Chance, eine Erschleichung des Gerichtsstandes für das gesamte Rechtsbegehren durch ein *fractionnement* zu erreichen. Damit ist das eigentliche subjektive Interesse des Klägers, auf dem der *fractionnement* basiert, in Frankreich unerheblich. Eine Begrenzung durch Anwendung der allgemeinen Rechtsmissbrauchsschranke findet sich nicht. Der Grund für die Unzulässigkeit der Geltendmachung der Restforderung liegt somit nicht in dem Motiv des Klägers, sein Rechtsbegehren zu teilen, sondern ist unabhängig davon unzulässig.

c) Rechtsvergleichendes Ergebnis

Der Vergleich der Lösungen im deutschen und französischen Recht zeigt, dass die Herbeiführung der gesetzlichen Zuständigkeit durch Teilung des Rechtsbegehrens in beiden Rechtsordnungen als missbilligenswertes Problem begriffen wird. Dabei liegen der Umsetzung in Frankreich und in Deutschland ähnliche, wenn nicht gleiche Wertungen zugrunde. Gesetzliche Zuständigkeitsregelungen werden als fair betrachtet, weil sie die Interessen beider Parteien und öffentliche Interessen ausreichend berücksichtigen. Von ihnen soll nur abgewichen werden können, wenn keine der Parteien dadurch im Verhältnis zur anderen beeinträchtigt wird. So lassen beide Rechtsordnungen die einseitig von der klägerischen Partei bestimmte Abweichung von der gesetzlichen Zuständigkeit nur zu, soweit der Beklagte dadurch keine unverhältnismäßigen Nachteile erfährt.

In Frankreich wird die Unzulässigkeit des *fractionnement de la demande* aber bereits im Wege der Auslegung aus dem Sinn und Zweck der zivilprozessualen Regelung über die Zuständigkeit und die Rechtskrafterstreckung abgeleitet. In Deutschland lässt die Auslegung der Zuständigkeitsregelungen die Herbeiführung der sachlichen Zuständigkeit durch Streitwertreduzierung dagegen ohne weiteres zu, selbst wenn eine Partei dadurch einseitig auf die Wahl des Gerichts Einfluss nehmen kann. Maßgebend für eine Unzulässigkeit soll nach h. M. nur das im Einzelfall schutzwürdige Interesse des Klägers an der Teilklage sein. Erst wenn dieses verneint wird, findet die allgemeine oder eine spezielle Rechtsmissbrauchsschranke Anwendung. Rechtspolitisch konkurrieren in Deutschland – anders als in Frankreich – somit der Beklagtenschutz sowie das Interesse, durch Kostenersparnis einer Partei den Zugang zum Gericht zu erleichtern.

Anhand der durch die Beispielsfälle dargestellten Rechtslage lässt sich für diesen speziellen Fall feststellen, dass es – anders als im deutschen Zivilprozessrecht – in Frankreich nicht zur Anwendung der allgemeinen Rechtsmissbrauchsschranke kommt. Dogmatische und systematische Unterschiede sorgen dafür, dass die in beiden Rechtsordnungen maßgebende Wertung – der „Schutz des Beklagten" – im französischen Recht durch Auslegung ihren Ausdruck findet. Ungeachtet dessen bestätigt dieser spezielle Fall eines illoyalen Verhaltens die angestellte Vermutung der gleichen praktischen Lösung. Beide Rechtsordnungen wählen zur Durchsetzung des Schutzes des Beklagten einen rechtstechnischen Lösungsweg, der als Rechtsfolge die Unzulässigkeit der Teilung des Rechtsbegehrens vorsieht.

2. *Das Herbeiführen einer Ersatzzustellung*

Ein weiteres Beispiel für das missbräuchliche Herbeiführen einer prozessualen Rechtslage, bei der an sich im deutschen wie im französischen Recht ähnliche Voraussetzungen zu vermuten sind, ist das Herbeiführen einer anderen als der persönlichen Zustellung, hier als „Ersatzzustellung" bezeichnet.

In Deutschland wird dieses Verhalten unter dem Begriff des „Erschleichens der Zustellung" erfasst. In Deutschland wie in Frankreich folgt aus dem Gesetz, dass bei Nichterreichbarkeit eines im jeweiligen Inland wohnenden Zustellungsadressaten (es geht nachfolgend ausschließlich um natürliche Personen) die Zustellung fingiert wird. Die Voraussetzungen diese Zustellungsfiktion zu schaffen ist Ziel der Manipulationshandlung.

Im deutschen Recht betrifft dies die Herbeiführung der Voraussetzungen der Zustellung durch Niederlegung gemäß § 181 ZPO oder durch öffentliche Zustellung gemäß § 185 ZPO. Bei der *Niederlegung* ist eine persönliche Zustellung oder eine Zustellung an eine in § 178 ZPO aufgeführte Ersatzperson nicht möglich; sie erfolgt dann durch Niederlegung des Schriftstücks auf der Geschäftsstelle des Amtsgerichts, in dessen Bezirk der Zustellungsort gelegen ist, oder bei einer von der Post zu bestimmenden Stelle, wenn die Zustellung durch die Post erfolgt. Zusätzlich wird eine schriftliche Mitteilung über die Niederlegung in der bei gewöhnlichen Briefen üblichen Weise übermittelt[518]. Die *öffentliche Zustellung* setzt hingegen voraus, dass der Aufenthalt des Adressaten unbekannt und ein Vertreter bzw. Zustellungsbevollmächtigter nicht vorhanden ist. Unbekannt ist der Aufenthalt einer Partei dann, wenn er allgemein – nicht nur dem Gericht – unbekannt ist, also eine Anfrage beim Einwohnermeldeamt erfolglos war[519].

518 BVerfG NJW 1988, 817.

519 Rosenberg/Schwab/Gottwald, § 75 II 4, S. 415; Fischer, ZZP 107 (1994), 163 (166); Thomas/Putzo/Putzo, § 185 n.F. Rdnr. 7; Zöller/Stöber, § 185 Rdnr. 2; Baumbach/Lauterbach/Albers/Hartmann, § 185 Rdnr. 5; MüKoZPO – Aktualisierungsbd./Wenzel, § 185 Rdnr. 5.

Konkret heftet der Urkundsbeamte eine Benachrichtigung darüber an die Gerichtstafel, wo das Schriftstück eingesehen werden kann. Eine weitergehende Veröffentlichung kann vom Prozessgericht gemäß § 187 ZPO angeordnet werden. Gemäß § 188 ZPO ist das Schriftstück dann öffentlich zugestellt, wenn seit dem Aushang der Benachrichtigung ein Monat oder eine vom Prozessgericht bestimmte längere Frist verstrichen ist.

In Frankreich besteht das Ziel in dem Schaffen der Voraussetzungen der *signification réputée faite à domicile ou à résidence* gemäß Art. 656 *nouv. C. pr. civ.* (Zustellung, die der am Wohn- oder Aufenthaltsort gleichgestellt ist) oder der *signification par procès-verbal de recherches infructueuses* gemäß Art. 659 *nouv. C. pr. civ.* (Zustellung durch Protokoll über die fruchtlose Nachforschung). Im ersten Fall wird das zuzustellende Schriftstück im Rathaus am Wohnsitz des Zustellungsadressaten hinterlegt, wobei der zustellende Beamte am Wohnsitz des Zustellungsadressaten eine Nachricht über die Ersatzzustellung (*avis de passage*) entsprechend den Anforderungen der Art. 655, al. 4 und Art. 657 al. 1er *nouv. C. pr. civ.* hinterlassen soll. Weiter muss er den Zustellungsadressaten mit einfachem Brief gemäß Art. 658 *nouv. C. pr. civ.* über die Ersatzzustellung informieren. Im Fall der Zustellung durch *signification par procès-verbal de recherches infructueuses* darf weder Wohnsitz, noch Aufenthaltsort oder Arbeitsplatz des Adressaten bekannt sein, worüber der zustellende Beamte ein bestätigendes Protokoll (*procès-verbal*) anfertigt. Es muss genau bezeichnen, welche Maßnahmen der Beamte getroffen hat, um den Adressaten bzw. dessen Zustellungsort ausfindig zu machen[520]. Dann muss der Beamte unverzüglich danach, per Einschreiben mit Rückschein, eine Kopie des Protokolls an die zuletzt bekannte Adresse des Adressaten senden und eine Kopie des zuzustellenden Schriftstücks beifügen. Am selben Tag ist ein weiterer einfacher Brief per Post an diese Adresse zu senden, in dem die Verwirklichung der Formalitäten des *procès-verbal* dem Adressaten anzeigt werden. Durch diese Vorgehensweise ist gemäß Art. 663 *nouv. C. pr. civ.* mit Datum der Ausfertigung des *procès-verbal* die Zustellung erfolgt.

In beiden Rechtsordnungen besteht oft ein manipulatives Interesse daran, durch eine der beschriebenen Zustellungsarten die tatsächliche und rechtzeitige Kenntnisnahme des Zustellungsempfängers von dem zugestellten Schriftstück zu verhindern. Auf diese Weise kann der Zustellende eine Verzögerung des Verfahrens, das Versäumen von Fristen durch den Adressaten oder sogar den Erlass eines Urteils ohne Anhörung des Gegners erreichen. Die oben definierten Ersatzzustellungen können somit der Durchsetzung eines ungerechtfertigten Anspruchs

---

520 Guinchard/Junillon, Rdnr. 1573; Civ. 2^e^, 03.11.1993, Bull. civ. II, n° 312; 09.03.1994, Bull. civ. II, n°. 88 ; Civ. 2^e^, 15.11.1995, D. 1997, jurispr., S. 217 ; Bourdillat, D. 1997, jurispr., S. 217ff.

dienen, weil der Gegner sich mangels Kenntnis vom Verfahren nicht verteidigen kann.

Die zustellende Partei macht dabei zumeist wider besseren Wissens gegenüber dem Gericht bzw. dem zuständigen Zustellungsbeamten falsche oder keine Angaben über den Aufenthaltsort des Zustellungsadressaten.

a) Die Anwendung der allgemeinen Rechtsmissbrauchsschranke in Deutschland

Richtungweisend für die Beschränkung der Parteien, besondere Zustellungsformen auf diese Weise herbeizuführen, ist in Deutschland die Entscheidung des BGH aus dem Jahre 1971[521]. Kläger und Beklagte des Rechtsstreits hatten zuvor Erlöse eines gemeinsamen Schuldners gepfändet, die hinterlegt waren. Der Teilungsplan des Amtsgerichts sah die Befriedigung der Beklagten vor dem Kläger vor. Im zugrunde liegenden Rechtsstreit erstrebte der Kläger seinerseits mittels einer Widerspruchsklage nach § 878 ZPO die Änderung des Teilungsplanes dahin, dass bei der Verteilung des hinterlegten Betrages seine Gläubigerforderung vor der der Beklagten zu berücksichtigen sei. Er trug vor, die Beklagte habe ein Versäumnisurteil gegen den Schuldner sowie dessen öffentliche Zustellung durch wissentlich unrichtige Angaben über seinen Aufenthalt erschlichen. Der tatsächliche Aufenthalt des Schuldners bzw. dessen Generalbevollmächtigten sei der Beklagten bekannt und ihre Pfändung damit rechtsfehlerhaft gewesen.

Der BGH verneinte jedoch einen vollstreckungsrechtlichen Mangel der Pfändung und bejahte die Wirksamkeit der öffentlichen Zustellung durch die Beklagte. Zwar sei grundsätzlich das arglistige Herbeiführen der öffentlichen Zustellung durch wissentlich unrichtige Angaben als Rechtsmissbrauch zu beurteilen[522]. Habe man eine Rechtsposition rechtsmissbräuchlich erworben und nutze dies aus, stünde diesem Verhalten der Einwand der unzulässigen Rechtsausübung gemäß § 242 BGB entgegen, der auch im Verfahrensrecht gelte[523]. Dieser Rechtsmissbrauch sei jedoch für die Wirksamkeit der öffentlichen Zustellung unbeachtlich, weil es sich bei ihrer Bewilligung um eine gerichtliche Entscheidung handele, die nicht dadurch unwirksam werde, dass die von dem Gericht angenommenen Voraussetzungen der Bewilligung tatsächlich nicht gegeben seien[524]. Dies gelte auch unter der Voraussetzung, dass die Bewilligung der öffentlichen Zustellung in arglistiger Weise durch falsche Angaben erschlichen werde. Als staatlicher Hoheitsakt sei sie wirksam, bis sie aufgrund eines Rechtsmittels aufgehoben werde; das

521 BGH NJW 1971, 2226.
522 Vgl. auch BGHZ 64, 5 (8, 10).
523 BGH NJW 1971, 2226.
524 BGH NJW 1971, 2226.

Gesetz sehe allerdings gegen den Ausspruch der Bewilligung der öffentlichen Zustellung keinen Rechtsbehelf vor[525].

Dass die Beklagte die öffentliche Zustellung des Versäumnisurteils erschlichen habe, bewirke vielmehr nur, dass der Kläger sich zur Begründung seiner Widerspruchsklage darauf berufen könne, dass die Voraussetzungen der Zwangsvollstreckung in unredlicher Weise herbeigeführt worden seien und das Pfändungspfandrecht des Antragstellers auf einem rechtmissbräuchlichen Verhalten beruhe. Der vom Beklagten erworbenen Rechtsposition stehe der Einwand der unzulässigen Rechtsausübung entgegen. Soweit das rechtsmissbräuchliche Vorgehen dann bewiesen werden könne, sei der Kläger – trotz Wirksamkeit der Pfändung durch die Beklagte – vor der Beklagten aus dem Versteigerungserlös zu befriedigen.

Ähnlich entschied der BGH 1992[526] zu der hier interessierenden Frage der Einordnung des Erschleichens einer Zustellung als rechtsmissbräuchlich. Der Kläger des Verfahrens war Konkursverwalter einer Gesellschaft, über die das Konkursverfahren eröffnet worden und deren Geschäftsführer der Beklagte war. Der Kläger forderte vom Beklagten die Zahlung einer Summe, die dieser angeblich der Gesellschaft noch schuldig war. Für die erhobene Zahlungsklage sowie die Ladung bewilligte das Prozessgericht die öffentliche Zustellung, nachdem andere Zustellungsversuche vergeblich waren. Der Kläger verschwieg, dass er den Aufenthaltsort des Beklagten kannte. Nachdem der Beklagte zum Verhandlungstermin nicht erschien, erging auf Antrag des Klägers Versäumnisurteil. Dieses Versäumnisurteil wurde ebenfalls öffentlich zugestellt. Der dagegen eingelegte Einspruch des Beklagten wurde verworfen, da er die Einspruchsfrist schuldhaft versäumt habe; ein Antrag auf Wiedereinsetzung in den vorherigen Stand wurde verweigert. Die Berufung des Beklagten hatte ebenfalls keinen Erfolg. Dagegen führte die Revision zur Aufhebung und Zurückverweisung.

Der BGH sah in dem Verhalten des Klägers eine rechtsmissbräuchlich herbeigeführte öffentliche Zustellung. Er bestätigte jedoch, dass die öffentliche Zustellung als gerichtliche Entscheidung nicht dadurch unwirksam werde, dass die erforderliche gerichtliche Bewilligung in arglistiger Weise erschlichen worden sei. Der Einwand des Rechtsmissbrauchs führe aber dazu, dass dem Beklagten im vorliegenden Rechtsstreit Wiedereinsetzung in den vorherigen Stand gegen die Versäumung der Einspruchsfrist gewährt werden müsse[527].

---

525 BGH NJW 1971, 2226.
526 BGH NJW 1992, 2280.
527 BGH NJW 1992, 2280 (2281); so auch AG Detmold, FamRZ 2000, 241ff.

Beide Entscheidungen sind ein Beispiel für die bisher ständige höchstrichterliche Rechtsprechung[528] und herrschende Literatur[529], wonach im Grundsatz das arglistige Erschleichen der öffentlichen Zustellung nicht *eo ipso* zu deren Unwirksamkeit führt. Erst in jüngster Zeit ist diese Ansicht in der Rechtsprechung dahingehend modifiziert worden, dass zumindest ein für das Gericht erkennbares Fehlen der gesetzlichen Voraussetzungen – dies war in den beiden Beispielsfällen nicht der Fall – die Zustellung wegen Verletzung des rechtlichen Gehörs unwirksam mache[530]. Offen gelassen wurde dies für die Fälle, in denen die Voraussetzungen der öffentlichen Zustellung objektiv nicht vorlagen und dies auch nicht für das Gericht erkennbar war[531]. Bisher besteht also die Schranke der unzulässigen Rechtsausübung in diesen Fällen noch darin, der durch die rechtsmissbräuchlich herbeigeführte Zustellung benachteiligten Partei „nur" einen Wiedereinsetzungsgrund bzw. ein anderes Rechtsmittel gegen die sich kausal aus der öffentlichen Zustellung ergebenen nachteiligen Folgen zu gestatten[532].

Die beispielhaft erörterten Entscheidungen des deutschen Rechts gehen zwar von dem Zweck der Zustellungsregelungen aus, der in der sicheren Übermittlung eines Schriftstückes zur Kenntnisnahme des Empfängers und Wahrung des Anspruchs auf rechtliches Gehör liegt[533]. Allerdings wird die Wertung, das rechtliche Gehör zu beachten, zugunsten der Rechtssicherheit wieder eingeschränkt. Die erschlichene Zustellung wird nach der noch geltenden Rechtsprechung nur unwirksam, wenn alternative Zustellungsmöglichkeiten für das Gericht erkennbar waren. Es fragt sich daher – solange die sich abzeichnende Erstreckung der Unwirksamkeit der Zustellung auf sämtliche Fälle des rechtsmissbräuchlichen Erschleichens noch nicht vollzogen wurde -, worin die Sanktion besteht, wenn der von der Rechtsprechung gewiesene Weg zur Eigenverantwortlichkeit der Parteien für die Korrektur solchen Missbrauchs versagt, weil gesetzliche Ausschlussfristen Rechtsmittel oder Rechtsbehelfe gegen die wegen der falschen Zustellung materiell unrichtige Entscheidung nicht mehr zulassen.

---

528 BGH NJW 1971, 2226; RGZ 59, 259 (265); BGHZ 64, 5 (6).

529 Rosenberg/Schwab/Gottwald, § 75 II 4., S. 415ff.; Zöller/Stöber, § 188 Rdnr. 9; MüKoZPO – Aktualisierungsbd./Wenzel, § 186 Rdnr. 10; Baumbach/Lauterbach/Albers/Hartmann, Grdz. § 128 Rdnr. 57; Stein/Jonas/Roth, § 203 a. F. Rdnr. 8, § 204 a. F. Rdnr. 7; a. A. Thoms/Putzo/Putzo, § 185 Rdnr. 5, der nunmehr wohl die Unwirksamkeit der Zustellung bejaht.

530 BGH NJW 2002, 827 (830); BVerfG NJW 1988, 2361; Fischer ZZP 107 (1994), 163 (174, 177), der bereits auf eine mögliche Umkehr der Rechtsprechung hinweist.

531 BGH NJW 2002, 827 (830).

532 Zöller/Greger, § 233 Rdnr. 23 „Zustellung"; MüKoZPO – Aktualisierungsbd./Wenzel, § 186 Rdnr. 10; Fischer, ZZP 107 (1994), 163 (177).

533 BVerfG 67, 208 (211); BGH NJW 1992, 2280 (2281) m. w. N.

Dieser Frage ging das OLG Hamm in einer Entscheidung im Jahre 1999[534] nach. Der Kläger machte gegen den Beklagten einen Zahlungsanspruch aus schriftlicher Vereinbarung geltend. Die Klage wurde dem Beklagten öffentlich zugestellt, wobei der Kläger nicht erwähnt hatte, dass ihm der Aufenthaltsort des Beklagten bekannt war. Durch Versäumnisurteil wurde der Beklagte im schriftlichen Verfahren antragsgemäß verurteilt. Das Versäumnisurteil wurde ebenfalls öffentlich zugestellt. Über zwei Jahre nach dem Versäumnisurteil und dem Ablauf der Einspruchsfrist legte der Beklagte dagegen Einspruch ein und beantragte, ihm wegen Versäumung der Einspruchsfrist Wiedereinsetzung in den vorigen Stand zu gewähren. Das Landgericht verwarf den Einspruch des Beklagten unter Zurückweisung seines Wiedereinsetzungsgesuchs als unzulässig.

Die Berufung des Beklagten beim OLG blieb ohne Erfolg. Dieses kam entsprechend der genannten ständigen Rechtsprechung zu dem Ergebnis, dass die öffentliche Zustellung einer Klageschrift als Voraussetzung der Rechtmäßigkeit eines Versäumnisurteils selbst dann wirksam sei, wenn der Antragsteller bzw. der Kläger sie durch wissentlich unvollständige Angaben über den Aufenthaltsort des Beklagten oder eine andere Zustellungsmöglichkeit erschlichen habe. Die Rechtssicherheit erfordere, dass die Wirksamkeit der Zustellung nicht noch nach Jahren in Frage gestellt werden könne[535]. Die öffentliche Zustellung sei nur dann infolge eines Verstoßes gegen § 203 Abs. 1 ZPO a. F. unwirksam, wenn das Landgericht bei der Anordnung hätte erkennen müssen, dass eine andere Art der Zustellung ohne weiteres möglich gewesen wäre[536]. Dies sei nicht der Fall gewesen, so dass die Zustellung wirksam erfolgt sei. Weil die einjährige Ausschlussfrist für den Antrag auf Wiedereinsetzung in den vorigen Stand versäumt worden sei, könnte der Beklagte ein rechtsmissbräuchliches Erschleichen auf diesem Wege nicht mehr einwenden. Ihm bliebe nach Ansicht des Gerichts die Möglichkeit, gemäß §§ 826, 823 Abs. 2 i. V. m. § 263 StGB Schadensersatz geltend zu machen[537]. Im Ergebnis lässt sich somit feststellen, dass das deutsche Prozessrecht zugunsten der Rechtssicherheit die Grundsätze des Beklagtenschutzes und der streitigen Verhandlung einer Partei als Voraussetzung für ein materiellrichtiges Urteil so einschränkt, dass rechtsmissbräuchliches Verhalten nur mit ei-

534 OLGR Hamm 2000, 161-162.

535 OLGR Hamm 2000, 161 (162); BGH NJW 1971, 2226; BGH NJW 1975, 827 (828); BGH NJW 1992, 2280 (2281); OLG Köln NJW-RR 1993, 446; OLG Hamm NJW-RR 1998, 497; MüKoZPO – Aktualisierungsbd./Wenzel, § 186 Rdnr. 9, 10; Zöller/Stöber, § 187 Rdnr. 9; Fischer, ZZP 107 (1994), 175.

536 OLGR Hamm 2000, 161 (162); OLG Hamm NJW-RR 1998, 497; OLG Köln NJW-RR 1993, 446f.; Fischer, ZZP 107 (1994), 163 (175).

537 OLGR Hamm 2000, 161 (162); RGZ 61, 365f.; RGZ 78, 393f.; BGH NJW 2002, 827 (828); vgl. auch Fischer, ZZP 107 (1994), 163 (177).

nem (möglichen) privatrechtlichen Schadensersatzanspruch sanktioniert wird. Innerprozessuale Wege stehen daher zur Lösung des Konflikts selbst dann nicht mehr zur Verfügung, wenn die Eigenverantwortung der Parteien aus prozessrechtlichen Gründen nicht mehr wahrgenommen werden kann.

b) Die Rechtslage in Frankreich

Zur Frage, ob die allgemeine Rechtsmissbrauchsschranke auch bei der „Erschleichung der Zustellung“ in Frankreich relevant wird, findet sich zunächst eine Entscheidung der *Cour d`appel de Paris*[538] aus dem Jahre 1959. Dieses erklärte eine Zustellung im Rahmen eines Scheidungsverfahrens für nichtig, weil die zustellende Ehefrau dem die Zustellung ausführenden Beamten die genaue Adresse ihres Ehemannes trotz Kenntnis nicht mitgeteilt hatte.

Die Nichtigkeit als Rechtsfolge falscher Angaben des Zustellenden gegenüber dem Zustellungsbeamten findet sich auch in einem Fall der *Cour d`appel von Aix en Provence*[539] aus dem Jahre 1985. Dort ließ ein Gläubiger seine Klage durch den zuständigen Beamten nicht am tatsächlichen Wohnsitz des Schuldners, sondern an eine Adresse in einer anderen Stadt zustellen. Der Beamte erreichte dort niemanden und führte folglich eine Ersatzzustellung durch Niederlegung im Rathaus durch, was dem Schuldner nicht zur Kenntnis gelangte. Dem Gläubiger war aber der tatsächliche Wohnsitz des Schuldners bekannt; auch im Nachhinein nannte er keinen Grund für die Angabe der Adresse in der anderen Stadt. Das Gericht entschied, dass in diesem Fall keine ordnungsgemäße Zustellung an die Person oder ihren Wohnsitz vorgenommen worden, mithin gemäß Art. 693 *nouv. C. pr. civ.* die Zustellung nichtig sei. Art. 693 *nouv. C. pr. civ.* sieht bei Fehlen der formellen Voraussetzungen der einzelnen Zustellungsarten des *nouv. C. pr. civ.* als Rechtsfolge die Nichtigkeit vor. Wegen Nichtigkeit der Zustellung seien folglich sämtliche nachfolgenden Verfahrenshandlungen als unzulässig zu betrachten. Dies wurde damit begründet, dass dem beklagten Schuldner keine Möglichkeit gegeben worden sei, seine Verteidigung zu organisieren[540].

Dass allein die objektive Möglichkeit einer persönlichen Zustellung zur Nichtigkeit der Ersatzzustellung führen kann, wird darin deutlich, dass auch ein Verhalten des Beklagten, das „unterstützend“ für die Herbeiführung einer Ersatzzustellung wirkt, keine Rolle spielt. In einem neueren Urteil der *Cour de Cassation* vom 30. Juni 1993[541] war dem Beklagten vom Kläger ein Urteil per Ersatzzustel-

538 Paris, 14.06.1958, Sem. Jur. 1959. II. 10972.
539 Aix, 18.10.1985, D. 1986.IR.221.
540 Aix, 18.10.1985, D. 1986.IR.221; vgl. auch Julien, D. 1986. IR. 221.
541 Civ. 2e, 30.06.1993, J.C.P. 1994. II. 22274.

lung *à domicile* an seinen früheren Wohnsitz zugestellt worden, obwohl der Kläger den aktuellen Wohnsitz des Beklagten kannte. Der zustellende Beamte war darüber vom Kläger nicht aufgeklärt worden. Auf diese Weise hatte der Beklagte die Frist für die Erhebung eines *appel* (vergleichbar mit der Berufung in Deutschland) in diesem Verfahren versäumt und ihn verspätet eingelegt. Der Kläger rügte die Unzulässigkeit des verspätet erhobenen *appel*, der Beklagte die Unwirksamkeit der Zustellung des erstinstanzlichen Urteils. Die zuständige *Cour d'appel* hatte zunächst entschieden, dass sich der Beklagte und jetzige Berufungskläger nicht auf eine ordnungswidrige Zustellung berufen könne. Auch in seinen Schriftsätzen während des erstinstanzlichen Verfahrens habe er niemals auf seinen aktuellen Wohnsitz hingewiesen, er besitze zudem mehrere Aufenthaltsorte und habe auch nicht die Behauptung des zustellenden Beamten bestritten, dass sich bei dem Zustellungsversuch am Briefkasten seines alten Wohnsitzes noch sein Name befunden habe. Dieses Urteil hob die *Cour de Cassation* auf. Die *Cour d'appel* habe unberücksichtigt gelassen, dass eine Zustellung „an die Person" möglich gewesen wäre, so dass eine Ersatzzustellung nicht zulässig gewesen sei. Obwohl dem ursprünglichen Kläger der neue Wohnsitz des Beklagten bekannt gewesen sei, habe er dies dem zustellenden Beamten nicht mitgeteilt, sondern diesen sogar angewiesen, an die alte Adresse zuzustellen[542].

Diesen beispielhaften Entscheidungen der französischen Rechtsprechung lässt sich zusammenfassend entnehmen, dass das französische Recht primär den objektiven Tatbestand des Herbeiführens einer Ersatzzustellung sanktioniert. Alleiniges Kriterium der Nichtigkeit ist entsprechend den Voraussetzungen des Art. 693 *nouv. C. pr. civ.* die Möglichkeit, dass der zustellende Beamte Kenntnis vom tatsächlichen Wohnort des Zustellungsadressaten hätte erlangen können. Grundsätzlich ist es für diese Rechtsfolge unerheblich, ob der Grund für die Unwirksamkeit der Ersatzzustellung in dem „bösen Glauben" [543] des Zustellenden oder beispielsweise in einem Fehler des zustellenden Beamten zu suchen ist[544]. Dieser subjektive Gesichtspunkt ist unerheblich. Das französische Recht schützt somit konsequent das rechtliche Gehör, dem über das *principe du contradictiore* zugleich Verfassungsrang zukommt[545].

---

542 Civ. 2e, 30.06.1993, J.C.P. 1994. II. 22274 ; vgl. auch Cass. civ. 22.11.1957, Bull. cass. 1957. II. S. 463 ; Trib. Civ. Briançon, 28.02.1950, D. 1950, 257 ; Trib. civ. Seine, 23.12.1948, Sem. Jur. 1949. IV.ed. avoués, n° 1231.

543 Du Rusquec, J.C.P. 1994. II., 22274; Solus/Perrot, Bd. I Rdnr. 370.

544 Guinchard/Junillon, Rdnr. 1573; Civ 2e 27.10.1976, Gaz. Pal. 1977. somm. 10; Civ 2e, 16.06.1977 , Bull. civ. II, Rdnr. 154 ; Cadiet, Rdnr. 1408.

545 Vgl. zum *principe du contradictoire* unter 1. Kapitel Ziff. B.2.e), Fn. 231, 236.

c) Rechtsvergleichendes Ergebnis

Im Ländervergleich belegen die Fallbeispiele zunächst einmal eine gemeinsame Wertung. Beide Rechtsordnungen schützen das Prinzip des rechtlichen Gehörs, indem sie bereits den objektiven Tatbestand des Herbeiführens der Ersatzzustellung beschränken. Ein Wertungsunterschied zeigt sich bei der Rechtsfolge der jeweiligen Beschränkung. Das deutsche Recht lässt eine Gerichtsentscheidung über die Bewilligung der öffentlichen Zustellung nicht unwirksam werden, obwohl diese rechtsmissbräuchlich herbeigeführt wurde, wenn das Gericht den Fehler bei seiner Entscheidung nicht erkennen konnte. Gegen die Gerichtsentscheidung muss ein Rechtsmittel eingelegt werden. Ist ein solches – wie eben im Fall der öffentlichen Zustellung – nicht gegeben und der Einwand des Rechtsmissbrauchs im laufenden Verfahren aus formellen Gründen nicht mehr möglich, kann das Erschleichen der Zustellung nur noch im Wege eines sekundären Schadensersatzprozesses sanktioniert werden. Nur wenn es dem Gericht subjektiv möglich war, den Fehler zu erkennen, ist nach neuerer Ansicht bereits die Zustellung selbst unwirksam. Hieraus ist abzuleiten, dass das deutsche Recht dem Wert der Rechtssicherheit vor dem Wert der Einhaltung des rechtlichen Gehörs einen Vorrang einzuräumen scheint.

Das französische Recht nimmt auf die Rechtssicherheit wenig Rücksicht, indem es bei jedem objektiven Verstoß gegen die Voraussetzungen der Zustellungsregelungen die Nichtigkeit der Zustellung annimmt und damit ausschließlich die Gewährung des rechtlichen Gehörs absichert. Anders als in Deutschland muss zur Beschränkung des Herbeiführens einer Ersatzzustellung auch nicht auf eine allgemeine Rechtsmissbrauchsschranke zurückgegriffen werden; die Beschränkung folgt unmittelbar aus dem Gesetz. Die Verletzung des rechtlichen Gehörs des Zustellungsadressaten wird so durch die Nichtigkeit der Zustellung und aller sich aus ihr ergebenden nachfolgenden Prozesshandlungen restituiert.

Insgesamt ist das Ziel, möglichst keine Nachteile des Zustellungsempfängers aus der Verletzung des rechtlichen Gehörs zuzulassen, in der deutschen und französischen Rechtsordnung gleichermaßen, wenn auch mit unterschiedlicher Wertebetonung, verankert. Die juristische Methode, dieses Ziel zu erreichen, ist unterschiedlich. Das französische Recht bedarf einer Beschränkung durch eine allgemeine Rechtsmissbrauchsschranke nicht. Damit wird auch im Fall der Erschleichung einer bestimmten Zustellungsart die Vermutung einer gleichen praktischen Lösung in den beiden Rechtsordnungen bestätigt, jedoch nicht das Vorliegen völlig unterschiedlicher Wertungen.

3. Schlussfolgerungen

Aus den ausgewählten Beispielen lässt sich schließen, dass Manipulationshandlungen zur Herbeiführung einer erstrebten Rechtslage im französischen Zivilprozess nicht vermittels der französischen allgemeinen Rechtsmissbrauchsschranke unterbunden werden. Die Beispielsfälle bestätigen, was sich bereits aus der abstrakten Rechtsnatur des *abus de droit d`agir* und des *abus de procédure* ableiten ließ. Soweit auf einen Sachverhalt außerprozessual Einfluss genommen wird, um das Eingreifen oder Nichteingreifen eines bestimmten Prozessrechtsinstituts herbeizuführen, sind die Voraussetzungen der französischen allgemeinen Rechtsmissbrauchsschranke nicht erfüllt. Das Verhalten kann weder die missbräuchliche Ausübung des *droit d`agir* noch einer anderen prozessualen Befugnis darstellen, weil es außerhalb des Prozesses stattfindet. Demgegenüber unterfällt diese Fallgruppe im deutschen Recht dem Anwendungskreis der allgemeinen Rechtsmissbrauchsschranke.

Nach den Beispielen wird die Herbeiführung bestimmter Rechtslagen in beiden Ländern missbilligt. Die dabei verwandte rechtstechnische Lösung kann im Einzelfall unterschiedlichster Art sein und insbesondere auch zu einer prozessualen Beschränkung des Verhaltens führen. In beiden Rechtsordnungen begründet die Missbilligung der Herbeiführung bestimmter Rechtslagen damit, dass mit der Manipulationshandlung der gesetzlich bestimmte Zweck prozessualer Normen umgangen wird. Für das französische Recht ist nach den obigen Ausführungen[546] somit auch durchaus im Einzelfall an eine Beschränkung durch den Grundsatz „*fraus omnia corrumpit*" zu denken, soweit die Umgehung des gesetzlichen Zwecks durch Herbeiführung einer Ersatzzustellung von der Partei beabsichtigt war. Im Rahmen der Beispielsfälle kommen das deutsche wie das französische Recht letztlich zu dem Ergebnis, dass der „erschlichene" Vorteil im Prozess keine Berücksichtigung verdient. Diese gleiche praktische Lösung bedeutet zwangsläufig, dass eine kongruente Anwendung der allgemeinen Rechtsmissbrauchsschranke in Deutschland und Frankreich im Rahmen dieser Fallgruppe ausscheidet.

B. Zweckwidrige Ausübung einer prozessualen Befugnis

Zur Fallgruppe der zweckwidrigen Ausübung einer prozessualen Befugnis sollen Beispielsfälle verglichen werden, die in Deutschland zuletzt häufiger Gegenstand

546 Vgl. zu den Voraussetzungen des Grundsatzes „*fraus omnia corrumpit*": 1. Kapitel, B.2.d), S. 58.

von Entscheidungen zum Rechtsmissbrauch waren. Sie betreffen die rechtsmissbräuchliche Richterablehnung und die rechtsmissbräuchliche Anfechtungs-/bzw. Nichtigkeitsklage sowie das Einklagen von Minimalforderungen.

1. Die rechtsmissbräuchliche Richterablehnung

Bei der so genannten „missbräuchlichen Richterablehnung" will die ablehnende Partei einen unliebsamen Richter aus einem bereits anhängigen Prozess ohne sachlichen Grund entfernen. Die hinter einem ungerechtfertigten Ablehnungsgesuch stehenden Interessen einer Partei können vielfältig sein. Zunächst bietet die Ablehnung eines Richters der Partei im deutschen, wie im französischen Zivilprozess die Möglichkeit der Verfahrensverzögerung aus den unterschiedlichsten Motiven[547]. Daneben werden solche Anträge von den Parteien aber auch einfach aus querulatorischen Gründen oder übertriebenem Misstrauen erhoben[548].

Um dies zu erreichen, kann sie sich im deutschen Zivilprozess auf den Ablehnungsgrund der Besorgnis der Befangenheit gemäß § 42 Abs. 1 ZPO berufen. Die Befangenheit nimmt Bezug auf die Beziehungen des Richters zu den Prozessbeteiligten oder zum Verfahrensgegenstand und wird bejaht, wenn objektive und vernünftige Erwägungen geeignet erscheinen, ein Misstrauen gegen die Unparteilichkeit des Richters in Bezug auf eine sachliche Entscheidung zu rechtfertigen[549]. Maßstab der Prüfung ist der Standpunkt des Ablehnenden, nicht die Sichtweise des abgelehnten Richters oder derjenigen Richter, die über das Ablehnungsgesuch zu entscheiden haben[550]. Befangenheitsgründe können beispielsweise folgen aus dem Verhältnis des Richters zu einer Partei (etwa aus Verwandtschaft[551]) oder einem Prozessbevollmächtigten[552], aus dem Verhalten des Richters[553] oder seiner vorangegangenen Tätigkeit[554].

Im französischen Zivilprozessrecht macht die jeweilige Partei mit der Ablehnung eines Richters gemäß Art. 341 *nouv. C. pr. civ.*[555] ein so genanntes

547 Zeiss, S. 180.
548 Gloede, NJW 1972, 2067 (2068).
549 Rosenberg/Schwab/Gottwald, § 25 II 2., S. 132; Thomas/Putzo/Putzo, § 42 Rdnr. 9; Zöller/Vollkommer, § 42, Rdnr. 8ff.; OLG Saarbrücken NJW-RR 1994, 763 (764f.).
550 Schneider, S. 48.
551 Thomas/Putzo/Putzo, § 42 Rdnr. 10 ; Zöller/Vollkommer, § 42, Rdnr. 9.
552 Thomas/Putzo/Putzo, § 42 Rdnr. 11 ; Zöller/Vollkommer, § 42, Rdnr. 12.
553 Thomas/Putzo/Putzo, § 42 Rdnr. 12 ; Zöller/Vollkommer, § 42, Rdnr. 12a, 13.
554 Thomas/Putzo/Putzo, § 42 Rdnr. 13 ; Zöller/Vollkommer, § 42, Rdnr. 15ff.
555 Art. 341: *„La récusation d' un juge n'est admise que pour les causes déterminées par la loi.*

„droit de récusation" geltend[556]. Nach der Vorschrift ist die Ablehnung eines Richters nur in gesetzlich vorgesehenen Fällen zulässig. Obwohl die aufgelisteten Ablehnungsgründe ursprünglich limitativ gedacht waren[557], sicht die neuere französische Rechtsprechung und Literatur[558] darin keine abschließende Aufzählung der *récusations*-Gründe mehr. Diese werden vielmehr um die Vorgaben des Art. 6 der Europäischen Menschenrechtskonvention ergänzt. Liegt einer der gesetzlich fixierten Ablehnungsgründe vor, kommt es nicht mehr darauf an, ob der Richter tatsächlich parteiisch war. Dem Ablehnungsgesuch ist in diesem Fall stattzugeben[559]. Zu den acht in Art. 341 *nouv. C. pr. civ.* aufgezählten Arten von Ablehnungsgründen zählen zunächst solche, bei denen der Richter oder sein Ehepartner ein persönliches Interesse an dem Rechtsstreit haben[560], etwa der Richter oder sein Ehepartner Gläubiger, Schuldner[561], potentieller Erbe oder bis zum vierten Grad Verwandter einer der Parteien ist[562]. Weiter ist die *récusation* möglich, wenn der Richter oder sein Ehepartner im Rechtsstreit mit einer der Parteien steht[563], bereits vorher im aktuellen Rechtsstreit als Richter oder Berater invol-

---

Comme il est dit à l'article L. 731-1 du Code de l'organisation judiciaire «sauf dispositions particulières à certaines juridictions la récusation d'un juge peut être demandée:
«1o Si lui-même ou son conjoint a un intérêt personnel à la contestation;
«2o Si lui-même ou son conjoint est créancier, débiteur, héritier présomptif ou donataire de l'une des parties;
«3o Si lui-même ou son conjoint est parent ou allié de l'une des parties ou de son conjoint jusqu'au quatrième degré inclusivement;
«4o S'il y a eu ou s'il y a procès entre lui ou son conjoint et l'une des parties ou son conjoint;
«5o S'il a précédemment connu de l'affaire comme juge ou comme arbitre ou s'il a conseillé l'une des parties;
«6o Si le juge ou son conjoint est chargé d'administrer les biens de l'une des parties;
«7o S'il existe un lien de subordination entre le juge ou son conjoint et l'une des parties ou son conjoint;
«8o S'il y a amitié ou inimitié notoire entre le juge et l' une des parties;
«Le ministère public, partie jointe, peut être récusé dans les mêmes cas»".

556 Couchez, Rép. pr. civ., Rdnr. 1, 3 ; Guinchard/Pétel-Teyssié, Rdnr. 4497ff.

557 Com. 19.03.1991, Bull. civ. IV, n° 111 ; Civ. 2e, 14.12.1992, Bull. civ. II, n° 314; J.C.P. 1993.IV.551 ; Perrot, RTD civ. 1998, 744 (745) m. w. N.

558 Vgl. Guinchard/Pétel-Teyssié, Rdnr. 4502ff. m. w. N.; Civ. 1er, 28.04.1998, Bull.I, n° 155 ; Perrot, RTD civ. 1998, 744 (745); Cadiet, Rdnr. 1335.

559 Guinchard/Pétel-Teyssié, Rdnr. 4499ff.

560 Vgl. nur Couchez, Rép. pr. civ., Rdnr. 13 ; Guinchard/Pétel-Teyssié, Rdnr. 4504, 4508.

561 Vgl. nur Couchez, Rép. pr. civ., Rdnr. 14.

562 Vgl. nur Couchez, Rép. pr. civ., Rdnr. 15.

563 Vgl. nur Couchez, Rép. pr. civ., Rdnr. 16.

viert war[564] oder wenn der Richter (oder sein Ehepartner) das Vermögen einer der Parteien verwaltet[565] bzw. sonst ein Unterordnungsverhältnis zu einer der Parteien besteht[566]. Schließlich kann sich die Ablehnung auch auf eine ständige Freundschaft oder ein ständiges intimes Verhältnis zu einer der Parteien[567] gründen.

Der Form nach ist es in Deutschland gemäß § 44 ZPO erforderlich, einen Antrag auf Ablehnung wegen Befangenheit zu stellen und die dafür vorgetragenen Gründe mit den Mitteln des § 294 ZPO glaubhaft zu machen, wobei es genügt, auf das Zeugnis des abgelehnten Richters Bezug zu nehmen (§ 44 Abs. 2 S. 2 ZPO). Zeitlich kann der Richter gemäß § 43 ZPO nicht mehr abgelehnt werden, wenn sich der Ablehnende nach Kenntnis des Ablehnungsgrundes trotzdem in die Verhandlung eingelassen oder Anträge gestellt hat[568]. Die endgültige Zeitschranke für ein Ablehnungsgesuch ist die abschließende Entscheidung des Rechtsstreits durch unanfechtbare Entscheidung; eine instanzbeendende, aber noch anfechtbare Entscheidung ist nicht ausreichend[569].

In Frankreich ist für den Ablehnungsantrag gemäß Art. 343 *nouv. C. pr. civ.* erforderlich, dass die Partei diesen unverzüglich nach Kenntnis des Grundes stellt; danach ist die *récusation* gemäß Art. 342 *nouv. C. pr. civ.* unzulässig. Die endgültige Zeitschranke stellt die *clôture des débats*[570] dar[571]. Wie im deutschen

---

564 Vgl. nur Couchez, Rép. pr. civ., Rdnr. 18ff., Guinchard/Pétel-Teyssié, Rdnr. 4505.

565 Vgl. nur Couchez, Rép. pr. civ., Rdnr. 26, Guinchard/Pétel-Teyssié, Rdnr. 4507.

566 Vgl. nur Couchez, Rép. pr. civ., Rdnr. 27.

567 Vgl. nur Couchez, Rép. pr. civ., Rdnr.28, Guinchard/Pétel-Teyssié, Rdnr. 4508.

568 Vgl. nur LG Rostock NJW-RR 2002, 356.

569 BGHZ 141, 90 (93); BGHReport 2001, 218f.; BayOLG MDR 1988, 500; BGHZ 141, 90 (93) ; BayOLG MDR 1993, 471; OLG Düsseldorf OLGR 1993, 43 ; Zöller/Vollkommer, § 42 Rdnr. 4.

570 Die *clôture des débats* gemäß Art. 445 *nouv. C. pr. civ.* schließt die mündliche Verhandlung des zivilprozessualen Verfahrens ab. Hierbei handelt es sich nach der sogenannten Instruktionsphase um den zweiten Abschnitt des Verfahrens. Die mündliche Verhandlung hat den Zweck, die nach der Instruktionsphase verbleibenden maßgeblichen Fragen durch Dialog zwischen Gericht und Parteien zu klären. Sind die Parteivorträge beendet und hält sich das Gericht für ausreichend informiert, erklärt der Vorsitzende die mündliche Verhandlung für abgeschlossen. Nach dieser *clôture des débats* können die Parteien keine weiteren Anträge oder Ausführungen mehr zur Unterstützung ihrer ursprünglichen Anträge vorbringen. Hierzu gehören auch die sogenannten *notes en délibérés*, worunter man Parteivorbringen versteht, das in die Zeit der Urteilsberatung fällt und somit den Prozess verzögert. Vor der Einführung der *clôture des débats* wurden sie dazu benutzt, den Gegner zu überraschen und den Richter noch kurz vor der Urteilsfindung zu beeinflussen. Heutzutage sind die *notes en délibéré* nur noch in wenigen Fällen gesetzlich vorgesehen, vgl. nur Couchez, Rdnr. 273ff.; Vincent/Guinchard, Rdnr. 533-1.

Recht müssen die Gründe für die Ablehnung des Richters dargelegt und glaubhaft gemacht werden[572]; geschieht dies nicht, ist die „*demande de récusation*" unzulässig (Art. 344 *nouv. C. pr. civ.*).

a) Die Anwendung der allgemeinen Rechtsmissbrauchsschranke in Deutschland

Ein Ausgangsbeispiel für die moralbestimmte Beschränkung der beschriebenen Manipulation bietet der Beschluss des KG Berlin vom 28. Juli 2000[573]. Hier hatten die Beklagten eine Richterin am LG Berlin als Einzelrichterin abgelehnt. Ihr war für den bevorstehenden Verhandlungstermin ein zukünftiges Verhalten unterstellt worden, wie es angeblich – ohne dass dies glaubhaft gemacht worden wäre – der Vorsitzende Richter ihrer Zivilkammer in unbenannten Parallelsachen an den Tag gelegt habe. Die Einzelrichterin selbst erklärte das Ablehnungsgesuch durch Beschluss für unzulässig und wies es zurück. Die Beklagten legten dagegen sofortige Beschwerde ein.

Das KG Berlin wies die Beschwerde als unbegründet ab. Das Ablehnungsgesuch könne wegen Unzulässigkeit vom abgelehnten Richter selbst zurückgewiesen werden, wenn es rechtsmissbräuchlich sei. Dies sei immer dann zu bejahen, wenn das Verfahren durch die Ablehnung offensichtlich nur verschleppt werden solle und dadurch verfahrensfremde Ziele verfolgt würden[574]. Eine rechtsmissbräuchliche Absicht folge daraus, dass es dem Ablehnungsgesuch an objektiven und konkreten Gründen mangele, aus denen eine vernünftig und besonnen wertende Partei die Besorgnis der Befangenheit gerade der abgelehnten Richterin herleiten würde. Ein künftiges Verhalten der Richterin entsprechend einer Verfahrensweise des Vorsitzenden Richters der Zivilkammer in unbenannten Parallelsachen sei hierfür nicht ausreichend. Ablehnungsgründe aus anderen Verfahren seien grundsätzlich unbeachtlich, weil Zweck eines Ablehnungsgesuchs die Sicherung der Unparteilichkeit des Richters im streitgegenständlichen Verfahren sei. Dies gelte erst recht, wenn sich die Ablehnungsgründe auf andere Richter eines Spruchkörpers bezögen. Die für ein begründetes Ablehnungsgesuch erforderlichen Anhaltspunkte, dass die unterstellte Verfahrensweise der Richterin auf einer voreingenommenen, unsachlichen Einstellung gegenüber den Beklagten beruhte, seien nicht vorgetragen worden. Unter Berücksichtigung der Tatsache, dass die Beklagten von einem „in Ablehnungsgesuchen besonders erfahrenen" Prozessbevollmächtigten vertreten worden seien, ließen die Umstände des Ge-

571 Cass. civ. 2ᵉ 30.11.1978, Bull. civ. II, n° 262; 16.07.1987, Bull. civ. II, n° 158 ; Cass. 2ᵉ civ. 17.10.1990, Bull. civ. II, n° 206.

572 Guinchard/Pétel-Teyssié, Rdnr. 4507.

573 Az. 28 W 4994/00, juris Nr. KORE424742001.

574 Vgl. KG MDR 1983, 60 ; FamRZ 1985, 729.

suchs vielmehr erkennen, das die Beklagten versuchten, die zur Entscheidung des Rechtsstreits berufene gesetzliche Richterin von ihrer Amtstätigkeit auszuschließen, obwohl den Beklagten habe bekannt sein müssen, dass die dafür vorgetragenen Gründe ihre Ablehnung nicht rechtfertigen könnten. Auf eine Prozessverschleppungsabsicht deute schließlich auch hin, dass die Beklagten gleichlautende Ablehnungsgesuche in insgesamt drei parallel gelagerten Verfahren geltend gemacht hätten.

Die Entscheidung gibt die h. M.[575] wieder, wonach für die Bejahung des Rechtsmissbrauchs ein Verhalten der Partei mit der Zielrichtung der Verschleppung des Rechtsstreits maßgebend ist. In anderen Fällen beurteilte die Rechtsprechung ein Ablehnungsgesuch auch dann als rechtsmissbräuchlich, wenn es mit der Zugehörigkeit zu einer politischen Partei begründet wurde[576]; wenn ein Beschwerdeführer einen Richter wiederholt ohne ausreichende Gründe abgelehnt, bei nachteiliger Entscheidung eine Dienstaufsichtsbeschwerde oder Anzeige wegen Rechtsbeugung angebracht hatte[577], wenn ein Richter wegen Zugehörigkeit zu einem bestimmten Gericht[578] oder wegen vorangegangener Spruchtätigkeit abgelehnt wurde[579] oder wenn das Befangenheitsgesuch lediglich die Verlegung eines anberaumten Termins bezweckte[580]. Zusammenfassend lässt sich sagen, dass ein Rechtsmissbrauch bei der Richterablehnung stets bejaht wird, wenn ein Misstrauen der Partei gegenüber dem abgelehnten Richter in keiner Weise nachvollziehbar ist oder die Verfolgung der verfahrensfremden Ziele „greifbar" und zweifelsfrei feststehen[581].

Das Gericht entscheidet über das Ablehnungsgesuch gemäß § 46 Abs. 1 ZPO durch Beschluss. Nach bisher herrschender Ansicht[582] darf es den Antrag in sei-

---

575 So auch: OLG Frankfurt a. M. NJW-RR 1989, 569 (570); KGR Berlin 2001, 149f.; KG Berlin, MDR 1983, 60; KG Berlin, FamRZ 1985, 729 (730); OLG Köln NJW-RR 1997, 828; Brandenburgisches OLG FuR 2000, 384ff.; OLG Braunschweig MDR 2000, 846; LG Frankfurt a.M. NJW-RR 2000, 1088 (1090); OLG Köln NJW-RR 2000, 591 (592); Schneider, S. 84 ; Zeiss, S. 179ff.; Zöller/Vollkommer, § 42 Rdnr. 7; Thomas/Putzo/Putzo, § 42 Rdnr. 5, MüKoZPO/Feiber, § 44 Rdnr. 6; Baumbach/Lauterbach/Albers/Hartmann, § 42 Rdnr. 7.

576 BVerfGE 11, 1 (2f.).

577 BVerfGE 11, 343 (348).

578 BGH NJW 1974, 55 (56); OLG Köln NJOZ 2003, 449 (450f.) m. w. N.

579 BGH NJW 1992, 983 (984).

580 Brandenburgisches OLG FuR 2000, 384ff.

581 OLG Köln OLGR 1993, 93f.; OLG Brandenburg NJW-RR 2000, 1091; Thomas/Putzo/Putzo, § 42 Rdnr. 5, MüKoZPO/Feiber, § 44 Rdnr. 6.

582 RGZ 44, 402f.; BGH NJW 1974, 55 (56); BVerfG MDR 61, 26 (27); OLG Braunschweig MDR 200, 846; OLG Koblenz MDR 1985, 850; BGH NJW 1995, 1030; Brandenburgisches OLG FuR 2000, 384ff.; Zöller/Vollkommer, § 45 Rdnr. 4; Baumbach/Lauterbach/Albers/Hartmann, § 42 Rdnr. 7, § 45 Rdnr. 6; ablehnend:

ner bisherigen Besetzung – mit dem abgelehnten Richter – zurückweisen. Diese Auffassung steht im Gegensatz zu § 45 Abs. 1 ZPO, wonach das Gericht entscheidet, dem der Abgelehnte angehört, allerdings ohne dessen Mitwirkung; denn gerade dadurch soll eigentlich der allgemeinen Annahme einer Voreingenommenheit in eigenen Angelegenheiten Rechnung getragen und der Entscheidungsprozess objektiviert werden[583]. Beim Amtsgericht bedeutete dies gemäß § 45 Abs. 2 ZPO, dass grundsätzlich über das Ablehnungsgesuch ein anderer Richter dieses Amtsgerichts entscheiden müsste[584]. Die h. M. begründet die Ausnahme von diesem so genannten „Selbstentscheidungsverbot" des abgelehnten Richters damit, dass sich das Gericht in Missbrauchsfällen „inhaltlich" nicht mit dem Befangenheitsantrag auseinandersetzen müsse[585]. Diese auf Gewohnheitsrecht beruhende Ausnahme von der gesetzlichen Regelung wird auch nach der Reform des Zivilprozesses weiter vertreten[586]. Teilweise gestattet es die Rechtsprechung dem abgelehnten Richter sogar, bei einem „völlig eindeutigen" Rechtsmissbrauch in alleiniger Verschleppungsabsicht das Ablehnungsgesuch gänzlich unberücksichtigt zu lassen[587]. Ein als missbräuchlich eingestuftes Ablehnungsgesuch könne aber auch als unzulässig zurückgewiesen werden[588]. Mit der hierzu vertretenen Mindermeinung[589] kann jedoch diese Praxis gemessen an der neuen Regelung der ZPO nicht mehr überzeugen. Die Eindeutigkeit des nunmehr in § 45 ZPO kodifizierten Selbstentscheidungsverbotes kann nur bedeuten, dass der Gesetzgeber – in Kenntnis der bisherigen Praxis – gerade keine Ausnahmen mehr zulassen wollte. Ansonsten wäre eine Regelung zu erwarten gewesen, wie sie für den Strafprozess § 26a StPO trifft[590].

MüKoZPO – Aktualisierungsbd./Feiber, § 45 Rdnr. 19; Thomas/Putzo/Putzo, § 45 Rdnr. 1.

583 Hannich/Meyer-Seitz/Schwartze, § 45 Rdnr. 4; MüKoZPO – Aktualisierungsbd./Feiber, § 45 Rdnr. 16f.

584 Hannich/Meyer-Seitz/Schwartze, § 45 Rdnr. 8; Zöller/Vollkommer, § 45 Rdnr. 5; MüKoZPO – Aktualisierungsbd./Feiber, § 45 Rdnr. 8ff.

585 Hannich/Meyer-Seitz/Schwartze, § 45 Rdnr.6 m. w. N.

586 Hannich/Meyer-Seitz/Schwartze, § 45 Rdnr.6; Zöller/Vollkommer, § 45 Rdnr. 4; Baumbach/Lauterbach/Albers/Hartmann, § 45 Rdnr. 6.

587 Günther, NJW 1986, 281 (290); RGZ 44, 402f.; BVerfGE 11, 1 (5); BVerfGE 72, 51 (59); KG FamRZ 1986, 1023 (1025); OLG Naumburg, OLG-NL 1997, 262 (263); Baumbach/Lauterbach/Albers/Hartmann, § 42 Rdnr. 7 m. w. N.; Zöller/Vollkommer, § 42 Rdnr. 4.

588 Für alle: Zöller/Vollkommer, § 42 Rdnr. 6; Baumbach/Lauterbach/Albers/Hartmann, § 45 Rdnr. 6.

589 MüKoZPO – Aktualisierungsbd./Feiber, § 45 Rdnr. 19; Thomas/Putzo/Putzo, § 45 Rdnr. 1.

590 So auch MüKoZPO – Aktualisierungsbd./Feiber, § 45 Rdnr. 19; Thomas/Putzo/Putzo, § 45 Rdnr. 1.

Neben Entscheidungen, die eine Prozessverschleppung durch Richterablehnung einem Verstoß gegen Treu und Glauben zuordnen, finden sich auch solche, die sich ausdrücklich auf das fehlende Rechtsschutzbedürfnis berufen, also eine besondere Rechtsmissbrauchsschranke der allgemeinen vorziehen[591]. So sah z. B. das OLG Köln[592] in der gehäuften Einlegung unzulässiger Beschwerden und ständiger Ablehnung von beteiligten Rechtspflegern und Richtern wegen angeblicher Befangenheit einen Grund für die Verneinung des Rechtsschutzbedürfnisses. Ebenso verneinte das OLG Schleswig-Holstein das Rechtsschutzbedürfnis, wenn der Ablehnende die Befangenheit des Richters durch vorangegangene Beleidigungen und tätliche Angriffe vorsätzlich selbst herbeigeführt hat[593]. Im Ergebnis unterscheiden sich diese Kriterien aber nicht von denen der allgemeinen Rechtsmissbrauchsschranke[594]. Wie weiter oben bereits dargelegt[595] ist die Lehre vom fehlenden Rechtsschutzbedürfnis nach der im Rahmen dieser Arbeit vertretenen Auffassung nicht auf sämtliche prozessualen Befugnisse anzuwenden, so dass auch hier die allgemeine Rechtsmissbrauchsschranke als Beschränkung der verwerflichen Richterablehnung eintreten müsste.

Insgesamt lässt sich feststellen, dass das deutsche Recht die ohne sachlichen Grund erfolgte Ablehnung eines Richters missbilligt und ein solches Verhalten mit Hilfe der allgemeinen Rechtsmissbrauchsschranke sanktioniert. Indem es dabei aber eine Selbstentscheidung durch den abgelehnten Richter und sogar das schlichte Ignorieren des Gesuchs durch das Gericht zulässt, wird dem Interesse der gegnerischen Partei an einem zügigen Verfahrensfortschritt auch der Vorrang vor der gesetzgeberischen Grundentscheidung des § 47 ZPO[596] eingeräumt, wo-

---

591 OLG Köln OLGZ 1979, 471; OLGZ 1980, 350 (351); vgl. auch OLG Köln MDR 1979, 850.

592 OLG Köln OLGZ 1980, 350 (351).

593 Schleswig-Holsteinisches OLG SchlHA 1993, 238.

594 A. A. Gloede, NJW 1972, 2067ff.; Günther, NJW 1986, 281 (290); Pfister, S. 166ff., die die Prozessverschleppung durch Richterablehnung mit allgemeinen prozessualen Kategorien zu erfassen versuchen. Dabei werden Prozessinstitute wie das bereits erwähnte fehlende Rechtsschutzbedürfnis, die Statthaftigkeit des Ablehnungsgesuchs und die entgegenstehende Rechtskraft zur Begründung der Unzulässigkeit der Manipulationshandlung verwandt.

595 Vgl. oben unter 1. Kapitel, B.1.c), S. 35.

596 § 47 ZPO setzt dem abgelehnten Richter nach einem Ablehnungsgesuch eine Handlungssperre, das so genannte Enthaltungsgebot. Nur Tätigkeiten, die keinen Aufschub gestatten, dürfen von ihm ab Kenntnis des Ablehnungsgesuchs bis zur rechtskräftigen Entscheidung über das Ablehnungsverfahrens noch ausgeübt werden, vgl. OLG Koblenz NJW-RR 1992, 1464; OLG Karlsruhe NJW-RR 1997, 1350; a. A. OLG Frankfurt MDR 1992, 409f., wonach die Sperrwirkung bereits mit der Zurückweisung des Ablehnungsgesuchs ende.

nach zu jedem Zeitpunkt die Unparteilichkeit des gesetzlichen Richters zu gewährleisten ist[597].

b) Die Rechtslage in Frankreich

Zunächst begegnet die Einbeziehung des französischen Zivilprozessrechts in die rechtsvergleichende Betrachtung unerwarteten Problemen: Soweit ersichtlich finden sich keine publizierten Fälle, die auf die Behandlung von Sachverhalten eingehen, in denen eine Richterablehnung ohne sachlichen Grund beantragt wurde. Allein in der Literatur finden sich Hinweise, dass eine *récusation* in der Absicht der Prozessverzögerung als *abus de procédure* eingeordnet wird[598]. Auch hierfür mangelt es aber an konkreten Sachverhaltsbeispielen, welche Kriterien einer Verzögerungsabsicht aufzeigen würden.

Läge der Grund darin, dass die französischen Gesetze ein solches Verhalten nicht zuließen oder ihm präventiv erfolgreich entgegenwirkten, müsste sich dies durch die Prüfung einer hypothetischen Richterablehnung in Verzögerungsabsicht anhand der Gesetzeslage nachvollziehen lassen. Es ist daher statt einer Beispielsfallprüfung ein genauer Blick auf die systematische und dogmatische Einordnung der *récusation* zu werfen.

Die Beantragung der Richterablehnung, der „*demande de récusation*" stellt dogmatisch einen Zwischenstreit im Hauptverfahren und nicht etwa einen Gegenstand des *droit d'agir* dar[599]. Indem eine Partei die *récusation* beim Rechtspfleger des Gerichts einreicht, dem der betroffene Richter angehört[600], erhebt sie einen so genanntes „*moyen de procédure*"[601]. Der betroffene Richter erhält daraufhin eine Kopie des Antrags und muss sich – unabhängig von dessen Plausibilität – unverzüglich vom Prozess zurückziehen[602]. Während des *récusation* – Verfahrens ist die Instanz suspendiert. Nur in dringenden Fällen kann ein anderer Richter nach Art. 346 *nouv. C. pr. civ.* den Prozess einstweilen weiterführen. Nachdem der abgelehnte Richter den Antrag erhalten hat, muss er sich innerhalb von acht Tagen entscheiden, ob er die Ablehnung anerkennt oder sich ihr widersetzt (Art. 347 *nouv. C. pr. civ.*). Widersetzt er sich dem Antrag, weil er ihn beispielsweise für missbräuchlich hält, ist gemäß Art. 349 *nouv. C. pr. civ.* die *Cour d'appel* für die Entscheidung über die weitere Zulassung des Richters zuständig. In diesem Verfahren werden gemäß Art. 351 *nouv. C. pr. civ.* keine Schriftsätze

597 Gloede, NJW 1972, 2067 (2070).
598 Coudevylle-Loquet, S. 146.
599 Guinchard/Pétel-Teyssié, Rdnr. 4525.
600 Couchez, Rép. pr. civ., Rdnr. 41.
601 Coudevylle-Loquet, S. 146.
602 Cass. 1re civ. 10.05.1989, J.C.P. 1990. II. 21469.

ausgetauscht[603]. Die Widersetzungsgründe des Richters werden der antragsstellenden Partei nicht kommuniziert[604]. Allerdings muss nach der Rechtsprechung der *Cour de cassation*[605] nun zumindest die antragstellende Partei zwecks Einhaltung des rechtlichen Gehörs über das Datum der mündlichen Verhandlung informiert werden, um Gelegenheit zur Stellungnahme zu haben. Ein Rechtsmittel in Form einer *opposition* oder eines *appel* steht der antragsstellenden Partei im Fall der Ablehnung der *récusation* nicht zu[606].Wird die *récusation* wegen *abus de procédure* abgelehnt, kann die durch die Verzögerung des Prozesses benachteiligte Gegenpartei den Ersatz eines etwaigen Schadens verlangen. Auch kann das Gericht gemäß Art. 353 *nouv. C. pr. civ.*[607] fakultativ eine zivile Geldstrafe von zwischen 15 € bis 1.500 € bei Zurückweisung des Ablehnungsgesuch auferlegen[608]. Hierbei handelt es sich um eine potentielle Sanktion, der der Antragssteller der *récusation* im Falle einer zurückweisenden Entscheidung stets, unabhängig vom Grund der Zurückweisung und damit vom Vorliegen eines *abus de procédure*, ausgesetzt ist.

Es zeigt sich also, dass die rechtsmissbräuchliche Richterablehnung bereits vom Gesetzgeber antizipiert wurde und neben der Schadensersatzfolge wegen *abus de procédure* auch durch eine zusätzliche Geldstrafe sanktioniert werden kann.

c) Rechtsvergleichendes Ergebnis

Für beide Rechtsordnungen lässt sich die Anwendung der allgemeinen Rechtsmissbrauchsschranke feststellen, soweit eine Partei einen Richter im Verfahren aus Motiven ablehnt, die nicht vom Gesetzeszweck gedeckt sind. Der Grund für die Beschränkung ist übereinstimmend die zweckwidrige Ausübung der Befugnis, die alle Voraussetzungen eines Verstoßes gegen Treu und Glauben und die eines zurechenbaren fehlerhaften Verhaltens entgegen den Grundsätzen des *bon père de famille* erfüllt.

---

603 Cadiet, Rdnr. 1338; Guinchard/Pétel-Teyssié, Rdnr. 4530; Cass. civ. 2e, 20.11.1991, JCP 92, IV, 295; Cass. civ. 1re, 05.11.1991, JCP 92, IV, 108.

604 Civ. 2e, 19.11.1975, Bull. civ. II, n° 299; J.C.P. 1976. IV. 15.

605 Cass. 2e civ., 10.06.1998, Bull. Civ. II, n° 179; Cass. 2e civ., 28.06.2001, Bull. Civ. II, n° 126; vgl auch Guinchard/Pétel-Teyssié, Rdnr. 4530.

606 Couchez, Rép. pr. civ., Rdnr. 53; Guinchard/Pétel-Teyssié, Rdnr. 4532.

607 Art 353 *nouv. C. pr. civ.*: „*Si la récusation est rejetée, son auteur peut être condamné à une amende civile de 15 € à 1 500 € sans préjudice des dommages-intérêts qui pourraient être réclamés*".

608 Viatte, Gaz. Pal. 1978, S. 305 (306).

Trotz der unterschiedlichen Rechtsfolgen der in Deutschland und Frankreich geltenden allgemeinen Rechtsmissbrauchsschranken ergeben sich für die rechtsmissbräuchlich handelnde Partei fast gleiche praktische Auswirkungen. Rechtsfolge der Ausübung der missbräuchlichen *récusation* ist zunächst die Ablehnung des Antrages und die Wiedereinsetzung des Richters; in Deutschland wird das Ablehnungsgesuch nicht berücksichtigt bzw. als unzulässig zurückgewiesen und der Richter bleibt zuständig. Im Unterschied zu Deutschland kommt für die gegnerische Partei in Frankreich die Befugnis hinzu, Schadensersatz zu verlangen und dem Antragssteller droht grundsätzlich eine im Ermessen des Gerichtes stehende Geldstrafe. Ob eine *récusation* in Frankreich zurückhaltender als ein Ablehnungsgesuch in Deutschland geltend gemacht wird, weil die pekuniären Sanktionen augenscheinlich an die Ernsthaftigkeit eines solchen Antrages und die Prüfungspflichten des Antragsstellers erhöhte Anforderungen stellen, kann nicht beantwortet werden, liegt aber nahe. Kann nämlich ein Rechtsmissbrauch in Deutschland insoweit „folgenlos" unternommen werden, als „nur" das rechtsmissbräuchliche Ergebnis und seine prozessualen Folgen beseitigt und annulliert werden, kommt dem nicht die Präventionswirkung wie in Frankreich zu, wo der rechtsmissbräuchlich Handelnde zudem Gefahr läuft, auch pekuniäre Einbußen zu erleiden.

Auch im Rahmen dieses Fallbeispiels besteht aber zumindest bei den zwingenden prozessualen Rechtsfolgen eine gleiche praktische Lösung in beiden Rechtsordnungen. Hinter den rechtstechnisch ähnlichen Lösungswegen stehen offensichtlich auch gleiche Wertungen. In beiden Ländern wird der Versuch unternommen, einen gerechten Ausgleich zwischen dem Interesse der gegnerischen Partei am zügigen Fortgang des Verfahrens und dem des Gesetzgebers an einer ständigen Gewährung eines unparteiischen gesetzlichen Richters zu finden.

2. Klagen zur Verschaffung ungerechtfertigter Vorteile

Als weiteres Fallbeispiel für die zweckfremde Befugnisausübung soll ein Sachverhalt mit Bezug zu der in Deutschland zuletzt viel diskutierten Problematik der missbräuchlichen Anfechtungsklage von Minderheitsgesellschaftern untersucht werden. Es handelt sich um einen der häufigsten Anwendungsfälle der allgemeinen Rechtsmissbrauchsschranke im deutschen Zivilprozessrecht. Ein oder mehrere Gesellschafter erheben eine Klage, um einen Vorteil zu erlangen, der ihnen von Gesetzes wegen nicht zusteht. Dieser unberechtigte Vorteil, eigentliches Ziel und Interesse der klagenden Partei kann vielgestaltig sein; es kann sich um Geldzahlungen, Verschaffung von bestimmten Gesellschaftsämtern, von Krediten,

Rücknahme von Strafanträgen, den Erhalt bestimmter Lieferbeziehungen oder um das Ziel handeln, Einfluss auf eine Gesellschaft zu nehmen[609].

Die Gelegenheit zu solchem Vorgehen bietet in Deutschland die im Aktiengesetz geregelte Anfechtungs- bzw. Nichtigkeitsklage. Der Zweck der aktienrechtlichen Anfechtungsklage besteht gemäß §§ 243ff. AktG in der Kontrolle von Beschlüssen der Hauptversammlung auf ihre Rechtmäßigkeit. Sie soll die Rechtsordnung wahren und den Minderheitsaktionären die Möglichkeit geben, ihre berechtigten mitgliedschaftlichen Aktionärsinteressen gegen eine Mehrheit zu verteidigen[610]. Mit der Anfechtungsklage können gemäß § 243 Abs. 1 AktG Fehler bei der Abstimmung, Satzungswidrigkeiten sowie Verstöße gegen das Gesetz oder die der Mehrheit gegenüber der Minderheit obliegende Treuepflicht geltend gemacht werden[611]. Der anfechtbare Beschluss bleibt wirksam, bis er aufgrund der Anfechtungsklage durch Urteil für nichtig erklärt worden ist. Ähnlich verhält es sich mit der Nichtigkeitsklage nach § 249 AktG, die bei Vorliegen spezieller Gründe gemäß § 241 AktG erhoben werden und zur Nichtigkeit von Hauptversammlungsbeschlüssen führen kann. Im Verhältnis zur Anfechtungsklage stellt sie eine Ausnahmeregelung dar[612]. Ist eine Anfechtungs- oder Nichtigkeitsklage erfolgreich, müssen die Folgen der angefochtenen Beschlüsse rückabgewickelt werden.

Die Eignung dieser Klagearten zur Verfolgung eines rechtsmissbräuchlichen Zwecks ergibt sich aus einem „Nebeneffekt“: Für die Dauer des gerichtlichen Verfahrens wird die praktische Umsetzung der zu überprüfenden Beschlüsse durch mit den Klagen verbundenen Rechtsfolgen[613] verzögert. Dies kann erhebliche, vor allem finanzielle Schäden für die Gesellschaft zur Folge haben[614]. Minderheitsgesellschafter nutzen dieses „Damoklesschwert“, um mit Hilfe der Anfechtungs- oder Nichtigkeitsklage Hauptversammlungsbeschlüsse von großer wirtschaftlicher Tragweite für die Aktiengesellschaft zu blockieren und sich dann die Klagerücknahme gegen hohe Abfindungen von der Gesellschaft abhandeln zu lassen. Um die für die Anfechtungs- und Nichtigkeitsklage notwendige Aktionärseigenschaft zu besitzen, werden von den Klägern oft gezielt nur wenige Ak-

609 Vgl. für das deutsche Recht: Hopt/Wiedemann/Schmidt, § 245 Rdnr. 56; MüKo-AktG/Hüffer, § 245 Rdnr. 53ff.; Hüffer, Rdnr. 24.
610 Heckschen ZIP 1989, 1168 (1172); Henze, ZIP 2002, 97.
611 BGHZ 103, 184 (193ff.).
612 Hüffer, § 241 Rdnr. 5.
613 Insbesondere zu den Problemen der Aussetzung einer Eintragungsverfügung durch das Registergericht sowie der gesetzlichen „Registersperren“ und ihrer Überwindung vgl. ausführlich Hopt/Wiedemann/Schmidt, § 245 Rdnr. 77ff.; MüKoAktG/Hüffer, § 245 Rdnr. 13.
614 Henze, ZIP 2002, 97 (100).

tien, teilweise erst kurz vor der Hauptversammlung erworben. Die von der Aktiengesellschaft für die Klagerücknahme aufzuwendende Gegenleistung kann dabei offen durch Zahlung, aber auch durch Abkauf der Aktien der Anfechtungskläger zu überhöhten Preisen oder durch fingierte Beraterverträge erfolgen. Der sich aus der Anfechtungsklage ergebene Schaden ist für die Gesellschaft meist wesentlich höher als die von den Minderheitsaktionären verlangte Summe für die Rücknahme der Klage[615].

Im französischen Recht stellt sich wegen der unterschiedlichen Gesetzessystematik die zur Rechtsvergleichung heranzuziehende Manipulationshandlung etwas anders dar. Die Anfechtung ist im französischen Recht nicht als außergerichtliches Gestaltungsrecht vorgesehen. Die Nichtigkeit von Rechtsgeschäften muss von den Berechtigten grundsätzlich im Wege der Klage geltend gemacht werden. Das Gericht spricht diesbezüglich ein Gestaltungsurteil aus[616]. So verhält es sich auch bei fehlerhaften Hauptversammlungsbeschlüssen. Eine der deutschen Anfechtungsklage entsprechende Funktion zur Verteidigung der Rechtsordnung erfüllt die *action en nullité*, die Nichtigkeitsklage im Sinne von Art. 360 des Gesetzes vom 24.07.1966. Nach ständiger französischer Rechtsprechung sind die Anforderungen an das Klagerecht, die *action*, für eine solche Nichtigkeitsklage nach dem Zweck der auszusprechenden Nichtigkeit im Einzelfall variabel[617]. Das Prinzip lautet[618]: « *...toute personne justifiant d'un intérêt légitime dispose de l'action tendant à faire déclarer la nullité d'un acte ou d'une délibération d'une société commerciale affectés d'un vice de portée générale, tandis que la nullité ayant pour objet la protection d'intérêts particuliers ne peut être invoquée que par la personne ou le groupe de personnes dont la loi assure la protection* ». Soweit also die Nichtigkeitsklage einen Mangel des Beschlusses von allgemeiner Bedeutung sanktionieren soll, ist jede Partei klagebefugt, die gemäß Art. 31 *nouv. C. pr. civ.* ein legitimes Interesse am Klagerfolg nachweist. Bezieht sich die Nichtigkeit auf eine Norm, die nur dem Schutz bestimmter Interessen einer besonderen Personengruppe zu dienen bestimmt ist, steht die Klagebefugnis nur den Angehörigen dieser Personengruppe zu. Es kann sich bei dem legitimen Interesse um ein rechtliches oder materielles handeln[619]; vorausgesetzt wird aber, dass tatsächlich ein direkter Zusammenhang zwischen dem Interesse des Klägers und der für nichtig zu erklärenden Irregularität besteht[620]. Wird die *action en nullité* ausgeübt, sollen satzungsändernde Beschlüsse nichtig sein, wenn dies Nor-

615 Henze, ZIP 2002, 97 (101).
616 Ferid/Sonnenberger, Bd. 1/1, Rdnr. 1 F 915.
617 Hannoun, RTD com. 1993, 227 (228), Merle, Rdnr. 69.
618 Com. 17.01.1989, Bull. Joly 1989. 247.
619 Hannoun, RTD com.1993, 227 (231).
620 Hannoun, RTD com. 1993, 227 (234).

men des Gesellschaftsrechts oder des Gesellschaftsvertrages ausdrücklich bestimmen. Andere – nicht satzungsändernde – Beschlüsse sollen dagegen schon dann nichtig sein, wenn sie eine zwingende gesellschafts- oder vertragsrechtliche Norm verletzen, auch wenn diese die Nichtigkeitsfolge nicht ausdrücklich vorsieht. Die Rechtsfolge der Nichtigkeitsklage ist folglich grundsätzlich eine Annullierung des Beschlusses *ex tunc*.

Die *action en nullité* gemäß Art. 360 des Gesetzes vom 24. 07. 1966 löst nicht die gleichen, oben beschriebenen Nebeneffekte der deutschen Nichtigkeitsklage aus. Sie eignet sich daher nicht, die gegnerische Partei durch die Langwierigkeit des Verfahrens unter Druck zu setzen. Dies liegt daran, dass ihr kein Suspensiveffekt zukommt und die Beschlussumsetzung sich somit nicht durch eine lange Verfahrensdauer verzögert. Viele Nichtigkeitsklagen werden im Rahmen eines summarischen Eilverfahrens geführt[621]. Gleichwohl kann die Nichtigkeitsklage genutzt werden, um sich neben dem eigentlichen Klageziel einen anderen, zu missbilligenden Vorteil zu verschaffen bzw. ein nicht ihrem Zweck entsprechendes anderes Ziel zu erreichen, das je nach Einzelfall unterschiedlich sein kann.

Daneben ist als Beispiel für die Rechtsvergleichung noch auf eine andere Klageart einzugehen, die so genannte allgemeine Aktionärsklage auf Schadensersatz, die *action personelle ut singuli* gemäß Art. 242 Abs. 1 des Gesetzes vom 24.07.1966. Mit dieser Klageart kann jeder Aktionär seinen eigenen Schaden geltend machen, der kausal auf das Fehlverhalten der Gesellschaftsorgane zurückzuführen ist. Diese Schadensersatzklage steht jedem Aktionär unabhängig von seinem Aktienanteil zu[622]. Für die Zulässigkeit der Klage muss bei dem Aktionär tatsächlich ein Eigenschaden vorliegen[623]. Zusätzlich muss der jeweilige Kläger zum Zeitpunkt der Klageerhebung die Aktionärseigenschaft besitzen und bis zur Verfahrensbeendigung beibehalten[624].

Zur Erlangung ungerechtfertigter Vorteile machen sich die Kläger in Frankreich oft zu nutze, dass das Fehlverhalten der gegnerischen Partei, das kausal für den Schaden sein soll, die Voraussetzungen eines Straftatbestandes erfüllen könnte. Die zivilrechtliche Schadensersatzklage wird mit dem Ziel erhoben, sich die Rücknahme oder schon die „Nichterhebung“ der Klage bezahlen zu lassen, um mit ihr verbundene faktische Nachteile wie etwa strafrechtliche Ermittelungen, aber auch rufschädigende Wirkungen in der Öffentlichkeit zu vermeiden. Zumeist erwerben auch hier die künftigen Kläger erst nach dem behaupteten

621 Bellinghausen, S. 195; ausführlich zum so genannten „*référé* – Verfahren“, Weber, Neue Methoden, S. 143ff.

622 Sortais, Rép. dr. soc., Rdnr. 34.

623 Sortais, Rép. dr. soc., Rdnr. 35 ; Merle, Rdnr. 409.

624 Sortais, Rép. dr. soc., Rdnr. 37 m. w. N. ; Merle, Rdnr. 411.

Fehlverhalten der Gesellschaftsorgane nur wenige Aktien oder geringe Gesellschaftsanteile, um die Voraussetzungen für den aktienrechtlichen Schadensersatzanspruch zu schaffen. Von der französischen Börsenaufsicht, der *Commission des Opérations de Bourse,* werden derartige Aktionäre als *„minoritaires professionnels"* bezeichnet[625].

Während die missbräuchliche Anfechtungs- oder Nichtigkeitsklage in Deutschland bezweckt, mit dem allein durch ein Gerichtsverfahren entstehenden wirtschaftlichen Schaden für die Gesellschaft zu drohen, ergibt sich das Druckmittel der Kläger der französischen *action personelle ut singuli* aus den künftigen Folgen des behaupteten Verstoßes für die Beklagten selbst.

a) Die Anwendung der allgemeinen Rechtsmissbrauchsschranke in Deutschland

Auch hier liegt wieder die Anwendung der allgemeinen Rechtsmissbrauchsschranke nahe, um solches Verhalten einzudämmen. Auf diesen Problemkreis geht auch eine Grundsatzentscheidung des BGH vom 22.05.1989[626] zur Anfechtungsklage ein. Im zugrunde liegenden Rechtsstreit hatten Minderheitsaktionäre der Beklagten eine Anfechtungsklage gegen einen Beschluss der Hauptversammlung zum Entwurf eines Verschmelzungsvertrages erhoben. Nach ihrer Behauptung war der Beschluss rechtswidrig ergangen, weil der vom Vorstand gemäß § 340 a AktG vorzulegende Verschmelzungsbericht gesetzeswidrig keine Angaben zu den Bewertungsgrundlagen enthalten hatte. Die Beklagte wandte dagegen u. a. ein, die Anfechtungsklage sei rechtsmissbräuchlich, denn die Kläger verfolgten offensichtlich das Ziel, sich den „Lästigkeitswert" ihres Vorgehens außergerichtlich abkaufen zu lassen. Während das Landgericht die Klage abgewiesen hatte, erklärte das Berufungsgericht[627] den angefochtenen Hauptversammlungsbeschluss für nichtig. Es hielt das Verhalten der Kläger nicht für rechtsmissbräuchlich, weil die Anfechtungsklage in der Sache begründet sei.

Auf die Revision der Beklagten bejahte der BGH die Möglichkeit eines rechtsmissbräuchlichen Handelns durch Erhebung der Anfechtungsklage, obwohl auch er die Anfechtungsklage sachlich für begründet hielt. Die Anfechtungsklage könne, auch wenn sie grundsätzlich im allgemeinen Interesse liegenden Kontrollzwecken diene und die Wahrnehmung eines Eigeninteresses für sie nicht erforderlich sei[628], aufgrund von eigensüchtigen, mithin rechtsmissbräuchlichen Zwecken erhoben worden sein. Lediglich ein „institutioneller" Rechtsmissbrauch,

---

625 Cosson, D. 1979, 124.

626 BGHZ 107, 296ff. („Kochs Adler").

627 OLG Hamm DB 1988, 1842 (1845).

628 BGHZ 107, 296 (309).

bei dem die Rechtsausübung gegen den Zweck des geltend gemachten Rechts verstoße, sei durch die sachliche Begründetheit ausgeschlossen; es bleibe aber die Möglichkeit eines „individuellen" Rechtsmissbrauchs erhalten, bei dem eine an sich institutsgemäße Rechtsausübung das Treuegebot gegenüber dem Verpflichteten oder das Sittengebot verletze[629]. Ein derartiger individueller Rechtsmissbrauch sei schon dann zu bejahen, wenn ein Kläger die Anfechtungsklage mit dem Ziel erhebe, die Gesellschaft in grob eigennütziger Weise zu einer Leistung zu veranlassen, auf die er keinen Anspruch habe und die er billigerweise auch nicht verlangen könne[630]. Ausreichend hierfür sei, dass der Kläger sich von der Vorstellung leiten lasse, die verklagte Gesellschaft werde die von ihm angestrebte Leistung in der Hoffnung erbringen, den Eintritt anfechtungsbedingter Nachteile und Schäden soweit als möglich vermeiden zu können. Eines strafrechtlich relevanten Verhaltens oder Verstoßes gegen die gesellschaftliche Treuepflicht bedürfe es nicht[631]. Einen unangemessenen Sondervorteil stelle es stets dar, wenn die Gewährung des Vorteils durch die Gesellschaft rechtlich unzulässig sei[632] und es sich somit nicht um eine Abfindung für einen tatsächlich durch den angefochtenen Beschluss entstandenen Schaden handele[633]. Hierher gehörten auch Zahlungen als ausschließliches Korrelat des Lästigkeitswertes der erhobenen Aktionärsklage, die einen Verstoß gegen die Kapitalerhaltungsvorschriften darstellen könnten[634].

Die Entscheidung repräsentiert die h. M. von Rechtsprechung und Literatur in Deutschland[635], wonach die Missbräuchlichkeit nicht an der Rechtmäßigkeit oder Rechtswidrigkeit des angefochtenen Beschlusses, sondern an den der Klage zu-

---

629 BGHZ 107, 296 (308); a. A. Mestmäcker, S. 14; ders., BB 1961, 945 (951f.); Bokelmann, BB 1972, 733 (736f.), wonach die Funktion der Anfechtungsklage – die Beseitigung der rechtswidrigen Hauptversammlungsbeschlüsse - eine Berücksichtigung privater Motive des anfechtenden Aktionärs gänzlich ausschließe.

630 BGHZ 107, 296 (311).

631 BGHZ 107, 296 (311ff.).

632 Hirte, BB 1988, 1469 (1473); Heuer, WM 1989, 1401 (1406); Windbichler, S. 35ff.

633 Ausf. KK/Zöllner, § 245 AktG Rdnr. 80.

634 Vgl. ausf. Bellinghausen, S. 146f.; Hirte, BB 1988, 1469 (1473) und (1471 Fn. 11).

635 BGHZ 107, 296 (309); ebenso: OLG Köln WM 1988, 1792 (1795); BGH ZIP 1989, 1388 (1389f.); BGH NJW 1989, 2689ff.; BGH NJW 1990, 322f.; BGH WM 1990, 140 (144f.); BGH ZIP 1990, 985 (989ff.); BGH WM 1990, 2073 (2076); OLG Karlsruhe WM 1992, 654 (656); BGH NJW 1992, 569ff.; OLG Frankfurt NJW-RR 1996, 417 (418f.); Diekgräf, WuB II A. § 243 AktG 5.92 S. 1290 (1291); Werner, WuB II A. § 243 AktG 3.92 S. 1054 (1056); MüKoAktG/Hüffer, § 245 Rdnr. 52; Pfister, S. 191; Hüffer, Rdnr. 23; Zeiss, S. 89ff.; Teichmann, JuS 1990, 269 (271), der jedoch auf das Rechtsschutzbedürfnis abstellt; Diekgräf, S. 232ff.; Henn, Rdnr. 919; Hopt/Wiedemann/Schmidt, § 245 Rdnr. 50; a. A. Radu, ZIP 1992, 303 (307ff.); Slabschi, S. 128f., 150ff.

grunde liegenden sachfremden und gesellschaftsschädlichen Motiven zu messen ist. Maßgebend für die Bejahung des Rechtsmissbrauchs ist damit die zweckfremde Erhebung der Anfechtungsklage[636]. Anknüpfungspunkt ist das vom Kläger verfolgte Eigeninteresse, das nicht mehr durch den Schutz mitgliedschaftlicher Belange oder das Ziel der Durchführung einer Rechtsmäßigkeitskontrolle gerechtfertigt wird[637]. Es erfolgt also eine Interessenabwägung dahingehend, ob die Klage zu anderen Zwecken als der Kontrolle des Beschlusses erhoben worden ist. Hauptargument für eine Zweckentfremdung ist die Verknüpfung der Klagerücknahme mit einer objektiv unangemessenen Leistung der Gesellschaft, auf die der klagende Gesellschafter keinen Anspruch hat[638].

Das verfolgte missbilligungswürdige Eigeninteresse kann dabei – soweit nicht anders beweisbar – durch bestimmte objektive Merkmale indiziert sein[639]. Auch dann muss aber letztlich das missbräuchliche Verhalten aus der Gesamtwürdigung aller Umstände des Einzelfalls abgeleitet werden[640]. Allgemein anerkannte Missbrauchsindizien sind die Schädigungsabsicht[641], die evident aussichtslose Anfechtungsklage[642] sowie die Empfangnahme oder Forderung einer unverhältnismäßigen Gegenleistung im Fall der Klagerücknahme oder Erledigungserklärung[643]. Zusätzliche Indizien können das Zahlungsverlangen[644], das wiederholte Erheben von Anfechtungsklagen[645] oder der Besitz weniger Aktien sein, die erst kurz vor der Hauptversammlung erworben wurden[646]. Ausschlaggebend ist insbesondere das Verhandeln über den Klageabkauf[647]; dabei soll es unerheblich sein, ob der Kläger selbst die Initiative zu den Verhandlungen ergreift oder ab-

---

636 Hopt/Wiedemann/Schmidt, § 245 Rdnr. 53; MüKoAktG/Hüffer, § 245 Rdnr. 53; KK/Zöllner, § 245 Rdnr. 79.

637 Teichmann, JuS 1990, 269 (273); KK/Zöllner, § 245 AktG Rdnr. 80.

638 Hopt/Wiedemann/Schmidt, § 245 Rdnr. 57; die bezweckte Leistung darf daher zu den durch den angefochtenen Beschluss erlittenen wirtschaftlichen und rechtlichen Nachteilen und den durch die Rechtsverfolgung entstandenen Aufwendungen in keinem angemessenen Verhältnis stehen.

639 Hopt/Wiedemann/Schmidt, § 245 Rdnr. 53; MüKoAktG/Hüffer, § 245 Rdnr. 57; Hüffer, Rdnr. 25.

640 BGH WM 1990, 2073, (2076); BGH ZIP 1990, 168 (171ff.); OLG Köln WM 1988, 1792 (1797).

641 MüKoAktG/Hüffer, § 245 Rdnr. 57; KK/Zöllner, § 245 AktG Rdnr. 81.

642 BGH NJW 1990, 2747ff.

643 BGH NJW 1992, 2821ff.; BGH NJW 1992, 569ff.

644 BGH NJW 1992, 569 (571).

645 Bellinghausen, S. 163.

646 Bellinghausen, S. 157f; OLG Karlsruhe WM 1991, 1755ff.

647 OLG Frankfurt WM 1990, 2116 (2119).

wartet, ob sich die Gesellschaft mit Rücksicht auf die Klageerhebung meldet[648]. Irrelevant ist auch, zu welchem Zeitpunkt des gerichtlichen Verfahrens der Kläger mit der Klage einen funktionswidrigen Zweck verbindet. Daher genügt für die Bejahung missbräuchlichen Verhaltens, dass die Anfechtungsklage erst nach ihrer Erhebung zweckentfremdet wird[649]. Im Rahmen der durch die Anfechtungsklage gewährten Möglichkeit der Rechtskontrolle muss also der Einzelne die Grenzen respektieren, die seiner privaten Initiative durch den Grundsatz von Treu und Glauben gezogen sind[650].

Ergänzend soll noch die Anwendung der allgemeinen Rechtsmissbrauchsschranke bei der Nichtigkeitsklage anhand eines aktuellen Urteils des OLG Stuttgart vom 10.01.2001[651] untersucht werden. Auch hier wird das praktische Zusammenspiel der Indizien für einen Rechtsmissbrauch deutlich: Die Klägerin, eine Aktionärsvereinigung, begehrte als Aktionärin der beklagten AG die Feststellung der Nichtigkeit eines Hauptversammlungsbeschlusses. Die Klägerin rügte Satzungsverstöße und dass die Hauptversammlung der Beklagten nicht ordnungsgemäß einberufen worden sei. Vorausgegangen war folgendes: Dem Vorstand der Klägerin, dem bei deren Auflösung auch das Vereinsvermögen zugestanden hätte, kam eine beherrschende Stellung innerhalb der klagenden Aktionärsvereinigung zu. Zum Zeitpunkt der Hauptversammlung war die Klägerin noch gar nicht Aktionärin der Beklagten gewesen. Ihr Vorstand hatte vielmehr als Vertreter eines anderen Aktionärs an der Hauptversammlung teilgenommen und in dessen Namen in der Hauptversammlung bzgl. des Beschlusses zu Protokoll Widerspruch eingelegt. Darauf hatte der Vorstand der jetzigen Klägerin zunächst eine (andere) Anfechtungsklage als Vertreter dieses Aktionärs eingelegt, dem er volle Kostenübernahme für die Klage zugesagt hatte. Trotzdem hatte dieser Aktionär die Klage gegen den Willen des für ihn klageführenden Vorstandes der jetzigen Klägerin noch vor der mündlichen Verhandlung zurückgenommen. Erst daraufhin hatte die jetzige Klägerin, vertreten durch ihren Vorstand, selbst die Nichtigkeitsklage erhoben. Die für die Klage notwendige Aktionärseigenschaft hatte die Klägerin erst durch Aktienerwerb von dem durch ihren Vorstand vertretenen Aktionär erworben. Es handelte sich dabei nur um eine geringe Zahl von Aktien.

Das OLG Stuttgart hielt die Nichtigkeitsklage für rechtsmissbräuchlich und wies sie als unzulässig zurück. Ausschlaggebend sei nicht, dass die für die Nichtigkeitsklage erforderliche Aktionärseigenschaft im Zeitpunkt der Beschlussfas-

648 BGH ZIP 1991, 1577 (1578f.), BGH ZIP 1990, 168 (171f.); BGH ZIP 1990, 1560 (1563f.); MüKoAktG/Hüffer, § 245 Rdnr. 54.
649 BGHZ 107, 296 (313f.); BGH ZIP 1991, 1391 (1393f.); Hüffer, Rdnr. 24.
650 Pfister, S. 191.
651 OLG Stuttgart DB 2001, 321ff.

sung in der Hauptversammlung noch nicht vorgelegen habe[652]. Auch für den Rechtsmissbrauch bei der Nichtigkeitsklage sei zunächst vorauszusetzen, dass *„der Kläger in Wahrheit weder berechtigte Interessen als Teilhaber des Unternehmens, noch allgemeine Aktionärsinteressen verfolge, sondern sein Klagerecht in zweckentfremdender Weise dazu nutze, sachfremde eigennützige Interessen zu verfolgen"*[653]. Für die Annahme der Rechtsmissbräuchlichkeit komme es daher auf die Gesamtbetrachtung des Einzelfalls an, bei der – wie bei der Anfechtungsklage – in der Regel mehrere Indizien vorliegen müssten[654]. Ein solches Indiz liege unter anderem in der Kostenübernahme für eine Aktionärsklage, von deren Rechtsfolgen ein Nichtaktionär gar nicht habe profitieren können; daher seien mit der Klage offenbar andere Vorteile bezweckt gewesen. Dazu deute der späte Erwerb einer nur geringen Anzahl von Aktien *nach* der Hauptversammlung und nach Rücknahme der Klage durch den anderen Aktionär darauf hin, dass es dem Kläger nicht um den Erwerb der Aktien als Anlageobjekte, sondern um die formelle Legitimation für eine aktienrechtliche Klageerhebung gegangen sei. Die Gesamtbewertung des Sachverhaltes unter Berücksichtigung weiterer eindeutiger Beweise ergebe, dass der Vorstand der Klägerin seine rechtsmissbräuchliche Vorteilsverschaffung zunächst ganz ohne eigene Aktien und – „notgedrungen" durch die Klagerücknahme des von ihm vertretenen Aktionärs – erst später mit eigenen Aktien habe durchsetzen wollen. Auch für die Nichtigkeitsklage sind nach alledem die zur missbräuchlichen Anfechtungsklage beschriebenen Kriterien maßgebend.

Einer genaueren Betrachtung bedürfen die Sanktionen für rechtsmissbräuchliche Anfechtungs- bzw. Nichtigkeitsklagen. Der ursprüngliche § 200 Abs. 2 AktG von 1937[655], der eine spezielle Schadensersatzregelung für den Fall missbräuchlicher Anfechtungsklagen vorsah, wurde nach 1965 für keine der beiden Klagen in das AktG übernommen. Der Gesetzgeber hielt die Regelung für eine ungerechtfertigte Benachteiligung des Anfechtungsklägers im Vergleich zu anderen Verfahren ohne eine solche Schadensersatzregelung. Eine Schadensersatzpflicht könne sich daher nur unter den Voraussetzungen des § 826 BGB ergeben,

---

652 Vgl. Hüffer, § 249 Rdnr. 5; OLG Celle AG 1984, 266 (268), wonach im Gegensatz zur Anfechtungsklage der maßgebliche Zeitpunkt der für die Nichtigkeitsklage erforderlichen Aktionärseigenschaft nicht der Zeitpunkt der angegriffenen Beschlusshandlung, sondern der Tag der Klageerhebung ist.

653 OLG Stuttgart, DB 2001, 321 (322).

654 Vgl. auch BGH DB 1992, 1567f.

655 § 200 Abs. 2 AktG 1937: „Für einen Schaden aus unbegründeter Anfechtung sind der Gesellschaft die Kläger, denen Vorsatz oder grobe Fahrlässigkeit zur Last fällt, als Gesamtschuldner verantwortlich".

eine strengere Haftung sei nicht notwendig[656]. Unbestritten ist demnach die primäre Rechtsfolge für rechtsmissbräuchliches Verhalten die Abweisung der Anfechtungsklage durch das Gericht[657].

Bei der Nichtigkeitsklage soll diese wegen Unzulässigkeit erfolgen[658]. Bei der missbräuchlichen Anfechtungsklage ist jedoch streitig, ob die Abweisung wegen Unzulässigkeit oder Unbegründetheit zu erfolgen hat. Die herrschende Rechtsprechung und Literatur[659] gehen letztlich von einer Unbegründetheit der Klage aus. Der Missbrauch der Anfechtungsklage beziehe sich nicht auf eine prozessuale Befugnis, sondern auf das materielle Anfechtungsrecht. Denn bei der Anfechtung handele es sich um ein außerprozessuales Gestaltungsrecht, das nur aus Gründen der Rechtssicherheit von Gesetzes wegen durch Klage geltend zu machen sei[660]. Zur Abweisung der Anfechtungsklage wegen Unzulässigkeit könne es nur dann kommen, wenn nicht schon das materielle Gestaltungsrecht beschränkbar sei, sondern das prozessuale Verhalten selbst den Rechtsmissbrauch begründe[661].

Nach anderer Ansicht[662] wird dagegen argumentiert, dass bei Gestaltungsklagen, mit denen im öffentlichen Interesse die Rechtmäßigkeitskontrolle eines Zustands begehrt wird, kein materielles Gestaltungsrecht bestehe. Letzteres werde durch die eigenständige Form der Gestaltungsklage gerade zurückgedrängt, so dass die im Prozess geltend gemachte Anfechtungsbefugnis von dem materiellen Anfechtungsrecht zu unterscheiden sei[663]. Ein materielles Gestaltungsrecht, welches ohne Einschaltung des Gerichts Rechtsfolgen auslöst und den Klageweg nur für die Rechtsklarheit benötige, liege nicht vor[664]. Schließlich werde allein die Befugnis missbraucht, den Beschluss dem gerichtlichen Gestaltungsverfahren zu unterwerfen, nicht ein der Gesellschaft gegenüber eingeklagter materiellrechtli-

---

656 Vgl. bei Hopt/Wiedemann/Schmidt, § 245 Rdnr. 48 m. w. N., Bellinghausen, S. 174.

657 BGHZ 107, 296 (297); BGH NJW-RR 1990, 350 (353); OLG Frankfurt NJW-RR 1992, 1189 (1190).

658 Unstreitig, vgl. nur Hüffer, Rdnr. 11.

659 BGHZ 107, 296 (308ff.); BGH NJW-RR 1990, 350 (353); OLG Frankfurt NJW-RR 1992, 1189 (1190); BGH NJW-RR 1992, 1388 (1389); BGH DB 1992, 1567f.; MüKoAktG/Hüffer, § 245 Rdnr. 50, 58; Hüffer, Rdnr. 26 m. w. N.; Semler/Volhard, Rdnr. III C 76; Teichmann, JuS 1990, 269 (273); Pfister, S. 191, der bei der Verpflichtung des Klägers zur Klagerücknahme jedoch einen prozessualen Rechtsmissbrauch annehmen will.

660 BGH NJW-RR 1992, 1388 (1389); Hüffer, Rdnr. 26.

661 BGH NJW-RR 1992, 1388 (1389); KK/Zöllner § 245 Rdnr. 89f.

662 Zeiss, S. 192f.; Rosenberg/Schwab/Gottwald, § 65 IV 3., S. 516; Teichmann, JuS 1990, 269 (271); Hopt/Wiedemann/Schmidt, § 245 Rdnr. 75.

663 Hopt/Wiedemann/Schmidt, § 245 Rdnr. 75.

664 Zeiss, S. 118.

cher Anspruch[665]. Der materiellrechtliche Anspruch, durch einen rechtswidrigen Beschluss nicht in seinen Rechten verletzt zu werden, werde dem Kläger nicht aberkannt[666].

Die letzte Ansicht überzeugt vor dem Hintergrund der hier gewählten Beispielsfälle. Die Zweckentfremdung, deren unmittelbare Rechtsfolge die Abweisung darstellt, ergibt sich insbesondere aus der Verknüpfung der Prozessbeendigung mit der geforderten unangemessenen Leistung. Die Rechtsmissbräuchlichkeit ist also von der Klageerhebung, nicht von der materiellrechtlichen Geltendmachung des Anspruchs abhängig. Müsste die Anfechtung nicht im Prozesswege geltend gemacht werden, könnten die Kläger auch nicht rechtsmissbräuchlich handeln. Gerade die durch den Prozess eintretende Verzögerung in der Umsetzung des Beschlusses stellt das Druckmittel des Klägers dar. Insofern wird die allgemeine Rechtsmissbrauchsschranke des Zivilprozessrechts mit der Rechtsfolge der Unzulässigkeit angewendet. Dies gilt unabhängig davon, ob man die Anfechtungsklage in Bereicherungsabsicht mit der allgemeinen Rechtsmissbrauchsschranke oder mit der speziellen Schranke des Rechtsschutzbedürfnisses beschränkt[667]. Nach dieser Meinung stellt der einer Anfechtungsklage zugrunde liegende eigensüchtige Zweck kein schützenswertes Interesse der Partei dar, so dass die Klage als unzulässig abzuweisen ist.

Nach der hier vertretenen Auffassung lässt sich somit feststellen, dass das zweckwidrige Ausüben der aktienrechtlichen Anfechtungs- oder Nichtigkeitsklage zur Verschaffung eines inkongruenten und missbilligten Vorteils im deutschen Recht mit der allgemeinen Rechtsmissbrauchsschranke sanktioniert wird, so dass die Klagen als unzulässig zu behandeln sind. Ein Rechtsmissbrauch kann unabhängig davon bejaht werden, ob daneben auch eine Rechtmäßigkeitskontrolle des angegriffenen Hauptversammlungsbeschlusses bezweckt wird.

b) Die Rechtslage in Frankreich

Auch das französische Zivilprozessrecht steht vor dem Problem, eine Klage zur Erlangung ungerechtfertigter Vorteile bewerten zu müssen. Hier sollen zunächst Beispielsfälle der Nichtigkeitsklage von Gesellschaftern zum Vorteilserwerb her-

---

665 Hopt/Wiedemann/Schmidt, § 245 Rdnr. 75.

666 Zeiss, S. 193; vgl. auch Diekgräf, S. 232f., der auf den prozessualen Erfolg abstellt.

667 Teichmann, JuS 1990, 269 (271ff); Rosenberg/Schwab/Gottwald, § 65 VII, S. 362; dies. § 95 IV, S. 533; KK/Zöllner § 245 Rdnr. 80; Heuer, WM 1989, 1401 (1402); Künzel, FS f. Heinsius, S. 425 (428ff.); LG Landshut ZIP 1990, 999 (1000); LG Frankfurt WM 1990, 1745 (1746); OLG Frankfurt a.M. NJW-RR 1991, 805 (806); OLG Karlsruhe WM 1991, 1755ff.

angezogen und so dann auf gesellschaftsrechtliche Schadensersatzklagen mit demselben Zweck eingegangen werden.

(1) Nichtigkeitsklagen zum Zwecke des Vorteilserwerbs

Die *Cour de Cassation* hatte in einem Urteil vom 05.03.1958[668] über die Klage zweier Minderheitsgesellschafter einer S.A.R.L.[669] auf Nichtigkeit eines Beschlusses der Gesellschafterversammlung zu entscheiden. In einer ersten Gesellschafterversammlung der S.A.R.L. hatten die Mehrheitsgesellschafter zunächst einen Beschluss durchgesetzt, einige Vermögenswerte der Gesellschaft zu einem bestimmten Mindestpreis zu verkaufen, sofern es nicht gelänge, bis zu einem bestimmten Datum einen höheren Preis zu erzielen. Gesellschafter, die gleichzeitig im Besitz von Anteilen einer zweiten S.A.R.L. waren, hatten nun bewirkt, dass jene zweite S.A.R.L. ein Angebot genau in Höhe des Mindestpreises unterbreitet hatte. Nach Ablauf der gesetzten Frist war dieses Angebot durch einen weiteren Beschluss von der Mehrheit der Gesellschafter der veräußernden S.A.R.L. angenommen und die Vermögenswerte übertragen worden. Gegen diesen Beschluss richtete sich nun die Nichtigkeitsklage der zwei Minderheitsgesellschafter. Ihrer Behauptung nach sei der Beschluss zwar formell ordnungsgemäß, gleichwohl durch *abus de droit* sowie (unter Berücksichtigung der Verflechtung der kaufenden Gesellschaft mit der S.A.R.L. durch die gemeinsamen Gesellschafter[670]) unter Überschreitung der Gesellschafterbefugnisse zum persönlichen Schaden der Minderheitsgesellschafter zustande gekommen. Einen Beweis hierfür blieben die Kläger jedoch schuldig. Die verklagten Gesellschafter sowie die S.A.R.L. erhoben daraufhin Widerklage auf Schadensersatz für den durch die Nichtigkeitsklage verursachten Schaden auf der Basis des *abus de droit d`agir*.

Die zunächst angerufene *Cour d`appel* wies die Klage der Minderheitsgesellschafter ab und begründete dies damit, es sei von den Klägern nicht bewiesen worden, dass die Vermögenswerte zu einem den tatsächlichen Wert unterschreitenden Preis und damit etwa zu ihrem Schaden veräußert worden seien. Dass der Mindestpreis adäquat gewesen sei, werde dadurch belegt, dass kein anderer Gesellschafter oder potentieller Erwerber einen höheren Preis geboten habe. Außerdem sei der Beschluss im Interesse der Mehrheit der Gesellschafter getroffen

668 Cass. com. 05.03.1958, Bull. cass. 1958.3.89.

669 Bei der S.A.R.L., der *société à responsabilité limitée,* handelt es sich um eine Gesellschaftsform, die der deutschen GmbH nahe kommt, vgl. Sonnenberger, Handels- und Wirtschaftsrecht, § 1 Rdnr. III 9. Ihre wesentlichen Regelungen finden sich in Art. 70-250 des Gesetzes über die Handelsgesellschaften vom 24.07.1966, L. 66-537.

670 Dieses Motiv wird im Urteil nicht ausdrücklich erwähnt.

worden. Dem stimmte auch die *Cour de cassation* zu: Keiner der klagenden Minderheitsgesellschafter habe den erforderlichen Beweis für eine Befugnisüberschreitung oder einen *abus de droit* geliefert. Darüber hinaus gab die *Cour de cassation* in Übereinstimmung mit der *Cour d'appel* der Widerklage der Mehrheitsgesellschafter statt und verurteilte die Kläger wegen *abus de droit d'agir*, begangen durch die Erhebung der Nichtigkeitsklage, zu Schadensersatz. Die Nichtigkeitsklage der Minderheitsgesellschafter sei missbräuchlich, daneben „kränkend" und von böswilligen und verletzenden Andeutungen sowie falschen Anschuldigungen begleitet gewesen.

Ausschlaggebend für die Annahme eines *abus de droit d'agir* auf Seiten der klagenden Minderheitsgesellschafter war offenbar, dass diese mit ihren Behauptungen beweisfällig blieben, die Mehrheitsgesellschafter hätten durch den Beschluss ihre Befugnisse überschritten und dadurch den Klägern (oder der Gesellschaft) einen Schaden verursacht. Letztlich lag daher nach Auffassung des Gerichts auch die für eine Nichtigkeitsklage erforderliche Beeinträchtigung des Gesellschaftsinteresses von vorneherein nicht vor. Leider lässt die – für französische Urteile typische – Kürze der Entscheidung nur erahnen, welche zu missbilligenden Interessen die Kläger nach Auffassung der *Cour de cassation* verfolgt haben sollen, ob also etwa die Kläger eine persönliche Gewinnerwartung wegen eines zu einem späteren Zeitpunkt prognostizierten höheren Angebotes verfolgten, mit der Klage nur den Anteilserwerber ausschalten wollten oder das Gericht den *abus de droit d'agir* nur wegen des von vorneherein fehlenden Interesses an der Klageerhebung bejahte. Die Feststellung eines erstrebten unberechtigten Vorteils konnte letztlich aus Rechtsgründen dahinstehen; im Kern lag der Entscheidung jedenfalls zugrunde, dass die Klage entgegen oder zumindest nicht entsprechend dem vom Gesetz vorgesehenen Zweck der Nichtigkeitsklage geltend gemacht wurde, dem Schutz der Gesellschaft zu dienen.

Als weiterer Beispielsfall für eine Vorteilsverschaffung mittels einer Nichtigkeitsklage dient die Entscheidung der *Cour de cassation* vom 15.07.1992[671]. Parallel zu der im deutschen Teil erörterten Anfechtungsklage gibt diese Entscheidung Antwort auf die Frage, ob die Sanktionierung der Erhebung einer Nichtigkeitsklage auch dann erfolgen kann, wenn sie tatsächlich zur Rechtmäßigkeitskontrolle ausgeübt, daneben jedoch zugleich von verwerflichen Eigeninteressen des Klägers bestimmt wird.

Das Problem wird zumeist – wie auch in dieser Entscheidung – anhand der speziellen Rechtsfigur des so genannten *abus de minorité* diskutiert, die zunächst kurz erläutert werden soll. Der *abus de minorité* wurde bezogen auf den Missbrauch von gesellschaftsrechtlichen Minderheitsrechten aus dem *abus de droit*

671 Com. 15.07.1992, (Six c/ Tapisseries de France), J.C.P. 1992, éd. G. II. 21944.

entwickelt[672]. Solche Minderheitsrechte können privatrechtlicher oder auch prozessualer Natur sein. Die Qualifizierung der Ausübung dieser Befugnisse als *abus de minorité* soll dazu dienen, ein oppositionelles Verhalten einer Minderheit innerhalb der Gesellschaft zu sanktionieren, das die Gemeinschaft daran hindert, eine für die Gesellschaft vorteilhafte Entscheidung zu treffen[673]. Die französische Rechtsprechung verlangt hierfür generell ein Verhalten von Minderheitsgesellschaftern, das gegen das Gesellschaftsinteresse verstößt[674] und zudem mit dem ausschließlichen Ziel geschieht, die eigenen Interessen zum Schaden der Gemeinschaft der anderen Gesellschafter zu begünstigen („*rupture d` égalité*")[675]. Zumindest subjektiv muss dabei aus egoistischen, sachlich nicht gerechtfertigten Erwägungen und im Geiste einer „systematischen" Opposition mit dem einzigen Ziel gehandelt werden, das Funktionieren der Gesellschaft zu lähmen[676]. Anders als beim *abus de droit* kann der *abus de minorité* bei Erhebung einer Klage auch zu deren Abweisung führen. Darüber hinaus besteht – wie sonst auch – die Möglichkeit, die Minderheitsgesellschafter zu Schadensersatz zu verurteilen[677].

In der genannten Entscheidung der *Cour de cassation* vom 15.07.1992[678] widersetzte sich die Gesellschafterin einer S.A.R.L. der Umwandlung der Gesellschaft in eine S.A.[679], indem sie einer Gesellschafterversammlung fernblieb, in der ein entsprechender Beschluss getroffen werden sollte. Die für die Beschlussfassung erforderliche qualitative Mehrheit gemäß Art. 69 Abs. 2 des Gesetzes vom 24.07.1966 konnte daher nicht zustande kommen. Da die Gesellschafterin auf diese Art bereits mehrfach wichtige Gesellschaftsbeschlüsse blockiert hatte, ignorierten die Mehrheitsgesellschafter diesmal dieses „Abstimmungsverhalten" in der Weise, dass sie die Umwandlung der Gesellschaft auch ohne die erforderliche qualitative Mehrheit beschlossen. Die Minderheitsgesellschafterin erhob daraufhin Nichtigkeitsklage gegen den Umwandlungsbeschluss der Gesellschafterversammlung. Die Klage wurde von der *Cour d`appel de Limoges* wegen *abus de minorité* abgewiesen und damit letztlich die Wirksamkeit des Beschlusses bestätigt, obwohl die gesetzliche Mehrheit unbestreitbar nicht vorlag und somit der

---

672 Merle, Rdnr. 581; Bellinghausen, S. 30 m. w. N.

673 Tricot, RTD com. 47, 617 (620ff.).

674 Le Cannu, Bull. Joly 1986, 429 (431) ; Tricot, RTD com. 47, 617 (620ff.).

675 Cass.Com. 15.07.1992, Bull. Joly 1992, 1083 (1084); Cass.Com. 09.03.1993, Rev.soc. 1993, 403.

676 Bellinghausen, S. 39ff.; C.A. Paris 26.06.1990, Bull. Joly 1990, 755 (756).

677 Merle, Rdnr. 581 ; Tricot, RTD com. 47, 617 (623ff.).

678 Com. 15.07.1992, (Six c/ Tapisseries de France), J.C.P. 1992, éd. G. II. 21944.

679 Die „*société anonyme*", die S.A., ist mit der deutschen Aktiengesellschaft vergleichbar, vgl. Sonnenberger, Handels- und Wirtschaftsrecht, § 1 Rdnr. III 9; sie ist im Wesentlichen in Art. 34-69 des Gesetzes über die Handelsgesellschaften vom 24.07.1966, L. 66-537 geregelt.

Beschluss nicht ordnungsgemäß ergangen war. Die *Cour d`appel* führte aus, dass die Klageerhebung der Gesellschafterin in Verbindung mit ihrem vorherigen Verhalten die Voraussetzungen des *abus de minorité* erfülle. Als „angemessene Sanktion" sei die Klage abzuweisen, deren vorrangiges Ziel nicht in der Überprüfung des Beschlusses, sondern in der Verhinderung der Umwandlung der Gesellschaft unter allen Umständen bestanden habe.

Die *Cour de cassation* hob die Entscheidung auf. Ein *abus de minorité* liege auf Seiten der klagenden Gesellschafterin nicht vor. Die *Cour d`appel* habe nicht dargetan, warum das Fernbleiben der Gesellschafterin und die Klage auf Nichtigkeit dem generellen Interesse der Gesellschaft widerspreche und worin das für den *abus de minorité* erforderliche eigensüchtige Interesse der Klägerin zum Schaden der anderen Gesellschafter liege. Die Klägerin habe mit ihrem Verhalten auch nicht, wie von einem *abus de minorité* vorausgesetzt, das Bestehen der Gesellschaft gefährdet[680]. Gemäß Art. 69 des Gesetzes vom 24.07.1966 sei der Umwandlungsbeschluss mit qualifizierter Mehrheit zu treffen. Sei dieses Quorum bei der Beschlussfassung nicht vorhanden, sei der Beschluss nichtig. Selbst wenn die Klägerin durch ihr vorheriges außergerichtliches Verhalten die Voraussetzungen eines *abus de minorité* erfüllt haben sollte, könne dies für die Klageerhebung nicht gelten, solange der angegriffene Beschluss ohne Beachtung der gesetzlichen Vorschriften zustande gekommen sei. Die Sanktion eines *abus de minorité* könne niemals darin bestehen, einen von Gesetzes wegen nichtigen Beschluss wirksam werden zu lassen. Eine Wirksamkeitserklärung mit ex- nunc- Wirkung sei nicht zulässig[681].

Dies bedeutet, dass ein Gericht bei rechtsmissbräuchlich verhinderten Beschlüssen jedenfalls nicht zwingende Formvorschriften übergehen oder ersetzen darf, mag das Gericht auch nach zum Teil vertretener Auffassung durch seine Entscheidung ein abusiv *ausgeübtes* Stimmrecht eines Minderheitsgesellschafters zur Beförderung besonders wichtiger Beschlüsse ersetzen können[682]. In der Konsequenz folgt daraus, dass bei Begründetheit einer Nichtigkeitsklage ihre Beschränkung aufgrund von Rechtsmissbrauch ausgeschlossen ist. Soweit mit der Klageerhebung tatsächlich die Rechtmäßigkeitskontrolle eines Beschlusses und nicht nur ein zu missbilligendes Eigeninteresse – mag es selbst die Voraussetzungen eines *abus de minorité* erfüllen – bezweckt wird, führt das positive Ergebnis einer Begründetheitsprüfung der Klage zur Verneinung rechtsmissbräuchlichen

680 Tricot, RTD civ. 1994 (47), 617 (622).

681 Tricot, RTD civ. 1994 (47), 617 (624); Bellinghausen, S. 62.

682 Zum Meinungsstreit über die Möglichkeit der Annahme eines Gesellschafterbeschlusses im Wege des Ersatzes der Stimmenmehrheit durch gerichtliche Entscheidung, vgl. Bellinghausen, S. 63ff.

Verhaltens. Dies ist die stringente Bestätigung des Prinzips der „Immunität" des Klägers, wonach eine begründete Klage nicht rechtsmissbräuchlich sein kann[683].

Den vorstehenden Beispielen ist zu entnehmen, dass die Nichtigkeitsklage – soweit sie zur Verschaffung ungerechtfertigter Vorteile, also zur Durchsetzung zweckwidriger Eigeninteressen – erhoben wurde, einen Fall der allgemeinen bzw. der speziellen Rechtsmissbrauchsschranke des *abus de minorité* darstellen kann, die insofern nur eine Abwandlung des *abus de droit* für das Gesellschaftsrecht ist. Der *abus de minorité* ist nur in Fällen der Zweckentfremdung gesetzlicher Schutzrechte durch Minderheitsgesellschafter zum Nachteil der Gesellschaft einschlägig. Ein publizierter Fall, in dem der *abus de minorité* durch Erhebung einer Nichtigkeitsklage bejaht wurde, ließ sich hingegen nicht finden.

(2) Gesellschaftsrechtliche Schadensersatzklagen zum Zwecke des Vorteilserwerbs

Zu untersuchen ist nun die Behandlung einer Klageerhebung, deren Zweck nur darin besteht, durch Druck auf die gegnerische Partei bereits außerprozessual eine vorteilhafte Leistung zu erhalten. In den zugrunde liegenden Fällen nehmen beliebige Dritte ein vermeintlich oder tatsächlich gesellschaftsschädigendes Fehlverhalten von Organen zum Anlass, gezielt und oft kurzfristig Aktien an einer Gesellschaft zu erwerben, um sodann mit der – nach dem Gesetz vom 24.07.1966 hierfür erforderlichen – Aktionärseigenschaft eine Schadensersatzklage erheben zu können. Neben dem erstrebten unmittelbaren Vorteil eines möglichen Ersatzes bereits entstandener Schäden werden mittelbar auch die drohenden faktischen Lasten der Schadensersatzklage selbst (Öffentlichkeitswirkung, Diffamierung, Kostenaufwand etc.) ausgenutzt und mit der Klage ein aussergerichtliches Angebot verknüpft, sie gegen Entgelt wieder zurückzunehmen.

In einem ersten Fall, der der Entscheidung der strafrechtlichen Kammer der *Cour de cassation* aus dem Jahre 1978[684] zugrunde lag, waren drei Minderheitsgesellschafter einer *société en commandite par action* einem Strafverfahren gegen die Geschäftsführer (*gérants*) wegen Veruntreuung des Gesellschaftsvermögens, Betruges und Hehlerei als Zivilpartei (*constitution de partie civile*) beigetreten[685]. Den *gérants* wurde vorgeworfen, unter Verstoß gegen das Gesell-

---

683 Siehe bereits oben 2. Kapitel, B.1., S. 73: „*l'immunité la plus totale reconnue au plaideur qui triomphe dans un procès*".

684 Cass. crim. 27.11.1978, D. 1979, 124.

685 Dieses Verfahren vereint in Ansätzen Elemente des deutschen Adhäsions- bzw. des Privatklage- und Nebenklageverfahrens. Es stellt für das Strafverfahren eine Beteiligungsmöglichkeit des durch die Straftat Verletzten dar, der grundsätzlich einen daraus folgenden Schadensersatzanspruch vor einem Zivil- oder einem Strafgericht

schaftsrecht auf rechtswidrige Weise die Entscheidung der Gesellschafterversammlung zur Umwandlung der Gesellschaft in eine S.A. herbeigeführt zu haben. Die beitretenden Kläger machten mit einer Schadensersatzklage in Form der *action personelle ut singuli* (Art. 245 des Gesetzes vom 24.07.1966) geltend, aus den vorgeworfenen Straftaten sei ihnen jeweils persönlich ein Schaden entstanden. Dieser liege in der aus der Veruntreuung folgenden Minderung des Gesellschaftsgewinns und damit des dem einzelnen Aktionär zustehenden Anteilswertes. Die nach Art. 245 des Gesetzes vom 24.07.1966 für die Schadensersatzklage notwendige Eigenschaft eines Aktionärs der *société en commandite par action* hatten alle Kläger erst nach der inkriminierten Entscheidung der Gesellschafterversammlung (zum Teil sogar erst während des laufenden Strafprozesses), durch Erwerb eines geringen Aktienanteils an der Gesellschaft erlangt. Ob sie den *gérants* außergerichtlich ein Angebot unterbreitet hatten, die Schadensersatzklage gegen einen finanziellen Ausgleich zurückzunehmen, geht aus der Urteilsbegründung nicht hervor, ist jedoch nicht auszuschließen[686]. Die Beklagten hielten den Beitritt der drei Kläger als Zivilpartei im Strafverfahren für unzulässig; Voraussetzung für die Zulässigkeit sei eine direkte Kausalität der Straftat für einen Schaden. Die Kläger seien jedoch zum behaupteten Tatzeitpunkt noch keine Aktionäre der Gesellschaft gewesen. Die Minderheitsaktionäre hätten jedenfalls ihre Position als Zivilpartei im anhängigen Strafverfahren in verwerflicher Weise erst nach der angeblichen Tatbegehung herbeigeführt. Diesem Einwand folgte der *juge d'instruction* mit der Folge, dass der Beitritt der drei Kläger als Zivilpartei als unzulässig beurteilt und die erhobene Schadensersatzklage zurückgewiesen wurde.

Auf die Berufung der drei Kläger bestätigte die *Cour d'appel de Paris* diese Entscheidung. Zwar müsse grundsätzlich eine Partei für die Zulässigkeit des Beitritts zum Strafverfahren nur das Vorliegen oder zumindest die Wahrscheinlichkeit eines Schadens darlegen, der sich in direkter Kausalität aus der vorgeworfenen Straftat ergebe[687]; im Fall einer Schadensersatzklage nach dem Gesetz vom 24.07.1966 sei jedoch die Eigenschaft des Aktionärs im Zeitpunkt des behaupteten Fehlverhaltens der *gérants* zwingend vorausgesetzt.

---

geltend machen kann. Da sich ein Strafgericht nicht isoliert mit einer zivilrechtlichen Schadensersatzklage befassen kann, muss der zivilrechtliche Anspruch stets im Zusammenhang mit einem anhängigen oder durch die Schadensersatzklage erst ausgelösten Strafverfahren geltend gemacht werden, vgl. Ferid/Sonnenberger, Bd. 2, Rdnr. 2 O 53; Conte/Maistre du Chambon, Rdnr. 190ff.; Gewaltig, S. 6ff.; Danti-Juan, Rép. dr. civ., Rdnr. 1ff.

686 Cosson, D. 1979, 124, geht in seiner Urteilsbesprechung davon aus.

687 Vgl. Conte/Maistre du Chambon, Rdnr. 196.

Die *Cour de cassation*[688] kassierte die Entscheidung der *Cour d`appel de Paris*. Es existiere keine gesetzliche Regelung, die für die Schadensersatzklage die notwendige Aktionärseigenschaft im Zeitpunkt der Straftatbegehung verlange. Für die Zulässigkeit genüge es, wenn der vorgetragene Sachverhalt auf die Wahrscheinlichkeit eines kausal auf den behaupteten Straftaten beruhenden Schadens schließen lasse. Schäden wegen Minderung des Gesellschaftsgewinns oder des dem einzelnen Aktionär zustehenden Anteilswertes könnten aber bei Aktionären der Gesellschaft unabhängig vom Zeitpunkt ihres Aktienerwerbes eintreten; dies berühre nicht die Zulässigkeit, vorausgesetzt im Zeitpunkt der Klageerhebung seien sie Aktieninhaber. Ob den Aktionären tatsächlich ein Schaden entstanden war, ließ die *Cour de cassation* in der Zurückverweisung an die *Cour d`appel* offen.

Nach dem Urteil der *Cour de cassation* kann das beschriebene Verhalten mangels gesetzlicher Regelung nicht als alleiniges Kriterium verwendet werden, um vermeintlich „missbräuchlich“ handelnde Aktionäre von einer Schadensersatzklage auszuschließen. Der „gezielte“ kurzfristige Aktienerwerb reicht danach für eine Klageabweisung mangels legitimen Interesses nicht aus; ein solches Interesse liegt vor, wenn die Aktionäre einen Schaden erlitten haben, der direkt kausal auf die vorgetragene Straftat gründet. Der gezielte Aktienerwerb „für“ eine Schadensersatzklage ggf. verbunden mit einem außergerichtlichen „entgeltlichen Vergleichsangebot“, wird also offenbar bereits an anderer Stelle als ausreichend sanktioniert angesehen[689].

Tatsächlich können sich nämlich Aktionäre, die solcherlei Druckmittel verwenden, um von der betroffenen Gesellschaft oder von deren (angeklagten) Organen Geld zu erhalten, insbesondere strafrechtlich der falschen Anschuldigung (*dénonciation calomnieuse* gemäß Art. 226-10 *nouv. C. pén.*) oder der Erpressung (*chantage* gemäß Art. 312-10 *nouv. C. pén.*) strafbar machen[690] oder wegen Missbrauchs ihres Rechts auf Beitritt als Zivilpartei zum Strafverfahren gemäß Art. 91 *C. pr. pén.*[691] in Anspruch genommen werden. Sobald das Verhalten der Aktionäre eine *faute* darstellt, so dass der Beitritt als rechtsmissbräuchlich zu beurteilen ist und die *constitution de partie civile* durch Einstellungsbeschluss be-

---

688 Cass. Crim. 27.11.1978, D. 1979, 124.

689 In dieser Weise interpretiert das Urteil Cosson, D. 1979, 124; siehe auch Gewaltig, S. 89ff.

690 Danti-Juan, Rép. dr. civ., Rdnr. 223.

691 Art. 91 *C. pr. pén.*: „*Quand, après une information ouverte sur constitution de partie civile, une décision de non-lieu a été rendue, la personne mise en examen et toutes personnes visées dans la plainte, et sans préjudice d'une poursuite pour dénonciation calomnieuse, peuvent, si elles n'usent de la voie civile, demander des dommages-intérêts au plaignant dans les formes indiquées ci-après...* “.

endet worden ist, verweist Art. 91 *C. pr. pén.* auf eine Schadensersatzpflicht nach den allgemeinen Regeln der Art. 1382, 1383 *C. civ.*. Des weiteren droht in diesen Fällen gemäß Art. 177-2 *C. pr. pén.*[692] eine zivile Geldstrafe von bis zu 15.000 €[693]. Einer weiteren zivilrechtlichen Sanktion in Form einer prozessualen Beschränkung des Beitritts als Zivilpartei bedarf es daher nicht[694].

Die Rechtsprechung erkennt insofern durchaus an, dass der gezielte Aktienerwerb in Verbindung mit weiteren Umständen im Einzelfall auch eine Indizwirkung – wenn auch nicht für fehlerhaftes Verhalten ausreichend, so zumindest – für das fehlende Interesse einer Partei am zivilrechtlichen Beitritt zum Strafverfahren bzw. an dessen Einleitung zukommen kann. So entschied die *Cour d`appel de Paris* mit Urteil vom 22.10.1999[695], dass die Klage eines Aktionärs auf zivilrechtlichen Beitritt – hier auf die Einleitung eines Strafverfahrens gerichtet – unzulässig sei. Der Aktionär hatte Verstöße der Leitung einer Gesellschaft gegen die gesetzlichen Regelungen bei der Bestellung von Wirtschaftsprüfern behauptet. Dem Gericht genügte dies zur Initiierung eines Verfahrens nicht, zumal das persönliche Interesse des Aktionärs in Form von aus den Verstößen resultierenden Eigenschäden schwierig zu beweisen war. Das allgemeine – auch öffentliche – Interesse, die Unabhängigkeit der Wirtschaftsprüfer zu gewährleisten, reiche nicht zur Einleitung eines Strafverfahrens aus, in dem persönliche Schäden eines Aktionärs als Zivilpartei eingeklagt werden sollten. Zusätzlich erschien dem Gericht ein solcher Schaden, abgesehen von den Beweisschwierigkeiten, auch äußerst künstlich. Die Aktionärseigenschaft des Klägers beruhe auf dem Erwerb von Aktien, der nach den Tatzeitpunkten der behaupteten Straftaten erfolgt sei. Diese Hilfserwägungen belegen, dass dem Erwerb der Aktien jedenfalls eine Indizwirkung beigemessen wurde, die zusammen mit den Beweisschwierigkeiten auf ein fehlendes Interesse an der Klage hindeuteten.

Der Auffassung der Rechtsprechung, den gezielten Aktienerwerb zum Vorteilserwerb grundsätzlich zuzulassen, steht jedoch eine Mindermeinung in der Literatur[696] entgegen, die auch die französische Börsenaufsicht (*Commission des Opérations de Bourse*) vertritt. Danach soll die Aktionärsklage auf Schadenser-

---

692 *Art. 177-2 C. pr. pén. : „Lorsqu'il rend une ordonnance de non-lieu à l'issue d'une information ouverte sur constitution de partie civile, le juge d'instruction peut, sur réquisitions du procureur de la République et par décision motivée, s'il considère que la constitution de partie civile a été abusive ou dilatoire, prononcer contre la partie civile une amende civile dont le montant ne peut excéder 15.000 euros... ".*

693 Conte/Maistre du Chambon, Rdnr. 245 ; Danti-Juan, Rép. dr. civ., Rdnr. 221f.; vgl. auch Gewaltig, S. 90ff.

694 Erläuternd dazu: Cosson, D. 1979, 124.

695 C. A. Paris, 22.10.1999, BIC. civ. 2000, n° 428.

696 Vgl. Cosson, D. 1979, 124.

satz nur zuzulassen sein, wenn das *intérêt légitime* der klagenden Aktionäre ein „fortlaufendes Interesse" an der Gesellschaft, von der sie Aktien besitzen, darstellt. Könne diese Voraussetzung nicht dargelegt werden, sei die Klage als „unzulässig" zurückzuweisen. Nach dieser Auffassung taugen die pekuniären Sanktionsmöglichkeiten der allgemeinen Rechtsmissbrauchsschranke *eo ipso* nicht zur Eindämmung von Verhaltensweisen, mit denen eine Partei zweckwidrig zu einer unangemessenen außergerichtlichen Leistung veranlasst werden soll[697].

Selbst wenn die Mindermeinung nachvollziehbar erscheint, weil auch gerade die weiteren für ein fehlerhaftes Verhalten erforderlichen Umstände, wie beispielsweise die außergerichtliche Vorteilseinforderung, schwer zu beweisen sind, kann ihr nicht gefolgt werden. Wie von der *Cour de cassation*[698] festgestellt, ist eine solche erweiterte Auslegung des Tatbestandsmerkmals „*intérêt légitime*" eindeutig nicht vom Gesetzeswortlaut gedeckt.

c) Rechtsvergleichendes Ergebnis

Anhand der gewählten Beispielsfälle ließ sich feststellen, dass das deutsche wie das französische Recht in dem Erwerb von Vorteilen, die dem Zweck der jeweiligen gesellschaftsrechtlichen Klage widersprechen, einen Anwendungsfall einer Rechtsmissbrauchsschranke sehen. Wendet das deutsche Recht dabei grundsätzlich die allgemeine Rechtsmissbrauchsschranke, atypisch auch die Schranke des fehlenden Rechtsschutzbedürfnisses an, greift auch das französische Recht auf verschiedene Beschränkungen zurück, die eine Missbilligung implizieren.

Neben dem *abus de droit d'agir* kommt insbesondere die spezifisch gesellschaftsrechtliche Schranke des *abus de minorité* zur Anwendung. Erst in jüngerer Zeit von der Rechtsprechung entwickelt ist sie nicht nur auf das *droit d'agir* anwendbar, sondern auf unterschiedlichste Befugnisse im Gesellschaftsrecht, die Personen im Rahmen ihrer Tätigkeit für eine Gesellschaft oder aufgrund einer bestimmten gesellschaftsrechtlichen Stellung innehaben. Dies umfasst auch den Befugnismissbrauch, der außerhalb gesellschaftsrechtlicher Befugnisse mit dem *abus de procédure* sanktioniert würde. Die Schranke ist daher – ähnlich wie beim Grundsatz von Treu und Glauben – im materiellen und im Prozessrecht anwendbar, vorausgesetzt, der gesellschaftsrechtliche Rahmen ist gegeben. Der *abus de minorité* bietet zudem den Vorteil, dass er anders als die allgemeine französische Rechtsmissbrauchsschranke nicht das Vorliegen eines Schadens bei der Gesellschaft bzw. den Mehrheitsgesellschaftern voraussetzt. Auf der Rechtsfolgenseite ist er nicht auf pekuniäre Sanktionen beschränkt, sondern kann prozessual wirken

---

697 Vgl. auch Conte / Maistre du Chambon, Rdnr. 244ff.

698 Cass. Crim. 27.11.1978, D. 1979, 124.

und zur Negation der ausgeübten Befugnis, also zur Abweisung der Klage führen.

Anders als das deutsche Recht wendet das französische jedoch noch eine andere Beschränkung an, die nicht in den Bereich der Rechtsmissbrauchsschranke eingeordnet werden kann. Das so genannte fehlende legitime Interesse hat mit der allgemeinen Rechtsmissbrauchsschranke des deutschen Rechts gemeinsam, dass es zur „Unzulässigkeit" führen kann. Bevorzugt findet dies beim vorliegend untersuchten Sachverhalt Anwendung, wenn die Gerichte wegen Beweisschwierigkeiten aus dem augenscheinlich „interessenlosen" oder „zweckwidrigen" Verhalten der Kläger oder weiteren Umständen keinen Hinweis auf eine besondere arglistige Gesinnung ableiten können und ein Rechtsmissbrauch wegen der für eine *faute* verlangten Voraussetzungen ausscheidet. Die Nichtigkeits- bzw. Schadensersatzklage wird in diesen Fällen bereits wegen fehlenden „legitimen Interesses" i. S. von Art. 31 *nouv. C. pr. civ.* zurückgewiesen. Dies wird als eigenständige Sanktionsform verstanden, kann sich aber mit der Anwendung des *abus de minorité* überschneiden[699]. Da der gezielte kurzfristige Aktienerwerb als Voraussetzung für die Geltendmachung der beschriebenen Schadensersatzklagen nach französischem Recht nicht zwangsläufig zur Bejahung eines Rechtsmissbrauchs mit der Rechtsfolge pekuniärer Sanktionen ausreichen soll, werden Schadensersatzklagen in diesem Zusammenhang – wenn überhaupt – mangels „legitimen Interesse" abgewiesen.

Somit wendet das deutsche Recht stets die allgemeine Rechtsmissbrauchsschranke an. Das französische Recht kann dagegen je nach Fallgestaltung auf den *abus de droit d'agir*, den *abus de minorité* oder das fehlende legitime Interesse zurückgreifen.

Trotz der augenfällig gleichen Kriterien, die für eine Sanktion solchen Verhaltens herangezogen werden und trotz der ähnlichen rechtstechnischen Lösungen, deutet sich im Rahmen dieser Fallgruppe ein erheblicher Unterschied in den Wertungen an. Im deutschen Recht soll es bei Vorliegen der Voraussetzungen eines Verstoßes gegen Treu und Glauben selbst dann zur Abweisung der Nichtigkeits- bzw. Anfechtungsklage kommen können, wenn diese im Interesse einer objektiven Rechtskontrolle begründet wäre. Der Pflicht, sich nach Treu und Glauben zu verhalten, wird eine höhere Wertigkeit als dem Bedürfnis nach einer Rechtmäßigkeitskontrolle eingeräumt. In Frankreich wird dagegen eine Nichtigkeitsklage nicht abgewiesen, wenn trotz einer arglistigen Gesinnung der Gesetzeszweck der Nichtigkeitsklage als verwirklicht anzusehen ist. Eine Sanktion der Klageerhebung im Sinne der Lehre vom *abus de minorité* findet in Frankreich daher entsprechend dem Immunitätsprinzip nicht statt, wenn der Kläger obsiegt,

699 Hannoun, RTD com. 1993, 227 (228).

sich also die zweckgemäße Ausübung der Nichtigkeitsklage dadurch bestätigt, dass der angegriffene Gesellschaftsbeschluss tatsächlich objektiv als rechtswidrig anzusehen ist.

Im Ergebnis stuft das französische Recht die Rechtmäßigkeitskontrolle gesellschaftsrechtlicher Beschlüsse höher als das deutsche ein. Sucht man eine „Gleichheit" der praktischen Lösung in beiden Rechtsordnungen somit in der Abweisung der Klage wegen rechtsmissbräuchlichen Verhaltens, ist diese – soweit beide Rechtsordnungen als Beschränkung auf Rechtsmissbrauch rekurrieren – aufgrund der unterschiedlichen Rechtsfolgen bei Klagen zur Erlangung eines ungerechtfertigten Vorteils zu verneinen. Nur soweit das französische Recht im Einzelfall auf das fehlende legitime Interesse abstellt, findet sicht insofern eine Übereinstimmung.

3. Das Einklagen von Minimalforderungen

Als letztes Fallbeispiel zweckwidriger Befugnisausübung soll auf solche Sachverhalte eingegangen werden, in denen das Interesse einer Partei an der Rechtsausübung objektiv gering veranschlagt wird, weil es zur Beeinträchtigung der Interessen der gegnerischen Partei in einem Missverhältnis steht. Dies konkretisiert sich namentlich beim Einklagen von Minimalforderungen, wo das Ziel der Handlung darin besteht, eine Klage mit objektiv geringwertigem Streitgegenstand zu erheben. Aus betriebswirtschaftlicher Sicht ist hierfür hinreichend das grobe Missverhältnis zum für die Durchsetzung der Klage notwendigen finanziellen Aufwand, also speziell zu den mit einem zivilprozessualen Urteilsverfahren verbundenen Kosten. Charakteristisch ist weiter, dass ein dahinter stehendes Interesse des Klägers an der Durchsetzung eines derart geringwertigen Anspruchs nicht erkennbar oder die zugrunde liegende Intention offensichtlich als verwerflich und damit als nicht schützenswert anzusehen ist.

Inwieweit die Geringfügigkeit einer Forderung dazu führt, ihre Durchsetzung mit Hilfe der allgemeinen Rechtsmissbrauchsschranke zu beschränken, ob also die aus dem römischen Recht stammende Regel *„de minimis non curat praetor"*[700] in die beiden Rechtsordnungen auch prozessual ähnlich adaptiert wurde, soll nun untersucht werden.

---

700 Etwa: „Das Gericht kümmert sich nicht um Kleinigkeiten."

a) Die Anwendung der allgemeinen Rechtsmissbrauchsschranke in Deutschland

Im Lichte des Meinungsstreites in Deutschland ist cinc Entscheidung des Amtsgerichts Stuttgart aus dem Jahre 1989[701] als Ausgangspunkt interessant: Der Kläger verlangte gerichtlich Zahlung von DM 0,41, weil der Beklagte nach Mahnung auf eine Reparatur- und Anwaltsrechnung von DM 294,41 nur DM 294,00 überwiesen hatte. Das AG Stuttgart wies die Klage als unzulässig ab. Zwar bestehe die Forderung über DM 0,41, es fehle jedoch an einem Rechtsschutzbedürfnis, wenn eine Partei die Gerichte unnütz oder gar unlauter bemühen würde. Die Schutzwürdigkeit eines Interesses an einer Klage sei grundsätzlich daran zu messen, ob es zur Bewährung des Rechts und zur Sicherung des Rechtsfriedens geeignet sei. Bei einem Betrag von DM 0,41 handele es sich jedoch um eine Forderung von so geringem wirtschaftlichen Wert, dass ihre Durchsetzung selbst bei Vorliegen der genannten Voraussetzungen für die Schutzwürdigkeit nicht die Inanspruchnahme eines Gerichtes rechtfertige, weil dadurch entstehende gerichtliche und außergerichtliche Kosten dazu ausser Verhältnis stünden[702]. Das Gericht sah durch dieses Ergebnis auch nicht die Bewährung des Rechts beeinträchtigt: Bei einem solchen Betrag gehe es einer Partei ersichtlich nicht mehr um die Durchsetzung eines wirtschaftlichen Interesses, sondern ausschließlich um das Prinzip. „Recht zu haben“ sei nicht *eo ipso* stets schutzwürdig.

Das AG Stuttgart behandelte das Einklagen von Bagatellforderungen als Anwendungsfall der speziellen Rechtsmissbrauchsschranke des fehlenden Rechtsschutzbedürfnisses. Diese entspricht nicht der allgemeinen Rechtsmissbrauchsschranke im hier verstandenen Sinne, deren Kriterien aber ebenfalls subsidiäre Anwendung hätten finden können. Die Entscheidung des Gerichts belegt, wie im Einzelfall die Wahrung des Rechtsfriedens und der objektiven Rechtsordnung dem Wert der Verwirklichung subjektiver Rechte übergeordnet wird[703]. Solche Wertungen werden auch allgemein vertreten: Ausgehend davon, dass grundsätzlich die individuelle Interessenlage der Partei bestimmend dafür ist, ob der Staat ein öffentliches Interesse an der Rechtsschutzgewährung hat, soll ein Interesse nicht schutzwürdig sein, „das nach allgemeiner Anschauung als so gering anzusehen ist, dass es nicht die Inanspruchnahme der staatlichen Rechtsschutzeinrichtungen rechtfertigt“[704]. Das Interesse der Allgemeinheit steht dann eindeutig im Vordergrund, denn Zeit und Ressourcen der staatlichen Gerichte sollen von einer Partei nur dann beansprucht werden können, wenn für die Partei auch ein – vom

701 AG Stuttgart NJW 1990, 1054.

702 Zustimmend Schneider, MDR 1990, 893 (895).

703 Schneider, MDR 1990, 893 (895).

704 Schönke, S. 35; vgl. für das Verwaltungsverfahren ähnlich OVG Münster NJW 1961, 1643; in diesem Sinne wohl auch Schneider, MDR 1990, 893ff.

Gericht objektiv zu bestimmendes – Bedürfnis nach Rechtsschutz streitet. Der Staat gewährt danach seine Entscheidungs- und Zwangsgewalt nur demjenigen, der nach pflichtgemäßem Ermessen der jeweils zuständigen Behörde ein ausreichendes Interesse aufweisen kann[705].

Anders sieht dies aber die herrschende Meinung[706], die den Zweck des Zivilprozesses vornehmlich in der Durchsetzung der subjektiven Rechte des Einzelnen sieht. Würde den Gerichten die Möglichkeit eingeräumt, Klagen über geringfügige Forderungen als unzulässig abzuweisen, führte dies nach dieser Auffassung zu einer Beschneidung dieses Zweckes. Die Gerichte würden auf diese Weise eine neue – eigene – Rechtsordnung etablieren[707]. Eine Geringfügigkeitsgrenze dürfe es auch aus Gründen des Rechtsfriedens nicht geben, denn auch Klagen mit geringen Streitwerten käme grundsätzlich ein Rechtsschutzbedürfnis zu. Die wesentliche Aufgabe des Prozessrechts bestehe darin, die materielle Rechtslage festzustellen und die sich daraus ergebenden Rechtsfolgen erforderlichenfalls zwangsweise durchzusetzen. Vom materiellen Recht gewährte Ansprüche dürften durch prozessrechtliche Institute nicht einfach wieder begrenzt werden, dies sei nicht deren Aufgabe[708]. Führten schließlich die Gerichte eine allgemeine Geringfügigkeitsgrenze ein, sei damit zu rechnen, dass Schuldner grundsätzlich diesen Betrag bei der Rückzahlung von Forderungen abziehen würden[709].

Dient nach h.M. der Zivilprozess also vor allem der Feststellung und Verwirklichung subjektiver Rechte, soll konsequent das Rechtsschutzbedürfnis nur dann fehlen, wenn ein darauf gerichtetes Interesse nicht besteht, wenn also etwa nicht billigenswerte, prozessfremde Zwecke oder allgemein rechtsmissbräuchliche Rechtsschutzhandlungen verfolgt werden[710]. Allein die Geltendmachung einer geringfügigen Forderung sei für die Außerachtlassung der grundrechtlichen Gewährleistung effektiven Rechtsschutzes nicht ausreichend[711]. Allerdings räumt auch die h.M. ein, dass die Geringfügigkeitsgrenze ausnahmsweise beachtlich sein kann. Grundsätzlich sei am Einzelfall zu prüfen, ob das Einklagen einer geringfügigen Forderung nicht doch auf rechtsmissbräuchliche Rechtsschutzhand-

---

705 Schönke, AcP 150, 216 (218).

706 Pohle, FS f. Lent, S. 197ff.; Stephan, S. 49f.; von Mettenheim, S. 34ff.; Olzen/Kerfack, JR 1991, 133ff.; Thannhäuser, S. 12ff.; MüKoZPO/Lüke, vor § 253 Rdnr. 10; Rosenberg/Schwab/Gottwald, § 92 IV Nr. 1, S. S. 516.

707 Buß, NJW 1998, 337 (338).

708 Olzen/Kerfack, JR 1991, 133 (134); Thannhäuser, S. 79; Pohle, FS f. Lent, S. 197 (212).

709 Buß, NJW 1998, 337 (338); vgl. auch den Hinweis des AG Stuttgart NJW 1990, 1054 in diese Richtung; LG Mosbach, NJW-RR 2001, 1439.

710 Baumgärtel, ZZP 69 (1956), 89 (101ff., 113ff.); OLG Hamburg MDR 1975, 321; in diesem Sinne auch Stürner, FS f. Baumgärtel, 545 (551f.).

711 Vgl. Stürner, FS f. Baumgärtel, 545 (551).

lungen bzw. nicht schützenswerte Zwecke der Klage hindeute[712]. Das Gericht müsse die Geringfügigkeit der Forderung im Zusammenhang mit zusätzlichen Umständen berücksichtigen, wie z. B. den Sachverhalt und Hintergrund des Rechtsstreits insgesamt, das Verhältnis der Parteien zueinander und ihr sonstiges Verhalten, um auf eine Schädigungsabsicht schließen zu können[713]. Damit kann auch nach der h. M im Einzelfall das Einklagen einer geringfügigen Forderung als rechtsmissbräuchlich angesehen werden.

b) Die Rechtslage in Frankreich

Zur Erläuterung der Rechtslage in Frankreich dient eine Entscheidung der *Cour de cassation* aus dem Jahre 1982[714]. Auch hier hatte ein Gläubiger den Rechtsweg zur Durchsetzung einer Zahlungsforderung von geringem Wert beschritten, was der Schuldner beanstandete. Der Gläubiger obsiegte, das Gericht verurteilte ihn aber gemäß Art. 700 *nouv. C. pr. civ.* zur Tragung der außergerichtlichen Kosten des Prozesses, d.h. seiner eigenen und der seines Gegners.

Die Überbürdung der gesamten Kostenlast auf die obsiegende und nicht die unterlegene Partei ist nun auch bei der Anwendung des Art. 700 *nouv. C. pr. civ.* nicht eben der Regelfall. Mit diesem „Pyrrhussieg" signalisierte das Gericht deutlich, dass dem Kläger die Verpflichtung zukommt, seinen Gegner nicht mit unnötigen Kosten zu belasten. Stehen ihm mehrere Wege zur Durchsetzung seiner Forderung offen, muss er grundsätzlich den kostengünstigeren wählen. Wählt er das kostenintensivere Gerichtsverfahren (und nicht das insofern erwartete Mahnverfahren), hat er gegebenenfalls für die Kosten aufzukommen. Nach der Dogmatik des französischen Zivilprozessrechts könnte es sich beim Einklagen einer Minimalforderung um eine Form des *abus de procédure* handeln, die auch unter die für Art. 700 *nouv. C. pr. civ.* erforderliche *„inéquité"* subsumiert werden könnte[715]. Für Art. 700 *nouv. C. pr. civ.* ist die Bejahung eines *abus de procédure* aber nicht zwingend[716]. Zum Vorwurf gereicht ihm im Rahmen des Art. 700 *nouv. C. pr. civ.* allein die Tatsache, dass er für seinen Streitgegenstand ein zu aufwendiges Verfahren eingeleitet hat. Insofern wendet das französische Zivilprozessrecht aber zumindest mit Art. 700 *nouv. C. pr. civ.* eine der Rechtsfolgen der allgemeinen Rechtsmissbrauchsschranke an.

---

712 Olzen/Kerfack, JR 1991, 134; Buß, NJW 1998, 337 (339).

713 Buß, NJW 1998, 337 (339), der daher die Kriterien des § 226 BGB übertragen will.

714 Civ. 2e, 01.12.1982, D. 1983.IR.155.

715 Perrot, RTD civ. 1983, 597 (598).

716 Vgl. oben 3. Kapitel, B. 3., S. 94f.; aus dem Urteil geht nicht eindeutig hervor, ob es sich insofern um einen Anwendungsfall des *abus de procédure* handelt.

Andererseits wird vereinzelt aber auch vertreten[717], dass bei wirtschaftlich geringfügigem Klägerinteresse („*intérêt insignifiant*") das von Art. 31 *nouv. C. pr. civ.* verlangte „legitime Interesse" an einer *action* im Einzelfall zu verneinen sei, was die Zurückweisung der Klage als unzulässig zur Folge hat. Eine klare Linie lässt sich dieser Ansicht jedoch nicht entnehmen, denn auch aus Art. 31 *nouv. C. pr. civ.* selbst ist jedenfalls keine konkrete Grenze des maßgeblichen Minimalstreitwertes abzuleiten. Unbestritten scheint nur, dass die Geltendmachung eines „bestehenden und legitimen" Interesses verlangt wird und allein das Einklagen einer geringwertigen Forderung keine Sanktion nach sich ziehen kann. Illegitimes Verhalten wird regelmäßig auch hier nicht aus der Geringwertigkeit des Streitgegenstandes, sondern aus Begleitumständen abgeleitet, die mit der Geltendmachung verbunden sind[718]. Festgehalten werden kann somit, dass die Minimalforderung ohne die Berücksichtigung weiterer Umstände neben der Beschränkungsmöglichkeit durch Art. 700 *nouv. C. pr. civ.* allenfalls mit Bezug auf die allgemeine Rechtsmissbrauchsschranke einen *abus de procédure* darstellen kann. Beide Beschränkungen des Verhaltens führen jedoch gerade nicht zur Abweisung der Klage.

c) Rechtsvergleichendes Ergebnis

Es hat sich gezeigt, dass beim Einklagen von Minimalforderungen in beiden Rechtsordnungen ähnliche Wertungen diskutiert werden, die jedoch unterschiedlich gewichtet werden:

Beide Rechtssysteme lehnen es ab, allein ein objektiv geringfügiges wirtschaftliches Interesse an einer Klageerhebung zur Abweisung einer Klage ausreichen zu lassen. Dies hat zur Folge, dass in Deutschland die besondere Rechtsmissbrauchsschranke des fehlenden Rechtsschutzbedürfnisses oder die allgemeine Rechtsmissbrauchsschranke zwar regelmäßig erwogen werden, aber keine Anwendung finden. Ähnlich wird im französischen Recht das Fehlen eines *intérêt à agir* diskutiert und ohne das Hinzukommen weiterer Umstände verneint, denn auch dieses Rechtsinstitut hätte die Abweisung der Klage wegen Unzulässigkeit zur Folge.

Während im deutschen Recht die Klage selbst sanktionslos bleibt, falls nicht weitere Umstände auf rechtsmissbräuchliches Verhalten hinweisen, kann im französischen Recht das Einklagen von Minimalforderungen im Bereich der Kostentragung durchaus sanktioniert werden. Wegen der Wahl eines unverhältnismäßi-

717 Solus/Perrot, Bd. I, Rdnr. 225 ; Carbonnier, Mél. Vincent, S. 29 (31) m. w. N.; Tribes, S. 138 m. w. N.

718 Carbonnier, Mél.Vincent, S. 29 (32) ; Solus/Perrot, Bd. I, Rdnr. 225.

gen Mittels zur Durchsetzung der Minimalforderung kann die obsiegende Klagepartei zur Kostentragung bestimmt werden. Soweit ein *abus de procédure* bejaht wird, ist sogar eine Verurteilung zu Schadensersatz denkbar. Damit ist im Ergebnis der Durchsetzung der subjektiven Rechte bzw. der Rechtsgewährungspflicht genüge getan, weil der Kläger seine tatsächlich bestehende Minimalforderung durchsetzen darf; sekundär treffen ihn aber die durch die Unverhältnismäßigkeit ausgelösten Kosten.

Es fragt sich, ob in der französischen Lösung nicht *de lege ferenda* eine Anregung für das deutsche Recht gesehen werden kann, ähnlich zu verfahren. Der Grund für die vom deutschen Recht differierende Lösung liegt offensichtlich im unterschiedlichen System der Kostenverteilung. Während in Deutschland die unterliegende Partei grundsätzlich sämtliche Kosten trägt und davon ausgegangen wird, dass der Beklagte durch rechtzeitige Zahlung den Prozess hätte verhindern können[719], wird in Frankreich die grundsätzliche Entscheidung des Gesetzes, die *frais irrépétibles* (zu denen die Rechtsanwaltskosten zählen) von der sie aufgewendeten Partei selbst tragen zu lassen, und die Ausnahme des Art. 700 *nouv. C. pr. civ.* als Grund bzw. Mittel der Sanktionierung gesehen. Geht man davon aus, dass der jeweilige Beklagte nicht die Wahl hat, das Mittel der Rechtsdurchsetzung zu bestimmen, erscheint die französische Lösung vorzugswürdig.

Im Ergebnis steht in beiden Rechtsordnungen die Durchsetzung des subjektiven Rechts und die Rechtsgewährung als Wertung im Vordergrund, die nicht beeinträchtigt werden soll. Allein das französische Recht bietet in der praktischen Lösung jedoch die Möglichkeit, unter Einhaltung dieser Wertung das Einklagen von Minimalforderungen pekuniär zu sanktionieren.

4. Schlussfolgerungen

Bei der zweckwidrigen Befugnisausübung lässt sich anhand der gewählten Beispielsfälle verallgemeinern, dass die Manipulationshandlungen in Deutschland und in Frankreich in ihrer Grundstruktur in den Bereich der jeweiligen allgemeinen Rechtsmissbrauchsschranke fallen. Die übereinstimmende Anwendung der allgemeinen Rechtsmissbrauchsschranke ergibt sich jeweils daraus, dass es für die Annahme der Zweckwidrigkeit unerheblich ist, ob sie sich aus institutionellen oder individuellen Gründen ergibt, ob sie also an objektiven oder subjektiven Tatbestandsmerkmalen festzumachen ist. Unterschiede in der Anwendung haben sich bei der Untersuchung nur dort ergeben, wo das französische oder das deutsche Recht auf spezielle Rechtsmissbrauchsschranken wie den *abus de minorité*

---

719 Buß NJW 1998, 337 (339).

oder das fehlende Rechtsschutzbedürfnis zurückgreifen. Die zweckwidrige Befugnisausübung stellt daher insgesamt gleichsam den „typischen“ Fall des Rechtsmissbrauchs in beiden Rechtsordnungen dar.

Im Rahmen der abstrakten rechtsvergleichenden Untersuchung wurde allgemein bereits festgestellt, dass an sich die parallele Anwendung der jeweiligen allgemeinen Rechtsmissbrauchsschranke auf kongruente Sachverhalte wegen ihrer unterschiedlichen Rechtsfolgen zwingend zu unterschiedlichen praktischen Lösungen in Deutschland und Frankreich führen müsste, einerseits zur Unzulässigkeit der Befugnisausübung und andererseits zu Schadensersatz. Unzweifelhaft ist, dass sich im deutschen Recht im Rahmen dieser Fallgruppe allein aus dem Verstoß gegen Treu und Glauben (ohne gleichzeitig einen Verstoß gegen die guten Sitten darzustellen) keine Schadensersatzpflicht ergibt. Für das französische Recht zeigen jedoch einzelne Fallbeispiele auf, dass es hier auch zu prozessualen Sanktionen zweckwidrigen Verhaltens kommen kann. Dies ist möglich, weil eine solche Rechtsfolge im Einzelfall für die Verletzung des jeweils betroffenen Rechtsinstituts und nach speziellen gesetzlichen Regelungen vorgesehen ist, wie z. B. bei der missbräuchlichen Richterablehnung oder bei Anwendung des *abus de minorité*. Daneben können der Schadensersatzanspruch der gegnerischen Partei, die zivile Geldstrafe und mögliche Kostenfolgen – soweit die Tatbestandsmerkmale erfüllt sind – ergänzende Sanktionen des Verhaltens darstellen. Trotz Übereinstimmung in der Anwendung der allgemeinen Rechtsmissbrauchsschranke kann es somit gleichzeitig zur Kongruenz in der praktischen Lösung kommen.

C. Rechtsmissbrauch bei widersprüchlichem Verhalten

Aus der Kategorie des widersprüchlichen und damit möglicherweise rechtsmissbräuchlichen Verhaltens einer Partei im Zivilprozess sollen nun einzelne Fallbeispiele des *venire contra factum proprium* sowie der Verwirkung herausgestellt und daraufhin untersucht werden, welchen Schranken die Manipulationshandlungen jeweils unterliegen. Dies orientiert sich an der deutschen Untergliederung nach Fallgruppen, wobei die Problemkreise auch in Frankreich diskutiert werden.

I. Die nichteingehaltene außergerichtliche Verpflichtung zur Zurücknahme eines Rechtsmittels

Wird eine Prozesshandlung vorgenommen oder unterlassen, obwohl vor dem Prozess zwischen den Parteien vereinbart wurde, genau das Gegenteil zu tun, ist in beiden Rechtsordnungen fraglich, ob die allgemeine Rechtsmissbrauchsschranke Anwendung findet. Ein in Deutschland vieldiskutiertes Beispiel ist die außergerichtliche Verpflichtung zur Zurücknahme eines bereits eingelegten Rechtsmittels, z. B. der Berufung. Auch in Frankreich kann z. B. der so genannte „*appel*" Gegenstand einer solchen Vertragsvereinbarung sein. Die hier zu untersuchende Manipulationshandlung *nach* diesem Rücknahmeversprechen stellt sich jedoch in beiden Rechtsordnungen von vorneherein infolge der unterschiedlichen Rechtssystematik anders dar. Dies bedingt zwingend unterschiedliche Vorgehensweisen der Parteien, auf die zunächst zur Klarstellung einzugehen ist.

Im deutschen Recht spricht man in diesem Zusammenhang von einem „aussergerichtlichen Rechtsmittelzurücknahmeversprechen"[720] als typischem Beispiel für Dispositionen bzw. Modifikationen, die prozessuale Befugnisse oder Verfahrensregeln betreffen[721]. Die Parteien verpflichten sich vertraglich zu einem bestimmten prozessualem Verhalten, mit denen sie auf einen Prozess einwirken können[722]. Die deutsche ZPO räumt den Parteien im Erkenntnisverfahren insofern ausdrücklich das Recht der Modifikation verfahrensrechtlicher Regelungen ein[723], soweit nicht eine unverzichtbare Verfahrensnorm abbedungen oder die prozessuale Handlungsfreiheit entgegen den Regeln von Wahrheitspflicht, Treu und Glauben oder Sittenwidrigkeit eingeengt wird[724]. Ein vertragliches Rechtsmittelzurücknahmeversprechen wird unstreitig für die Berufung, Revision oder Beschwerde als zulässig erachtet[725]. Wird ein solches Versprechen nicht ein-

---

720 Wagner, S. 506ff. m. w. N.; a. A. auch anhand der älteren Rechtsprechung Hellwig, System I, § 151 I, S. 450; ders., FS f. Gierke II, S. 41, 88f.; Goldschmidt, S. 311f.; Niese, S. 82ff., die gesetzlich nicht geregelte Prozessverträge für unzulässig halten und als materiellrechtlichen Vereinbarungen keine Wirkung auf den Prozess zugestehen.

721 RGZ 159, 254 (255ff.); Baumgärtel, Prozeßhandlung, S. 271; Gottwald, FS f. Henckel, S. 295 (299f.); Henckel, S. 34f.; Jauernig, § 42 IV, S. 173 i. V. m. § 73 VII S. 290; Roth, ZZP 93, 156 (163f.); Wagner, S. 46; Rosenberg/Schwab/Gottwald, § 37 I 1, S. 182; Schwab, FS f. Baumgärtel, S. 503 (509); Zöller/Greger, vor § 128 Rdnr. 26; Baumbach/Lauterbach/Albers/Hartmann, § 128 Rdnr. 49, § 516 Rdnr. 5.

722 Baumgärtel, Prozeßhandlung, S. 204, 221; Wagner, S. 233; MüKoZPO/Lüke, Einl. Rdnr. 285; Schwab, FS f. Baumgärtel, S. 503 (509ff.); Zöller/Greger, vor § 128 Rdnr. 26, 32; Baumbach/Lauterbach/Albers/Hartmann, § 516 Rdnr. 5.

723 Vgl. §§ 38ff., 108 Abs. 1 S. 2, 224 Abs.1 ZPO.

724 Zöller/Greger, vor § 128 Rn. 32; Baumgärtel, Prozeßhandlung, S. 271; BGHZ 28, 45 (48ff.); BGHZ 38, 254 (258); BGH NJW 1964, 549f.; BGH NJW-RR 1989, 802; BGH NJW 1986, 198.

725 Rosenberg/Schwab/Gottwald, § 137, III., S. 827ff.; Thomas/Putzo/Reichold, § 516 Rdnr. 2, § 269 Rdnr. 2; MüKoZPO – Aktualisierungsbd./Rimmelspacher, § 516 Rdnr. 35; Zöller/Gummer, § 516 Rdnr. 12; Wagner, S. 506ff. m. w. N.; Baumgärtel,

gehalten, so bedeutet dies, dass die widersprüchlich handelnde Partei die Zurücknahme – um beim Beispiel der Berufung zu bleiben – nicht gemäß § 516 Abs. 2 ZPO gegenüber dem Gericht erklärt. Die Folge dieser Manipulation ist, dass die versprochene Zurücknahme nicht erfolgt. Der Verlust der aktuell eingelegten Berufung tritt nicht ein[726].

Im französischen Recht liegt dagegen meist in einer außergerichtlichen Vereinbarung über die Zurücknahme eines Rechtsmittels schon die Zurücknahme selbst, also die so genannte *renonciation aux voies de recours*. Mit Bezug auf die Zurücknahme eines *appel*, demnach der Berufung, spricht man auch von einem *désistement de l `appel*. Anders als bei der Berufungszurücknahme im deutschen Recht muss das *désistement de l`appel* nämlich nicht gegenüber dem Gericht erklärt werden, um wirksam zu sein. Die instanzbeendigende prozessuale Wirkung kann gemäß Art. 397 *nouv. C. pr. civ.* bereits aus dem formlos erklärten außergerichtlichen *désistement* selbst resultieren[727]. Eine konstitutive Intervention des Gerichtes ist zur Wirksamkeit nicht erforderlich[728], die Entscheidung des Gerichts hat – abgeleitet aus dem selbständigen Erlöschen der Instanz gemäß Art. 384 *nouv. C. pr. civ.* – immer nur bestätigenden und damit beweiserheblichen Charakter[729]. Soweit das *désistement de l`appel* vor dem Gericht erklärt wird, wird es vom Gericht nur protokolliert[730]. Die prozessuale Bindungswirkung des außergerichtlichen Vertrages ergibt sich direkt aus dem Gesetz, indem Art. 403 *nouv. C. pr. civ.* die Anerkennung des erstinstanzlichen Urteils als Rechtsfolge festsetzt und damit das Erlöschen der Berufungsinstanz bewirkt. Nur wenn die Parteien ein *désistement d`appel* mit dem ausdrücklichen Vorbehalt vereinbaren, dass die unmittelbare prozessrechtliche Wirkung erst zu einem bestimmten künftigen Zeitpunkt oder bei Eintreten einer bestimmten Bedingung erfolgen soll, tritt die prozessuale Wirkung nicht sofort durch die außergerichtliche Vereinbarung ein[731]. Zulässig ist ein außergerichtliches *désistement d`appel* unter der Bedingung, dass ihm nicht der *ordre public* entgegensteht oder die Vereinbarung als

---

Prozeßhandlung, S. 271, jedoch mit Ausnahme der Revisionszurücknahme, weil es sich um neues Vorbringen handelt; a. A. zum alten Recht Hellwig, System I, § 151 I, S. 450; ders. FS f. Gierke II, S. 41, 88f.; Goldschmidt, S. 311f.; Niese, S. 82ff.

726 Zu berücksichtigen ist, dass der Rechtsmittelkläger auch eine zurückgenommene Berufung im Rahmen ihrer gesetzlichen Zulässigkeit erneut einlegen kann, vgl. MüKoZPO – Aktualisierungsbd./Rimmelspacher, § 516 Rdnr. 22; Zöller/Gummer, § 516 Rdnr. 17.

727 Guinchard/Pétel-Teyssié, Rdnr. 4393.

728 Civ. 2e, 21.07.1986, Bull. civ. II, Rdnr. 177; Guinchard/Pétel-Teyssié, Rdnr. 4397; Perrot, RTD civ. 1981, 903.

729 Guinchard/Pétel-Teyssié, Rdnr. 4397; Strickler, désistement, Rép. pr. civ., Rdnr. 86.

730 Vincent/Guinchard, Rdnr. 1179.

731 Strickler, désistement, Rép. pr. civ. Rdnr. 66.

rechtsmissbräuchlich einzustufen ist[732]. Es wird von einer „abgestuften" Zulässigkeit außervertraglicher Vereinbarungen über prozessuale Handlungen gesprochen. Je mehr die betroffene prozessuale Befugnis dem Einfluss des Gerichts unterliegt, desto eher sollen diesbezügliche Vereinbarungen nicht zulässig sein[733]. Zwar vermitteln auf den ersten Blick Art. 1[734] und 2[735] *nouv. C. pr. civ.* den Eindruck, der Prozess obliege zuvörderst der Regie der Parteien. Bereits Art. 3 *nouv. C. pr. civ.* [736] weist jedoch nachdrücklich auch auf die Befugnis des Richters zur Leitung des Verfahrens hin. Als *„service public"* soll das Verfahren seinem Einfluss nicht vollständig entzogen werden dürfen[737]. Ist also insbesondere ein Verfahren noch nicht eingeleitet worden, sind außergerichtliche Vereinbarungen über prozessuale Befugnisse nur ausnahmsweise zulässig, wenn sie nämlich in keiner Weise das Leitungsrecht des Gerichts aus Art. 3 *nouv. C. pr. civ.* tangieren[738]. Im Ergebnis bedeutet die Nichteinhaltung der außergerichtlichen Vereinbarung über die Zurücknahme in Frankreich somit, dass die widersprüchlich handelnde Partei den Prozess weiterführt und die bereits eingetretene Wirkung des *désistement d`appel* ignoriert.

a) Die Anwendung der allgemeinen Rechtsmissbrauchsschranke in Deutschland

Diese Problematik ist in Deutschland umstritten, weil sie grundsätzliche Fragen berührt. Ausgangspunkt für die Darstellung, ob und wie ein nicht eingehaltenes Rechtsmittelzurücknahmeversprechen im deutschen Recht sanktioniert wird, soll eine Entscheidung des OLG Düsseldorf aus dem Jahr 1997[739] sein:

In einem Urkundsprozess hatten die Kläger zunächst vor dem Landgericht aus einer außergerichtlichen Vereinbarung mit der Beklagten Honorarforderungen geltend gemacht. Die Beklagte hatte in der Vereinbarung der ratenweisen Zahlung des Honorars zu bestimmten Fälligkeitsterminen zugestimmt und so ein An-

---

732 Cadiet, Rdnr. 30, 886; Vincent/Guinchard, Rdnr. 535; vgl. auch Lagarde, D. 2000, chron., 217ff.; Vincent, Mél. Roubier, S. 303 (306ff.).

733 Cadiet, Rdnr. 894; Lagarde, D. 2000, chron., 217ff.

734 Art. 1 *nouv. C. pr. civ. : „Seules les parties introduisent l`instance, hors les cas où la loi en dispose autrement. Elles ont la liberté d`y mettre fin avant qu`elle ne s`éteigne par l`effet du jugement ou en vertu de la loi".*

735 Art. 2 *nouv. C. pr. civ. : „Les parties conduisent l`instance sous les charges qui leur incombent. Il leur appartient d`accomplir les actes de la procédure dans les formes et délais requis".*

736 Art. 3 *nouv. C. pr. civ. : „Le juge veille au bon déroulement de l`instance ; il a le pouvoir d`impartir les délais et d`ordonner les mesures nécessaires".*

737 Vgl. Vincent/Guinchard, Rdnr. 544.

738 Cadiet, Rdnr. 900; Cass. civ. 2e, 13.02.1991, Gaz. Pal. 1991, 2, somm. 465.

739 OLGR Düsseldorf 1997, 360; vgl. auch OLGR Köln 1995, 95f.

erkenntnis als weitere Rechtsgrundlage geschaffen, jedoch nur eine Rate gezahlt. Das Landgericht hatte zugunsten der Kläger entschieden, woraufhin die Parteien wiederum einen außergerichtlichen Vergleich geschlossen hatten, wonach die Beklagte zur Abgeltung sämtlicher Verbindlichkeiten einen geringeren als den ausgeurteilten Betrag an die Kläger zu zahlen und die bereits beim OLG Düsseldorf eingelegte Berufung zurückzunehmen hatte. Tatsächlich nahm die Beklagte die Berufung jedoch nicht zurück. Die Kläger (und nun Berufungsbeklagten) machten daraufhin vor dem OLG Düsseldorf den außergerichtlichen Vergleich über die Berufungszurücknahme geltend und das OLG entschied, dass in diesem Fall die Berufung der Beklagten und Berufungsklägerin, als unzulässig zu verwerfen sei.

Die Entscheidung fügt sich in das dogmatische Verständnis von der gleichsam „indirekten" Wirkung eines außergerichtlichen Rechtsmittelzurücknahmeversprechens in der herrschenden Rechtsprechung und Literatur[740] ein. Danach ist das Rechtsmittelzurücknahmeversprechen materiellrechtlich[741] und als schuldrechtlicher Verpflichtungsvertrag zu qualifizieren, der zu seiner Berücksichtigung im Prozess der prozessualen Einrede in Form *der exceptio doli* des Gläubigers bedarf. Nach ständiger Rechtsprechung des BGH[742] dürfe sich grundsätzlich niemand zu seinem vorangehenden Verhalten in Widerspruch setzen. Schon 1921 entschied das Reichsgericht[743], dass einem Beklagten bei Aufrechterhaltung eines Rechtsmittels trotz außergerichtlichen Rechtsmittelzurücknahmeversprechens wegen der vorsätzlichen Verletzung der außerprozessualen Pflicht die Einrede der Arglist entgegenhalten werden könne. Die herrschende Rechtsprechung versteht somit schon seit langem diese Gestaltung als Anwendungsfall des Grundsatzes von Treu und Glauben in Form des Verbotes *des venire contra factum*

740 RGZ 102, 217 (222f.); 159, 186 (190); BGH NJW 1964, 549 (550); NJW 1968, 794; NJW 1984, 805; NJW 1985, 189; NJW-RR 1989, 802; OLGR Köln 1995, 95/96; OLGR Düsseldorf 1997, 360; Zöller/Greger, vor § 128 Rdnr. 26 ; AK-ZPO-Wassermann, § 269 Rdnr. 2; Baumbach/Lauterbach/Albers/Hartmann, Grdz. § 128 Rdnr. 49; Baumgärtel, Prozeßhandlung, S. 264f.; Henckel, S. 294f.; Roth, Einrede, S. 243; Stein/Jonas/Leipold, vor 128 Rdnr. 247; a. A. MüKoZPO/Lüke, Einl. Rdnr. 289, der den Verträgen neben der verpflichtenden auch eine direkte, verfügende Wirkung zuschreibt.

741 RGZ 36, 421 (422); BGHZ 28, 45 (48); BGH NJW 1984, 805; 1986, 198; AK-ZPO-Ankermann, § 514 Rdnr. 2; MüKoZPO/Rimmelspacher, § 517 Rdnr. 35; Thomas/Putzo/Putzo, Einl. III Rdnr. 6; Zeiss, NJW 1969, 166 (168); Zöller/Greger, vor § 128 Rdnr. 26.

742 BGH NJW-RR 1989, 802; BGH NJW 1985, 189 (190); BGH NJW 1984, 805; 1961, 460f. BGHZ 159, 186ff.; 28, 45 (52); RGZ 102, 217ff.; 123, 84ff.; 159, 186ff.

743 RGZ 102, 217 (221ff.); vgl. zum Klagerücknahmeversprechen auch RGZ 159, 186ff.

proprium[744] und wendet die allgemeine Rechtsmissbrauchsschranke an. Obwohl an sich die Verletzung einer außerprozessualen Vertragspflicht in Rede steht, liegt nach dieser Auffassung in dem Verhalten eine unzulässige Ausübung einer prozessualen Befugnis. Das Verhalten steht in Widerspruch zu dem durch den Rechtsmittelzurücknahmevertrag außerprozessual geschaffenen Vertrauenstatbestand, der im prozessualen Bereich zwischen den Parteien fortwirkt. Der Gedanke des *venire contra factum proprium* wird von den Vertretern dieser Ansicht dafür fruchtbar gemacht, die zwischen dem materiellen Recht und dem Prozessrecht grundsätzlich angenommene Trennung zu überwinden[745]. Der in beiden Rechtsbereichen geltende Grundsatz von Treu und Glauben, der dem *venire contra factum proprium* zugrunde liegt, soll durch sein Hineinwirken in den Prozess dazu führen, dass mit einer materiellrechtlichen Einrede auf die Zulässigkeit einer Prozesshandlung eingewirkt werden kann.

Diese Auffassung erfährt nicht wenig Kritik in der Literatur: Es sei nicht ersichtlich, inwiefern sich eine Einrede mit prozessualer Wirkung aus einem materiellrechtlichen Vertrag ableiten lasse[746] und aus welchen Gründen es eines Rückgriffs auf den Grundsatz von Treu und Glauben bedürfe, um die Vertrauenswirkung des außergerichtlichen Rechtsmittelzurücknahmeversprechens durchzusetzen[747]. Insbesondere wird in Abkehr von der Anwendung des Grundsatzes des *venire contra factum proprium* davon ausgegangen[748], dass es einer Schranke in Form des „Arglisteneinwandes“ nicht bedürfe. Bei der Nichteinhaltung des Rechtsmittelzurücknahmevertrages handele es sich schlicht um ein Problem der Bindungswirkung von Verträgen. Erkenne man die Bindungswirkung zur Vornahme oder Unterlassung einer Prozesshandlung an, sei der Rückgriff auf Treu und Glauben systemfremd und überflüssig. In diesem Fall müsse vielmehr auf die Einrede des vertragswidrigen Verhaltens, der so genannten *exceptio pacti*, zurückgegriffen werden[749].

Diese grundsätzliche Kritik an der herrschenden Meinung ist jedoch bereits in sich widersprüchlich. Auch die Einrede, dass Verträge einzuhalten sind, stammt aus dem römischen Recht und wurde als materiellrechtlich qualifiziert. Warum

---

744 So auch: OLGR Köln 1995, 95/96.

745 Vgl. zum Trennungsdogma bereits oben, S. 40.

746 Wagner, S. 240; Oertmann, ZZP 45, 389 (424); Orfanides, S. 201; Schlosser, Einverständliches Parteihandeln, S. 48f.

747 Wieacker, S. 27; Wagner, S. 240; Henckel, S. 370f.

748 Zeiss, S.103; Baumgärtel, Prozeßhandlung, S. 206 (209).

749 Zeiss, S. 105ff.; ders., NJW 1967, 703 (706, Fn. 48); Baumgärtel, ZZP 86 (1973), 353 (364); ders., FS f. Schima, S. 41 (42ff., Fn. 11); Schwab, FS f. Baumgärtel, S. 503 (512); Teubner/Künzel, MDR 1988, 720 (724); Zöller/Greger, vor § 128 Rdnr. 32; aber auch: BGHZ 10, 22 (23ff.); 28, 45 (52); BGH, NJW 1986, 198.

dennoch gerade diese Einrede aus einem schuldrechtlichen Verpflichtungsvertrag über verfahrensrechtliche Befugnisse eine prozessuale Wirkung entfalten soll, bleibt offen[750] und ist jedenfalls zur Überwindung des Trennungsdogmas nicht geeignet. Für verpflichtende, auf prozessuale Rechtsfolgen zielende Vereinbarungen wie das Rechtsmittelzurücknahmeversprechen bedeutet dies, dass auf jeden Fall auf einen rechtsübergreifenden Grundsatz zurückgegriffen werden muss, um das Trennungsdogma zugunsten einer prozessualen Wirkung eines materiellrechtlichen Rechtsgeschäfts zu überwinden. Vorzuziehen ist vor diesem Hintergrund die Auffassung, die auf die Wirkung des Rechtsmittelzurücknahmeversprechens im Wege der Berufung auf Treu und Glauben abstellt.

Neben diesen Meinungen, die für die Herbeiführung der prozessualen Wirkung des außergerichtlichen Rechtsmittelzurücknahmeversprechens eine Einrede erforderlich halten, wird zusätzlich vertreten, dass die Wirkung des vertraglichen Rechtsmittelzurücknahmeversprechens bereits außerprozessual *ipso iure* eintrete und entsprechend einer materiellrechtlichen Einwendung Eingang in den Prozess finden könne[751]. Es handele sich um ein prozessuales Verpflichtungsgeschäft[752]. Lege der Rechtsmittelführer trotz einer solchen Vereinbarung die Berufung ein, verstoße er gegen eine zwar vertraglich übernommene, jedoch als prozessual zu bezeichnende Pflicht, die Anfechtung des Urteils zu unterlassen[753]. Auch danach sei der Rechtsmittelzurücknahmevertrag nur dann vom Gericht zu beachten, wenn irgendeine der Parteien ihn als Vortrag in den Prozess einführe. Anders als bei den Ansichten, die eine *exceptio doli* oder *exceptio pacti* verlangten, müsse es aber nicht die begünstigte Partei sein, die den Vertrag mittels Einrede geltend mache[754]. Auch diese Ansicht macht jedoch nicht plausibel, wie eine materiellrechtliche Verpflichtung prozessuale Wirkungen auslösen soll.

Schließlich geht eine weitere Meinung in diesen Fällen von einer prozessrechtlichen Qualifikation[755] aus. Die Partei disponiere beim außergerichtlichen Rechtsmittelzurücknahmevertrag über ihr antizipiertes Recht zur Einlegung von Rechtsmitteln. Danach soll es sich beim Rechtsmittelzurücknahmeversprechen um einen prozessualen Verfügungsvertrag handeln, dem unmittelbar eine pro-

---

750 Wagner, S. 242.

751 Wagner, S. 247ff.

752 Nikisch, § 55 III, S. 220; § 69 III, S. 271; Schwab, FS f. Baumgärtel, S. 503 (510); Wagner, S. 506.

753 Wagner, S. 508f.

754 Wagner, S. 509.

755 Rosenberg/Schwab/Gottwald, § 66, II S. 367; Baumgärtel, Prozeßhandlung, S. 206ff., 215f., 268ff.; Habscheid, NJW 1965, 2369 (2370); Neumann, S. 45; BGH NJW 1964, 549 (550); BGH NJW-RR 1989, 802; BGH NJW 1986, 198; Zöller/Greger, vor § 128 Rn. 26, 32; Schiedermair, S. 70ff.; 95f.; 112f., 115; MüKoZPO/Lüke, Einl. Rdnr. 289; Schlosser, Einverständliches Parteihandeln, S. 72.

zessrechtliche Wirkung zukomme. Konsequenterweise müssten vertragswidrig eingelegte Rechtsmittel verworfen werden[756]. Ergänzend wird teilweise auch im Rahmen dieser Ansicht wiederum vertreten, dass die Verfügungswirkung mittels Einrede geltend gemacht werden müsse[757], zum Teil wird aber auch die extreme Position vertreten, die Wirkung des Rechtsmittelzurücknahmevertrages sei von Amts wegen zu berücksichtigen[758]. Gegen letztere Auffassung spricht jedoch schon die Tatsache, dass ein öffentliches Interesse an der Durchsetzung eines solchen Vertrages nicht besteht. Gerichte sind nicht *eo ipso* dazu verpflichtet, Zweifeln an der Zulässigkeit einer Prozesshandlung nachzugehen[759]. Den Parteien muss folgerichtig im Rahmen der Privatautonomie das Recht zustehen, nicht nur Prozessverträge zu schließen, sondern diese auch wieder aufzuheben bzw. sie nicht gerichtlich geltend zu machen[760]. Trotz der kontroversen Dogmatik kann nicht unberücksichtigt bleiben, dass die ZPO für die Wirksamkeit eines Rechtsmittelzurücknahmeversprechens jedenfalls auch die Erklärung gegenüber dem Gericht verlangt. Es kann also im Ergebnis nur ausschlaggebend sein, dass der Gesetzgeber bestimmt hat, dass nicht außerprozessual über die Rücknahme verfügt werden soll[761]. Daher ist der h. M. zuzustimmen, die das außergerichtliche Rechtsmittelzurücknahmeversprechen als materiellrechtlichen Verpflichtungsvertrag ansieht, dessen Einhaltung über den Rückgriff auf den Grundsatzes von Treu und Glauben auch prozessual geltend gemacht werden kann. Für das deutsche Recht lässt sich somit feststellen, dass die allgemeine Rechtsmissbrauchsschranke Anwendung findet und als „Generaltransformator" trotz des Trennungsdogmas materiellrechtlichen Wertungen zur prozessualen Durchsetzbarkeit verhilft.

b) Die Rechtslage in Frankreich

Zu der Frage, wie sich nun die Nichteinhaltung eines außerprozessual vereinbarten *désistement d'appel* im französischen Recht auswirkt, wurde bereits ausgeführt, dass ein wesentlicher Unterschied zum deutschen Recht darin besteht, dass im Zeitpunkt des widersprüchlichen Verhaltens, nämlich der Fortführung des Prozesses, die prozessualen Wirkungen des *désistement* bereits eingetreten sind. Dies hat zur Folge, dass die gegnerische Partei sich im Prozess nur auf diese außerprozessual bereits eingetretenen prozessualen Wirkungen berufen muss,

756 Schiedermair, S. 117.
757 Schiedermair, S. 112ff.; Hellwig, Systematik, S. 73; Habscheid, NJW 1965, 2369 (2372); Rosenberg/Schwab/Gottwald, § 66 II, S. 367ff.
758 Schlosser, Einverständliches Parteihandeln, S. 49ff.; Emmerich, ZZP 82, 413 (421).
759 Wagner, S. 246.
760 Wagner, S. 246.
761 Wagner, S. 507.

und zwar mit Hilfe einer Einwendung in Form des *fin de non-recevoir*[762]. Dabei handelt es sich um die ausdrücklich unter Art. 122 *nouv. C. pr. civ.* aufgeführte *exception de chose jugée*, deren Rechtsfolge darin besteht, dass das Gericht den eingelegten *appel* als unzulässig abzuweisen hat[763]. Die *exception de chose jugée* besteht als besonderer Einwand, weil das *désistement de l`appel* gemäß Art. 403 *nouv. C. pr. civ.*[764] nicht nur eine Rücknahme mit der Rechtsfolge des Erlöschens *nur* der Instanz[765], sondern auch ein Anerkenntnis, ein *acquiescement*, mit der Rechtsfolge der Vernichtung auch des *droit d`agir* darstellt. Der den *appel* Zurücknehmende unterwirft sich mit dieser Zurücknahme der erstinstanzlichen Klage seines Gegners[766]. Gleichzeitig bewirkt die Gleichsetzung des *désistement de l`appel* mit dem *acquiescement* gemäß Art. 409 *nouv. C. pr. civ*, dass der Zurücknehmende keine weiteren Rechtsmittel mehr ausüben darf, die ihm grundsätzlich zur Verfügung stünden[767]. Das erstinstanzliche Urteil erwächst dadurch in Rechtskraft[768], d. h. ihm kommt die *autorité de la chose jugée* zu, so dass der Rechtsstreit nicht mehr vor ein erstinstanzliches Gericht gebracht werden kann[769].

Im Ergebnis trägt so auch das französische Zivilprozessrecht dafür Sorge, dass eine Partei, die sich außergerichtlich zur Rücknahme einer Berufung verpflichtet hat, daran gebunden bleibt und sich entsprechend im Prozess verhalten muss. Das französische Recht sieht in der Wirkung materiellrechtlicher Verträge auf das Zivilprozessrecht kein Problem, weil eine strenge Unterscheidung zwi-

---

762 Vgl. oben Fn. 244.

763 Strickler, désistement, Rép. pr. civ., Rdnr. 113 m. w. N. ; Civ. 05.10.1999, D. 1999, I.R. S. 260.

764 Art. 403 *nouv. C. pr. civ.*: *„Le désistement de l`appel emporte acquiescement au jugement. Il est non avenu si, postérieurement, une autre partie interjette ell-même régulièrement appel"*.

765 Vincent/Guinchard, Rdnr. 1176; Strickler, désistement, Rép. Pr. Civ., Rdnr. 101; dies steht im Gegensatz zum *désistement d`action*, mit dem nicht nur die Instanz, sondern das Klagerecht überhaupt vernichtet wird, vgl. Strickler, désistement, Rép. pr. civ., Rdnr. 123ff.; Müller, S. 44.

766 Cadiet, Rdnr. 1366 ; Vincent /Guinchard, Rdnr. 1181.

767 Guinchard/Pételー Teyssié, Rdnr. 4409.

768 Strickler, acquiescement, Rép. pr. civ., Rdnr. 114.

769 Guinchard/Pétel-Teyssié, Rdnr. 4398 ; gleichwohl ist nach dem Verständnis des deutschen Rechts die materielle Rechtskraft, die in Frankreich als *force de la chose jugée* bezeichnet wird, nicht eingetreten. Die *autorité de la chose jugée* kann noch mit Einlegung eines ordentlichen Rechtsmittels, z. B. durch Erhebung eines *appel* durch eine andere dritte Partei (vgl. Art. 403 *nouv. C. pr. civ.*) suspendiert werden. Erst mit der Unanfechtbarkeit der Entscheidung erlangt das Urteil die volle materielle Rechtskraft, vgl. hierzu Guinchard/Pétel-Teyssié, Rdnr. 4411; Habscheid, FS f. Fragistas, 529 (539).

schen materiellem Privatrecht und dem Zivilprozessrecht nicht vorgenommen wird[770]. Auf diese Weise von der Last der dogmatischen Trennung befreit wird das Zivilprozessrecht im Verhältnis zum materiellen Recht als ein Teil desselben verstanden. Ein besonderer Charakter wird ihm nicht zuerkannt[771]. Die Unzulässigkeit des „widersprüchlichen Verhaltens" im Sinne der oben geschilderten Manipulationshandlung bedarf in Frankreich insofern keiner weiteren Eingrenzung.

Dennoch finden sich in diesem Zusammenhang auch Urteile zum Rechtsmissbrauch, in denen eine Partei neben dem Einwand, dass ein *désistement de l'appel* vorliege, zusätzlich Schadensersatz wegen *abus de droit* geltend macht[772]. Die *Cour de Cassation* bestätigte insoweit, dass die Instanzgerichte auch die Möglichkeit hätten, den Rechtsmittelführer wegen rechtsmissbräuchlicher Berufungseinlegung zu Schadensersatz zu verurteilen[773]. Auch dann besteht kein spezielles Problem in den (eindeutigen) prozessualen Wirkungen des *désistement,* sondern gelten die bereits erörterten Grundsätze der allgemeinen Rechtsmissbrauchsschranke.

Damit findet die widersprüchliche Erhebung oder Fortsetzung einer Berufung im französischen Zivilprozessrecht sowohl in der Rechtsfolge der Unzulässigkeit des Rechtsmittels als auch in einem möglichen Schadensersatzanspruch wegen *abus de droit* seine Grenze.

c) Rechtsvergleichendes Ergebnis

Die rechtsvergleichende Betrachtung belegt beim nichteingehaltenen Rechtsmittelzurücknahmeversprechen einen deutlichen Unterschied in der rechtstechnischen Behandlung dieses Problems. Indem die Vereinbarung eines *désistement d'appel* frei von dogmatischen Hindernissen bereits außerprozessual Rechtswirkungen für einen Prozess erzeugen kann, bedarf es für die gegnerische Partei keiner weiteren besonderen Einrede, um ihr Recht wahrzunehmen. Privatrecht und Prozessrecht werden als Einheit gesehen. Das deutsche Recht benötigt dagegen einen erheblichen theoretischen Aufwand, um mittels der allgemeinen Rechtsmissbrauchsschranke das geltende Trennungsdogma zu überwinden und so das Problem systematisch stimmig einem nach den übergeordneten Wertungen der Rechtsordnung scheinbar vorgezeichneten Ergebnis zuzuführen.

---

770 Neuner, S. 27.
771 Neuner, S. 24.
772 T. corr. Bourg, 21.12.1922, Mon. Jud. Lyon, 15.03.1923.
773 Cass. soc., 16.11.1960, Bull. civ. IV, Rdnr. 1024; Gaonac'h/Le Moal, Rép. pr. Civ., transaction, Rdnr. 219 ; ähnlich für das selbständige *désistement d'appel*, Cour d'appel de Paris, 08.12.1995, D. 1996 somm., S. 358, wo das Begehren aber mangels Schlüssigkeit abgelehnt wurde.

Dass die den unterschiedlichen Lösungswegen zugrunde liegenden Wertungen, sich nicht entgegen vertraglichen Vereinbarungen zu verhalten, in beiden Rechtsordnungen gelten, belegt das gleiche praktische Ergebnis. Der materiellrechtlichen Verpflichtung wird im deutschen wie im französischen Zivilprozess Geltung verschafft. Aus praktischer Sicht lässt sich daher feststellen, dass in Frankreich und in Deutschland beim vertraglichen Rechtsmittelzurücknahmeversprechen bzw. dem außergerichtlichen *désistement d`appel* letztlich doch eine Prozessvereinbarung mit Verfügungswirkung vorliegt, die nach Auffassung von *Konzen* in Deutschland „nur mit einem falschen Etikett versehen"[774] ist.

2. Die widersprüchliche Anrufung eines Gerichts

Abschließend soll noch auf bestimmte Fälle des *venire contra factum proprium* eingegangen werden, die ein widersprüchliches Verhalten zum Gegenstand haben und im deutschen Recht als „Verwirkungsfälle" bezeichnet werden. Hier kann als signifikantes Beispiel die Situation herausgestellt werden, dass ein Kläger ein Gericht anruft, obwohl er sich zuvor gegenüber der gegnerischen Partei so verhalten hat, als würde er gerichtlichen Rechtsschutz nicht mehr in Anspruch nehmen. Ziel der widersprüchlichen Handlung ist die Einleitung eines Verfahrens. Ein einheitliches Interesse an dieser Manipulationshandlung ist in der Regel nicht festzumachen, weil letztlich jedes private oder geschäftliche Motiv hinter dem Gang vor Gericht stehen kann. Die Missbilligung solchen Verhaltens erschlösse sich dem Betrachter daher erst aufgrund vergleichsweise abstrakter – und damit wenig aussagekräftiger – Schlussfolgerungen. Ob die allgemeine Rechtsmissbrauchsschranke auch in diesen Fällen anwendbar ist und eine praktikable Lösung herbeiführen kann, ergibt sich in erhöhtem Maße erst aus dem Einzelfall. Die nachfolgenden Fälle der Rechtsprechung verdeutlichen dies.

a) Die Anwendung der allgemeinen Rechtsmissbrauchsschranke in Deutschland

Als Einstiegsfall für die Prüfung der so genannten „illoyalen Anrufung des Gerichts" in der deutschen Rechtsprechung dient eine Entscheidung des BGH[775] aus dem Jahre 1990. Sie betrifft Streitfragen des Verhältnisses der materiellen zur prozessualen Verwirkung und erhellt das Verständnis dieses Problemkreises im deutschen Recht:

774 Konzen, S. 193.
775 BGH NJW-RR 1990, 886ff.

Zwischen dem Kläger, einem rechtsfähigen Verein, der nach seiner Satzung Verbraucherinteressen wahrzunehmen hatte, und der Beklagten, einem Unternehmen, dessen AGB der Kläger für rechtswidrig erachtete, war zunächst über kritisierte Klauseln ein Schriftwechsel erfolgt. Der Kläger hatte erreicht, dass die Beklagte einige AGB-Klauseln abgeändert und eine Unterlassungserklärung abgegeben hatte. Nach einer vier Jahre später erfolgten weiteren Abmahnung sollte die Beklagte nunmehr auch die bereits abgeänderten Klauseln im Rechtsverkehr mit Nichtkaufleuten unterlassen. Da die Beklagte dies verweigerte, erhob der Kläger gegenüber der Beklagten eine so genannte Verbandsklage. Die Beklagte wandte sich u. a. gegen die Zulässigkeit der Klage. Sie habe nach so langer Zeit nicht mehr mit der Anrufung des Gerichts rechnen müssen, so dass eine Verwirkung der Klagebefugnis eingetreten sei. Der BGH wies die Klage im Ergebnis als unbegründet ab, dem Zulässigkeitseinwand der Beklagten folgte er hingegen nicht. Eine Verwirkung der Klagebefugnis sei nicht eingetreten, die Klageerhebung stelle *eo ipso* keine unzulässige Rechtsausübung unter dem Gesichtspunkt des Verstoßes gegen Treu und Glauben dar. Jedenfalls dann, wenn es sich um eine auf einem materiellrechtlichen Anspruch beruhende zivilprozessuale Leistungsklage handele, unterliege die Befugnis zur Klage grundsätzlich nicht der prozessualen Verwirkung[776]. Einen Vertrauensschutz des Gegners gegen eine Inanspruchnahme im Klagewege gebe es nicht. Es bestehe kein Anlass, die materiellrechtliche Verwirkung mit einer prozessualen Verwirkung zu vermengen. Lägen die Voraussetzungen des Verwirkungstatbestandes vor, sei der materiellrechtliche Anspruch, nicht die Klagebefugnis betroffen.

Hat diese Entscheidung auf den ersten Blick scheinbar ausschließlich zur Folge, dass in solchen Fällen eine Klageabweisung nur wegen Unbegründetheit, nicht aber bereits wegen Unzulässigkeit in Betracht kommt, wirft die Feststellung des BGH, die Klagebefugnis könne für sich nicht verwirken, wenn ein materiellrechtlicher Anspruch zugrunde liege, erhebliche dogmatische Fragen auf. Diese Fragen knüpfen an die Dogmatik der Klagebefugnis im deutschen Recht an. Die h. M. in Rechtsprechung und Literatur[777] geht übereinstimmend davon aus, dass eine Verwirkung der prozessualen Klagebefugnis unabhängig von einem ihr zugrunde liegenden materiellrechtlichen Anspruch nicht möglich sein soll. Es sei aufgrund des anspruchsrechtlichen Denkens zwischen den verschiedenen Vertrauenstatbeständen zu unterscheiden und stets zu prüfen, auf welche Art von

776 BGH NJW-RR 1990, 886 (887).

777 BGH NJW-RR 1990, 886f.; KG OLGZ 1977, 427 (428); Stein/Jonas/Schumann, Einl. IV D, Rdnr. 259; Baumgärtel, ZZP 67 (1954), 423 (432); ders., ZZP 75 (1962), 385 (400); ders., ZZP 86 (1973), 353 (366f.); Henckel, S. 114ff.; Konzen, S. 258, 266; Zeiss, S. 143; Baumbach/Lauterbach/Albers/Hartmann, Einl. III, Rdnr. 65; MüKoZPO/Lüke, Einl. Rdnr. 33, Zöller/Vollkommer, Einl. Rdnr. 57a.

Durchsetzung sich das enttäuschte Vertrauen bei der Verwirkung beziehe[778]. Obliege dem Zivilprozessrecht die Aufgabe der Sicherung und Durchsetzung subjektiver Rechte, sei das eine daher ohne das andere nicht denkbar[779]. Die Verwirkung der prozessualen Klagebefugnis wird so mit der Begründung ausgeschlossen, dass materielles und prozessuales Zivilrecht zwar grundsätzlich dem Trennungsdogma unterliege, jedoch hier nicht unabhängig voneinander betrachtet werden könne. Dass etwa der Beklagte darauf vertraut habe, der Kläger werde seinen Anspruch nicht mehr einklagen, aber gegebenenfalls noch außergerichtlich verwirklichen, sei abwegig[780]. Denn dies würde bedeuten, dass der Gegner zwar noch zivilrechtlich verpflichtet sei, seinen rechtmäßigen Anspruch aber gerichtlich nicht mehr durchsetzen könnte. Mache ein Anspruchsinhaber seinen materiellrechtlichen Anspruch lange Zeit weder außergerichtlich noch gerichtlich geltend, vertraue der Gegner tatsächlich darauf, dass der Anspruch nach der einen wie der anderen Art nicht mehr durchgesetzt werden solle. Konsequenterweise verwirke im deutschen Recht der materiellrechtliche Anspruch ungeachtet des Verlustes seiner Klagbarkeit[781]. Solange der Klagebefugnis ein materiellrechtlicher Anspruch zugrunde liege, könne sich der zwischen den Parteien bestehende Vertrauenstatbestand nicht selbständig auf die Klagebefugnis beziehen[782]. Sei der materiellrechtliche Anspruch noch nicht verwirkt, existiere kein Vertrauensschutz, der einen Beklagten vor Klagen des noch bestehenden materiellrechtlichen Anspruchs bewahre[783]; sei er bei Klageerhebung verwirkt, komme es nur auf diese Verwirkung an, so dass eine Klage als unbegründet, nicht etwa als unzulässig abzuweisen sei. Aus diesen Gründen könne auch die Klagebefugnis für die Leistungs- und Feststellungs- oder auch Gestaltungsklage selbständig nicht verwirken[784].

---

778 Baumgärtel, ZZP 67 (1954), 423 (432).

779 Griebeling, S. 70.

780 A. A. BAG NJW 1962, 463; BAG NJW 1983, 1443 (1444); BAG BB 1989, 990 (991); BVerfG 32, 305 (309); Schilken, Rdnr. 151; Baumgärtel, ZZP 75 (1962), 385 (388), die es durchaus für theoretisch möglich halten, der Kläger werde das von ihm behauptete materielle Recht nur noch außergerichtlich und gerade nicht im Wege der Klage geltend machen, so dass allein die Klagebefugnis, unabhängig vom materiellrechtlichen Anspruch verwirken könne.

781 Zeiss, S. 143; Baumgärtel, ZZP 67 (1954), 423 (432); ders., ZZP 75, 385 (399); BGH NJW-RR 1990, 886 (887).

782 Baumgärtel, ZZP 67 (1954), 423 (432); ders., ZZP 75 (1962), 385 (387); Konzen, S. 258, 266; Griebeling, S. 69, 73; a. A. Schilken, Rdnr. 151; BGH NJW-RR 1990, 886 (887).

783 Henckel, S. 115; Griebeling, S. 69, 71; MüKoBGB/Roth, § 242 Rdnr. 300.

784 Baumgärtel, ZZP 75 (1962), 385 (395); Henckel, S. 114, 115; MüKoZPO/Lüke, Einl. Rdnr. 33; Stein/Jonas/Schumann, Einl. Rdnr. 259; MüKoBGB/Roth, § 242 Rdnr. 300; Zöller/Vollkommer, Einl. Rdnr. 57a; a. A. Zeiss, S. 142 (144); Konzen,

Eine andere Meinungsgruppe differenziert vor dem Hintergrund dieser Diskussion um die Rechtsnatur der Klagebefugnis und verneint nicht kategorisch die Möglichkeit der isolierten Verwirkung der Klagebefugnis:

Eine Auffassung[785] sieht in der Klagebefugnis nur eine *Klagbarkeit* des Anspruchs, also die prozessuale Befugnis, das in § 194 BGB definierte Recht auch gerichtlich geltend machen zu können[786]. Es wird teilweise mit dem Begriff des materiellrechtlichen Anspruchs identifiziert[787]. Die Verwirkung der Klagebefugnis könne den materiellrechtlichen Anspruch hinfällig werden lassen jedenfalls die faktische Verwirkung des materiellrechtlichen Anspruchs ohne Sachurteil bewirken. Ohne dass auf die Begründetheit des materiellrechtlichen Anspruchs eingegangen werden müsste, würde faktisch wegen der Unzulässigkeit der Anspruchsdurchsetzung die materiellrechtliche Grundlage endgültig vernichtet. Vor dem Hintergrund, dass der Beklagte damit weitergehend geschützt würde, als dies dem Schutzzweck der prozessualen Verwirkung entspräche[788], wird eine prozessual isolierte Verwirkung abgelehnt.

Zu diesem Ergebnis kommt man auch, wenn man in der Klagebefugnis nur eine *Klagemöglichkeit* sehen will. Damit ist die grundsätzlich jedem offen stehende Möglichkeit gemeint, eine Forderung in Form einer Rechtsbehauptung zur gerichtlichen Entscheidung zu bringen[789]. Als „Möglichkeit" fehle ihr im Gegensatz zu einem materiellen Recht aber die Beziehung zu einem Imperativ, der dem Gericht oder dem Gegner des Befugten ein entsprechendes Verhalten zwingend befehlen würde[790]. Die Klagemöglichkeit sei kein selbständiges subjektives Recht, sondern mit dem Forderungsrecht verbunden und setze dieses voraus[791]. Nach der so verstandenen Rechtsnatur der Klagebefugnis soll sich ein Vertrauenstatbestand in Bezug auf die Nichtausübung der Klagemöglichkeit gar nicht bilden können[792]. Es sei zweifelhaft, ob die Klagemöglichkeit überhaupt eine solche Sonderbeziehung darstelle, wie sie das Prinzip von Treu und Glauben regel-

---

S. 258 (267ff.); Griebeling, S. 77 (92), die im Rahmen dieser Auffassung einschränkend vertreten, dass eine Verwirkung der prozessualen Klagebefugnis bei Gestaltungsklagen, denen kein materielles Gestaltungsrecht zugrunde liege, möglich sei.

785 Vgl. Baumgärtel, ZZP 75 (1962), 385 (394).

786 Zeiss, S. 143; Rosenberg/Schwab/Gottwald, S. 514; Baumgärtel, ZZP 75 (1962), 385 (394).

787 Vgl. Darstellung bei Neumann, S. 13ff.; Lüke, ZZP 76 (1963), 1 (19f.); Baumgärtel, ZZP 75 (1962), 393f. m. w. N.; Griebeling, S. 62.

788 Baumgärtel, ZZP 75 (1962), 385 (399).

789 Goldschmidt, S. 260; Zeiss, S. 142; Hellwig, Klagrecht, S. 25.

790 Niese, S. 64.

791 Hellwig, Klagrecht, S. 26; Baumgärtel, ZZP 75 (1962), 385 (389).

792 Baumgärtel, ZZP 75 (1962), 385 (395).

mäßig voraussetze und auf die eine Verwirkung zum Schutz des Vertrauens der gegnerischen Partei anwendbar wäre. Entweder handele es sich allein um eine Position des Berechtigten gegenüber dem zur Rechtsschutzgewährung verpflichteten Staat[793] oder diese Möglichkeit sei so unbestimmt, dass sie überhaupt nicht gegenüber einem anderen, sei es Gericht oder Gegner, ausgeübt werden könne[794]. Die Möglichkeit, durch Klageerhebung eine Rechtsbehauptung zur Entscheidung des Gerichts zu stellen, begründe auch dann keinen ausreichenden Vertrauenstatbestand, wenn man dies als Befugnis gegenüber staatlichen Gerichten ansehe. Es sei in einem Rechtsstaat kein Raum für einen Vertrauenstatbestand, der dem potentiellen Kläger ein für alle Mal die Möglichkeit nehmen würde, auf dem Klagewege Terminsbestimmung und rechtliches Gehör zu erlangen[795].

Ähnlich wird argumentiert, wo die Klagebefugnis dem aus dem Rechtsstaatsprinzip folgenden[796] *Rechtsschutzgewährungsanspruch* gleichstellt wird. Zwar unterliege der Rechtsschutzgewährungsanspruch wie alle subjektiv öffentlichen Rechte dem Grundsatz von Treu und Glauben[797]. Der Anspruch richte sich aber gegen den Staat[798], so dass schon deshalb ein möglicherweise entstandenes Vertrauen gegenüber dem Kläger nicht schutzwürdig sei[799]. Rechtsschutzeinrichtungen müssten jedem jederzeit offen stehen, um unabhängige Richter in einem Rechtsstreit entscheiden zu lassen[800]. Aufgrund speziellerer Regelungen, die den Prozess insbesondere durch Ausschlussfristen zeitlich begrenzen, bestehe kein zusätzliches Interesse der Allgemeinheit, welches das Interesse des Klägers überwiege, jederzeit seinen Rechtsschutzgewährungsanspruch geltend machen zu können[801].

Im Ergebnis kommt allein eine Auffassung, die die Klagebefugnis der *Prozessführungsbefugnis* gleichstellt, zur verfahrensrechtlichen Verwirkung in diesen Fällen. Danach finde sich – wie im materiellen Recht – bei der Prozessführungsbefugnis ein Vertrauenstatbestand zwischen den Parteien. Dieser ergebe sich aus ihrem Inhalt, der feststelle, durch wen und gegen wen ein behauptetes Recht geltend gemacht werde[802]. Die Prozessführungsbefugnis stehe auch in Beziehung zur gegnerischen Partei, die darauf vertrauen könne, dass sie nicht aus-

793 Baumgärtel, ZZP 75, (1962), 385 (394).
794 Griebeling, S. 59.
795 Griebeling, S. 59.
796 Rosenberg/Schwab/Gottwald, § 3 I, S. 14.
797 Baumgärtel, ZZP 75, 385 (390).
798 Rosenberg/Schwab/Gottwald, § 3 I, S. 14.
799 Baumgärtel, ZZP 75, 385 (395f.), Griebeling, S. 61.
800 BGHZ 37, 113 (120).
801 Baumgärtel, ZZP 75, 385 (395ff.); Griebeling, S. 59f.
802 Griebeling, S. 68.

geübt werde. Gegen die Argumente dieser Ansicht spricht aber bereits, dass auch sie nicht zu überwinden vermag, dass sich das Vertrauen des Gegners letztlich nur auf die Nichtausübung des materiellen Rechts bezieht[803].

Im Sinne der Eingangsfrage kann als herrschende Ansicht in der deutschen Rechtsprechung und Literatur nach alledem festgestellt werden, dass die Anrufung eines Gerichtes nicht durch die Anwendung der Verwirkung auf die Klagebefugnis beschränkt werden kann. Dieser Ansicht ist generell unabhängig davon zu folgen, welche Natur man der Klagebefugnis zuschreiben will. Die Beschränkung, mit der in der vorliegenden Fallkonstellation moralisch-ethische Wertungen zum Ausdruck gebracht werden, erfolgt vollständig auf materiellrechtlichem Gebiet. Wird ein materiellrechtlicher Anspruch längere Zeit unter Hinzutreten weiterer illoyaler Umstände nicht gerichtlich geltend gemacht, verwirkt er entweder schon zuvor materiellrechtlich oder er kann weiterhin ausgeübt werden. Prozessual folgt dem zu missbilligenden Verhalten konsequenterweise die Abweisung der entsprechenden Klage als unbegründet nach, weil es an dem erforderlichen Anspruch fehlt. Es handelt sich dabei letztlich um den aus generellen Erwägungen hergeleiteten Grundsatz, dass ein materielles Recht so lange gerichtlich geltend zu machen ist, wie es als bestehend behauptet werden kann[804]. Die Tatsache allein, dass ein Kläger eine Klage erst nach langer Zeit erhebt und der Beklagte mit ihr nicht gerechnet hat, vermittelt dem Beklagten kein anerkennenswertes Vertrauen, kraft dessen er vor Prozessen zu bewahren wäre[805].

Eine andere rechtliche Behandlung könnte sich nur bei Manipulationshandlungen ergeben, die nicht die Ausübung der Klagebefugnis an sich, sondern eine Beschwerdebefugnis betreffen. §§ 567ff. ZPO gewähren bei weniger wichtigen gerichtlichen Entscheidungen das selbständige Rechtsmittel der Beschwerde[806]. Hierbei geht es im Unterschied zur Klage nicht um eine Sachentscheidung. Im Gesetz sind seit der Zivilprozessrechtsreform zum 01.01.2002 nur noch fristgebundene Beschwerden (sofortige Beschwerde, Rechtsbeschwerde) normiert. Gleichwohl könnte das Problem der Verwirkung – wie schon vor der Reform – auch bei fristgebundenen Beschwerden dann noch eine Rolle spielen, wenn die jeweilige Frist nicht wirksam in Lauf gesetzt wurde.

Einen Fall der nicht-fristgebundenen Beschwerde entschied das OLG Nürnberg im Jahre 2000[807]. Hier hatte das LG durch einen Beschluss im November

---

803 Was letztlich auch Griebeling für die Leistungs- und Feststellungsklage einräumen muss, vgl. dort S. 69ff., 74ff., 130.

804 Henckel, S. 115.

805 Henckel, S. 116.

806 Zöller/Gummer, § 567 Rdnr. 9ff., der aber auf ein fehlendes Rechtsschutzbedürfnis abstellt.

807 OLG Nürnberg, NJW-RR 2001, 573.

1996 das Gesuch des Antragstellers abgelehnt, ihm für eine Nichtigkeitsklage gegen ein Urteil des LG Prozesskostenhilfe zu gewähren. Dagegen hatte der Antragsteller erst 2 Jahre und zehn Monate später Beschwerde erhoben. Im Ergebnis verwarf das OLG die Beschwerde als unzulässig; es sah sie als verwirkt an. Eine Partei verstoße gegen den Grundsatz von Treu und Glauben, wenn sie ein unbefristetes Rechtsmittel nicht *„alsbald, noch in einem gewissen zeitlichen Zusammenhang mit einer ergangenen Entscheidung"* erhebe, *„sondern durch ihr Zuwarten den Eindruck"* erwecke, sie nehme die Entscheidung hin. Das OLG bejahte hier eine illoyal verspätete Ausübung der Beschwerdebefugnis, auf deren Nichtausübung der Antragsgegner berechtigt habe vertrauen können. Voraussetzung ist das Vorliegen eines so genannten „Zeit- und Umstandsmoments"[808]. Anders als bei der Klagebefugnis wird durch die prozessuale Verwirkung der Beschwerde einer Partei nicht der Rechtsschutz verweigert. Dem Beschwerdeführer ist im Gegensatz zum Kläger bereits eine rechtliche Prüfung des zugrunde liegenden materiellen Anspruchs gewährt worden. In diesen Unterschieden zur Klagebefugnis liegt augenscheinlich der entscheidende Grund, warum die Verwirkung der Beschwerde im deutschen Zivilprozessrecht anerkannt wird.

Die Verwirkung soll auch bei befristeten Beschwerden eingreifen können[809], z. B. wenn die Zustellung eines anzufechtenden Urteils mangelhaft und unwirksam war[810] oder gar keine Zustellung erfolgte[811], so dass die Beschwerdefrist nicht in Lauf gesetzt werden konnte. Dann dürfte die Erwägung hinzukommen, dass zwar eine die Rechtskraft sichernde Frist nicht wirksam in Lauf gesetzt wurde, bei Hinzutreten der Verwirkung aber ein weiterer Aufschub im Sinne der Rechtssicherheit nicht mehr anerkannt werden kann. Auch hier entsteht beim Gegner ein Vertrauen in den zurechenbar verursachten Eindruck des Rechtsfriedens.

Betrachtet man nun diese Fallgruppe insgesamt, zeigen die Beispiele, dass das deutsche Recht die Verwirkung prozessrechtlicher Befugnisse durchaus zulässt, soweit die Entscheidung über ein materielles Recht einer Partei und der damit verbundene Rechtsschutz nicht beeinträchtigt wird[812]. In den übrigen Fällen erfährt die im Sinne des *venire contra factum proprium* ausgeübte Anrufung des Gerichts dagegen erst dadurch eine Beschränkung, dass die Klage wegen Verwirkung des materiellrechtlichen Anspruchs – also nach einer Begründetheitsprüfung – abgewiesen wird.

---

808 BGHZ 20, 198 (206); BGHZ 43, 289 (292); OLG Nürnberg, NJW-RR 2001, 573.
809 OLG Celle DNotZ 1956, 429 (432); BGHZ 43, 289 (292f.).
810 BGHZ 43, 289 (292f.).
811 BGH NJW-RR 1989, 768.
812 Baumgärtel, ZZP 75 (1962), 385 (402).

b) *Die Rechtslage in Frankreich*

Auch in Frankreich ist die Situation bekannt, dass ein längeres Untätigsein der Partei beim Gegner den Eindruck erwecken könnte, sie werde weiterhin untätig sein und ein Gericht nicht anrufen. Die wesentliche Herangehensweise und Problematik lässt sich anhand einer vergleichsweise unspektakulären Entscheidung der *Cour de cassation* aus dem Jahre 1986 verdeutlichen, wonach ein Landwirt, der eine gemietete Parzelle bereits längere Zeit aufgegeben, seine Mietzahlungen eingestellt und auf eine Anfrage eines mit dem Verkauf der Parzelle beauftragten Notars nicht geantwortet hatte, auf die gerichtliche Geltendmachung seines Mietrechts „verzichtet" habe[813]. Die Anrufung eines Gerichts, die von der gegnerischen Partei nicht erwartet wurde, weil sie im Gegensatz zu dem vorangehenden Verhalten des Klägers steht, wird also im französischen Zivilprozessrecht als „stillschweigender" einseitiger Verzicht, als *renonciation implicite*, eingeordnet. Soweit er die Befugnis betrifft, das Gericht anzurufen, also das *droit d'agir* geltend zu machen, wird von einem *désistement d'action* gesprochen[814]. Dieses ist in Art. 384 *nouv. C. pr. civ.*[815] geregelt, vernichtet das *droit d'agir* und führt nach einheitlicher Auffassung zugleich auch zur „Aufgabe" des der *action* zugrunde liegenden subjektiven Rechts[816]. Ein späteres, dem Verzicht widersprechendes Verhalten ist dann unbeachtlich, eine darauf gestützte Klage unzulässig[817]. Der Verzicht wird insofern als *implicite* verstanden, als er seinen Ausdruck nur in einem Verhalten des Verzichtenden findet[818]. Der Beweis für so einen stillschweigenden Verzicht kann mit jedem Beweismittel erbracht werden; die Feststellung liegt im Ermessen des zur Entscheidung berufenen Gerichts[819]. Ein wesentlicher Auslegungsgrundsatz ist die Wendung: „*La renonciation ne se présume pas*"[820] („ein Verzicht darf nicht vermutet werden"). Er verlangt vom

---

813 Civ. 3e, 13.11.1986, Bull. civ. III, Rdnr. 159.

814 Guinchard/Pétel-Teyssié, Rdnr. 4377; Strickler, désistement, Rép. pr. civ., Rdnr. 123ff.; Müller, S. 44; Cadiet, Rdnr. 918.

815 Art. 384 *nouv. C. pr. civ.*: *„En dehors de cas où cet effet résulte du jugement, l'instance s'éteint accessoirement à l'action par l'effet de la transaction, de l'acquiescement, du désistement d'action ou, dans les actions non transmissibles, par le décès d'une partie ...".*

816 Vgl. Vincent/Guinchard, Rdnr. 1183 ; Cadiet, Rdnr. 918 ; Cass. soc. 05.11.1980, Bull. Civ. V, Rdnr. 799; Cass. civ. 1re, 22.04.1986, Bull. civ. I, Rdnr. 99: *„Le désistement d'action entraîne abandon du droit qui fait l'objet de la contestation".*

817 Ferid/Sonnenberger, Bd. 1, 2 B 29.

818 Sständ. Rechtspr. vgl. nur Strickler, désistement, Rép. pr. civ., Rdnr. 46 m. w. N.

819 Ständ. Rechtspr. vgl. nur Strickler, désistement, Rép. pr. civ., Rdnr. 46 m. w. N.

820 Dreifuss-Netter, Rép. dr. civ., Rdnr. 39; Cass. 2e civ. 23.06.1960, Bull. civ. II, Rdnr. 410.

Gericht, bei der Interpretation einen strengen Maßstab anzulegen. Das französische Recht stellt hier auf eine so genannte „*silences qualifiés*" ab. Es müssen also zu dem schlichten Unterlassen der Rechtsausübung zusätzliche Umstände für die Bejahung eines eindeutigen Verzichts hinzutreten. Allein ein längerer Zeitraum, in dem ein *droit d'agir* nicht ausgeübt wird, ist nicht ausreichend[821]. Auf einen ausdrücklichen Vertrauenstatbestand wird hingegen nicht abgestellt.

Gerade darüber hatte die *Cour de cassation* in einer Entscheidung aus dem Jahre 1987[822] zu befinden: Der verstorbene Ehemann der Klägerin hatte mit der Beklagten einen Kaufvertrag über ein Haus gegen Zahlung einer Rente (*rente en viager*) abgeschlossen und es als Rentengläubiger zehn Jahre lang unterlassen, die von der Beklagten nicht geleistete Rentenschuld geltend zu machen; er hatte zu der Beklagten ein enges persönliches Verhältnis gehabt. Auch nach dem Tod des Ehemanns war die Schuld zunächst nicht eingefordert worden, bis es dann zum Streit zwischen den Parteien gekommen war. Nach Zahlungsverweigerung hatte die Klägerin als Rechtsnachfolgerin ihres Ehemannes entsprechend der im Rentenkaufvertrag vereinbarten Auflösungsklausel für den Fall der Nichtzahlung Klage auf Aufhebung des Vertrages erhoben. Die Klage war von der *Cour d'appel* als unzulässig zurückgewiesen worden. Die *Cour de Cassation* bestätigte auf die Berufung der Klägerin die Entscheidung der ersten Instanz. Die Klägerin habe die Auflösung des Vertrages nicht gutgläubig gerichtlich geltend machen können. Der Ehemann der Klägerin und die Klägerin selbst hätten bei der Beklagten durch den jahrelangen Verzicht das Vertrauen hervorgerufen, die Rentenzahlungen würden gar nicht mehr eingefordert werden. Der plötzliche Sinneswandel der Klägerin, vermutlich aufgrund der persönlichen Streitigkeiten, habe zudem für die Beklagte einen unvorhersehbaren Umstand dargestellt, auf den sie sich im Hinblick auf etwa jetzt geforderte Rentenzahlungen kurzfristig nicht mehr habe einstellen können und müssen.

Für diese Entscheidung war also in erster Linie eine zeitlich langdauernde Haltung des ursprünglichen Rechtsinhabers und der Klägerin ausschlaggebend, die bei der Beklagten eine begründete Erwartung veranlasste. Ein solches Vertrauen in ein fortdauerndes Unterlassen gerichtlicher Geltendmachung wird damit auch in Frankreich als schützenswert erachtet. Die Geltendmachung ist im Prozess in Form eines *fin du non-recevoir* möglich, mit dem sich die benachteiligte Partei wegen der Widersprüchlichkeit auf ein fehlendes *intérêt à agir* des Klägers beruft[823]. Auf diese Weise wird die Inkonsequenz eines Klägers bereits mit der

821 Dreifuss-Netter, Rép. dr. civ., Rdnr. 44ff.; Strickler, désistement, Rép. pr. civ., Rdnr. 34.

822 Civ 3e, 08.04.1987, Bull. civ. III, n° 88, S. 53.

823 Boursier, Rdnr. 427, 432ff. m. w. N.; Guinchard, Rev. Justices 1999, S. 91 (116); Guinchard, Mégacode, Art. 126, n° 012.

Unzulässigkeit einer Klage sanktioniert, dessen widersprüchliches Verhalten ansonsten beim Beklagten einen Schaden verursachen oder zumindest seine tatsächliche Situation verschlechtern würde[824]. Die (noch) unbestrittene Auffassung in der französischen Literatur begründet dieses Ergebnis mit der allgemeinen Geltung des Loyalitätsprinzips. Die Rechtsordnung und die ihr zugrunde liegenden Prinzipien dürften nicht den wechselnden Willensforderungen eines Einzelnen untergeordnet werden[825]. Die Pflicht, sich gegenüber der gegnerischen Partei bei der Ausübung des *droit d`agir*, also der Anrufung eines Gerichts, loyal zu verhalten, könne im Fall des Verstoßes bereits mit der Unzulässigkeit der Klageerhebung sanktioniert werden[826]. Aus dem Loyalitätsprinzip wird abgeleitet, dass man sich in seinem Verhalten nicht zum Nachteil einer anderen Person widersprechen dürfe[827]. Das französische Zivilprozessrecht orientiert sich dabei neuerdings an einem im englischen Recht entwickelten Rechtsinstitut und bezeichnet dieses Prinzip als „*principe de l`estoppel*"[828]. Unstreitig anerkannt ist dieser Gedanke bisher nur im französischen Recht der Schiedsgerichtsbarkeit[829] sowie im internationalen Handelsrecht[830]. Für den Bereich des Zivilprozessrechts finden sich in der Rechtsprechung bisher nur vereinzelte Entscheidungen, die eindeutig das *principe de l`estoppel* für eine Abweisung der Anrufung eines Gerichts als unzulässig sanktionieren[831].

---

824 Cadiet, Rdnr. 23ff.; Boursier, Rdnr. 419; Rémy, RTD civ. 1988, 146 (148).

825 Muir-Watt, Mél. Loussouarn, 303 (304).

826 Vgl. Boursier, Rdnr. 412.

827 Die Überlegung, diesen Gedanken aus einer Anwendung des in Art. 1134, 1135 *C. civ.* kodifizierten Prinzips vom guten Glauben in den Zivilprozess zu transponieren, muss ausscheiden, weil nach den Voraussetzungen dieser Artikel eine Berücksichtigung des guten Glaubens nur im Rahmen eines vertraglichen Verhältnisses zulässig ist.

828 Boursier, Rdnr. 413ff. m. w. N.; Vincent/Guinchard, Rdnr. 145 m. w. N.; Muir-Watt, Mél. Loussouarn, S. 303ff.; Moréteau, Rdnr. 9ff. zitiert von Boursier, Rdnr. 413: „*L` estoppel est le fait qu`une personne, par ses paroles, par sa conduite ou lorsqu`elle a l`obligation de parler ou d`agir, par son silence ou son inaction, émet intentionnellement une représentation conduisant le destinataire de celle-ci à altérer sa position à son préjudice. Cette personne peut se voir interdire dans un procès qui l` opposerait à ce destinataire de prouver ou tenter de prouver toute allégation contredisant la représentation initiale*"; vgl ausführlich zum *estoppel* auch Riezler, S. 55ff.

829 Boursier, Rdnr. 424.

830 Vgl. nur Muir-Watt, Mél. Loussouarn, 303; Pinsolle, JDI 1998, 905ff.; Vincent/Guinchard, Rdnr. 145.

831 Cass. Com., 27.03.1990, D. 1991, jurispr., S. 503ff.; Civ. 1ère, 19.11.1991, Bull. I, n° 316; Cass. civ. 3ème, 08.04.1987, Bull. III, n° 88 - obwohl laut Boursier, Rdnr. 438 bereits einige hunderte nicht veröffentliche Entscheidungen dieser Art ergangen sind.

Auch wenn damit in Frankreich die widersprüchliche Anrufung eines Gerichts wegen eines das *droit d`agir* betreffenden stillschweigenden Verzichts bzw. wegen der Verletzung des Loyalitätsprinzips mit der Unzulässigkeit einer Klage beschränkt werden kann, besagt dies noch nicht, dass in solchem Verhalten auch eine *faute* läge, die zusätzliche pekuniäre Sanktionen der allgemeinen Rechtsmissbrauchsschranke auslöste. Zur ergänzenden Anwendung der Grundsätze der Lehre vom *abus* im Zivilprozess verhält sich eine Entscheidung der *Cour de cassation* aus dem Jahre 1961[832]: Der Kläger verlangte als Mieter die Eigentumsübertragung des von ihm gemieteten Hauses vom Beklagten, dem Vermieter. Zehn Jahre zuvor hatte der Beklagte dem Kläger das Haus zunächst zum Kauf angeboten, dieses Angebot jedoch später wieder zurückgezogen. Gleichwohl hatte der Kläger das bereits zurückgezogene Angebot des Beklagten Monate später schriftlich angenommen. Danach hatten sich die Parteien still verhalten und der Kläger in den folgenden zehn Jahren weiterhin die Miete an den Beklagten gezahlt. Dabei hatte er sogar Mieterhöhungen akzeptiert und im Schriftverkehr den Beklagten grundsätzlich als Eigentümer des Hauses bezeichnet. Die besondere Komponente des Falls war nun, dass der Beklagte als Reaktion auf die Eigentumsklage widerklagend Schadensersatzansprüche wegen angeblich rechtsmissbräuchlicher Klageerhebung geltend machte. Die *Cour de Cassation* wies die Klage auf Eigentumsübertragung ab, weil zu keinem Zeitpunkt die für einen entsprechenden Vertragsschluss notwendigen übereinstimmenden Willenserklärungen über den Grundstücksverkauf vorgelegen hätten. Aufgrund der Eindeutigkeit dieser Rechtslage nahm das Gericht im Rahmen der Prüfung der Widerklage weiter an, dass auf Seiten des Klägers mit der Ausübung der Klagebefugnis ein „*procédure injustifiée*" vorgelegen habe. Der Beklagte habe fast zehn Jahre lang nach dem von ihm behaupteten Kaufvertragsabschluss keine Eigentumsübertragung von dem Beklagten gefordert und sich stets eindeutig wie ein Mieter geriert. Die plötzliche ungerechtfertigte Geltendmachung des *droit d`agir* stelle nach dem Zeitablauf und unter Berücksichtigung des vorangehenden Verhaltens des Klägers die charakteristische Ursache für die beim Beklagten entstandenen Schäden (Verfahrenskosten, Zeitaufwand etc.) dar. Dies sei insgesamt für die Bejahung des *abus de droit* ausreichend; dem Beklagten wurde Schadensersatz zugesprochen. Diese Ansicht der Rechtsprechung findet sich auch in der Literatur, wo die Abweisung einer Klageerhebung wegen illoyalen Verhaltens im Sinne des *estoppel* eine Sanktion aufgrund von *abus de droit* nachsichziehen soll[833]. Ein illoyales Verhalten stellt damit – sofern es die gegnerische Partei schädigt – stets eine *faute* dar.

---

832 Vereinfachter Sachverhalt : Cass. civ., 29.06.1961, Bull. cass.1961.1.284.
833 Boursier, Rdnr. 439ff. m. w. N.

Festgehalten werden kann allgemein, dass die widersprüchlich ausgeübte Klagebefugnis als unzulässig zurückgewiesen werden kann und zusätzlich die allgemeine Rechtsmissbrauchsschranke Anwendung findet. Allerdings kann dies nicht pauschal, sondern wegen des subjektiven Tatbestandselementes der *faute* nur für den Einzelfall festgestellt werden. Die widersprüchliche Anrufung des Gerichts kann aus generellen Erwägungen in Frankreich umfassendere Beschränkungen erfahren, die nicht – wie etwa im deutschen Recht – durch eine dogmatische Trennung von materiellen und prozessualen Wirkungen belastet wäre. Anders als sein deutscher Kollege ist insofern der französische Richter auf tatbestandlicher und auf der Ebene der Rechtsfolgen von ermessensbeschränkenden dogmatischen „Fesseln" frei.

c) Rechtsvergleichendes Ergebnis

Zur Rechtstechnik im Fall der widersprüchlichen Anrufung des Gerichts lässt sich feststellen, dass in Frankreich ein zivilprozessuales Rechtsinstitut unbekannt ist, das – wie in Deutschland – die Verwirkung aus der allgemeinen Rechtsmissbrauchsschranke des materiellrechtlichen Grundsatzes von Treu und Glauben ableitet[834]. Man kann jedoch davon ausgehen, dass dieser Zustand ansatzweise im Wandel begriffen ist[835]. Die Einhaltung des im Zivilprozess als systemübergreifend anerkannten Loyalitätsprinzips wird nun auch in Frankreich als notwendig angesehen, einen fairen Prozess zu sichern und den Parteien untereinander einen gegenseitigen Schutz ihrer Rechte zu garantieren. Bereits heute wird daraus vereinzelt eine spezielle Schranke im Fall der im Widerspruch zu vorherigem Verhalten stehenden Ausübung prozessualer Befugnisse abgeleitet, die dem Prinzip der Verwirkung des deutschen Rechts ähnelt. Es ist absehbar, dass sich das französische und das deutsche Recht in dieser Fallgruppe entscheidend annähern werden, wenn Rechtsprechung und Literatur aus dem *principe de l`estoppel* auch in der Praxis hinreichende Kriterien entwickelt haben; denn diese Überlegungen weisen sämtlich in Richtung der Kriterien der deutschen allgemeinen Rechtsmissbrauchsschranke. Diese Entwicklung wird dadurch erleichtert, dass Privat- und Prozessrecht in Frankreich als Einheit verstanden werden und Probleme nicht

---

834 Ferid/Sonnenberger, Bd. 1/1, 2 B 29; Siebert, Verwirkung, S. 38; das oftmals mit „Verwirkung" übersetzte Rechtsinstitut der *déchéance* bezeichnet nur den Rechtsverlust, der aufgrund des Ablaufs einer Frist oder wegen inkorrekter oder arglistiger Ausübung eines Rechts erfolgt. Anders als bei der deutschen Verwirkung handelt es sich bei der *déchéance* nur um die Rechtsfolge einer zeitlichen Schranke, die von der Entstehung des Rechts an existiert und automatisch wirkt, vgl. Ferid/Sonnenberger, Band1/1, 1 C 192; Siebert, Verwirkung, S. 37.

835 Vgl. Boursier, Rdnr. 803.

entstehen, die sich aus dem deutschen Verständnis von der Verwirkung des materiellen Anspruchs und Klagebefugnis ergeben. Der Unterschied, dass in Frankreich Fälle der Verwirkung noch unter Rückgriff auf den Gedanken des stillschweigenden Verzichts gelöst werden, dürfte sich mittelfristig nivellieren. Im Vergleich wird ein Verstoß gegen das Loyalitätsprinzip leichter zu beweisen sein, als den Grundsatz: „*La renonciation ne se présume pas*“ beweistechnisch zu überwinden.

Diese Rechtsentwicklung der zunehmenden Dominanz des Loyalitätsprinzips in Frankreich spricht dafür, dass beiden Rechtsordnungen bei den hier gewählten Fallbeispielen die gleichen Wertungen zugrunde liegen, nämlich der Vertrauensschutz der Parteien im Prozess und die Sicherung eines rechtsstaatlichen und fairen Verfahrens. Dass es in Frankreich neben der Sanktion der Unzulässigkeit einer Klage auch zu pekuniären Rechtsfolgen wegen der Anwendung der allgemeinen Rechtsmissbrauchsschranke des *abus de droit d`agir* kommt, ist dabei nur eine reflexartige Konsequenz aus der Tatsache, dass die Verletzung des Vertrauensschutzes oft auch als *faute* qualifiziert werden kann, die mit der Zufügung eines Schadens verbunden ist.

In den in Deutschland als „Verwirkungsfälle“ bezeichneten Beispielen führt die Untersuchung nicht nur zu einer aus praktischen Gesichtspunkten gleichen Lösung; für diese sind in beiden Rechtsordnungen auch dieselben Wertungen bestimmend.

3. *Schlussfolgerungen*

Bei den Fällen der nicht eingehaltenen außergerichtlichen Verpflichtung zur Zurücknahme eines Rechtsmittels besteht die Besonderheit, dass dabei außerprozessuales und prozessuales Verhalten zueinander in Widerspruch treten. Insofern zeigt sich deutlich, dass die allgemeine Rechtsmissbrauchsschranke des deutschen Rechts nicht nur die Funktion der Beschränkung verwerflichen Prozessverhaltens wahrnimmt, sondern auch ermöglichen soll, dass ein außerprozessuales Verhalten auf den Prozess Einfluss nehmen kann. Da in Frankreich Privatrecht und Prozessrecht als Einheit gesehen werden und das so genannte Trennungsdogma unbekannt ist, existiert keine Notwendigkeit für eine Funktionsübernahme durch die allgemeine Rechtsmissbrauchsschranke; außerprozessuale Vereinbarungen können in Frankreich ganz selbstverständlich auch prozessuale Wirkungen erzeugen. Eine übereinstimmende Anwendung der allgemeinen Rechtsmissbrauchsschranke im Rahmen eines Verstoßes gegen eine außergerichtliche Vereinbarung zur Ausübung prozessualer Befugnisse ist schon aufgrund dieser unterschiedlichen Dogmatik nicht zu erwarten. Dies bedeutet jedoch nicht, dass dieses widersprüchliche Verhalten in Frankreich nicht sanktioniert würde. In beiden Rechtsordnungen führt die Missbilligung jeweils zur Zurückweisung der ausgeübten Befugnis. Damit kann die Gleichheit in der praktischen Lösung bejaht werden.

Hinsichtlich der ausgewählten „Verwirkungsfälle" konnte im deutschen Recht festgestellt werden, dass die allgemeine Rechtsmissbrauchsschranke aufgrund der angenommenen Trennung zwischen Privat- und Prozessrecht nicht in jedem Fall Anwendung findet, also ein Unterschied zwischen der Verwirkung des materiellen Anspruchs und der prozessualen Befugnis gemacht wird. Diese Fälle wurden und werden auch heute noch im französischen Recht großteils mit dem stillschweigenden Verzicht gelöst. Aufgrund des Einflusses ausländischer Rechtsordnungen hat aber der Gedanke der Verwirkung bzw. des Verbotes widersprüchlichen Handelns Eingang in den französischen Zivilprozess gefunden. Allerdings handelt es sich nicht um einen Unterfall der allgemeinen Rechtsmissbrauchsschranke; vielmehr führt ein Loyalitätsverstoß zur Annahme eines fehlenden legitimen Interesses bei der Ausübung des *droit d'agir* mit der Rechtsfolge der Unzulässigkeit der Klage. Der *abus de droit d'agir* spielt bei dieser Fallgruppe nur die ergänzende Rolle einer weiteren Sanktion. Wenngleich hier die größte Dynamik in der Entwicklung erkennbar wird, lässt sich somit eine übereinstimmende Anwendung der allgemeinen Rechtsmissbrauchsschranke nicht grundsätzlich feststellen.

Eine Kongruenz besteht jedoch in der praktischen rechtlichen Lösung, die – unabhängig von der dogmatischen Einordnung – zu einer Unzulässigkeit des widersprüchlichen Verhaltens führt. Die zusätzliche Adaption des *principe de l'estoppel*, lässt nun auch im französischen Recht die Wertung hinzutreten, den Vertrauensschutz im Einzelfall als Kriterium anzuerkennen; hier deutet sich ein Wandel in der Dogmatik an, der sich der deutschen annähert.

6. Kapitel: Ergebnis

Im 4. Kapitel wurde zunächst ausgehend von den jeweiligen Strukturprinzipien allgemein festgestellt, dass die deutsche Konzeption einer allgemeinen Rechtsmissbrauchsschranke die ihr zugrunde gelegte Funktion effektiver erfüllen kann, nämlich ein Verhalten einzudämmen, das die Gerechtigkeit zwischen den Parteien im zivilprozessualen Urteilsverfahren beeinträchtigt und für das noch keine speziellen Beschränkungen bestehen. Bezogen allein auf den Vergleich der jeweiligen allgemeinen Rechtsmissbrauchsschranke trifft dies theoretisch zu. Nunmehr lässt sich aber diesem Ergebnis hinzufügen, dass dies insoweit relativiert werden muss, als die den allgemeinen Rechtsmissbrauchsschranken zugrunde liegenden Wertungen in Frankreich nicht weniger effektiv durch andere Rechtsinstitute verwirklicht werden. Die für die allgemeine Rechtsmissbrauchsschranke definierte Funktion wird im französischen Zivilrecht für einen Großteil der Sachverhalte, die im deutschen Recht den Beschränkungen des Grundsatzes von Treu und Glauben unterliegen, verschiedenen Spezialregelungen und Rechtsinstituten zugewiesen.

Erweitert man die Betrachtung daher auf das Ergebnis der Untersuchungen des 5. Kapitels, ergibt sich, dass die bereits angesprochene *praesumtio similitudinis* bestätigt wurde. Ausgehend von der im deutschen Recht zur Ausfüllung des generalklauselartigen Grundsatzes von Treu und Glauben erforderlichen Fallgruppenbildung zeigt die Überprüfung dieser Sachverhalte im französischen Recht sämtlich zumindest annähernd gleiche praktische Lösungen auf. Hierfür wird im französischen Recht allerdings auf ergänzende Rechtsinstitute rekurriert: Weder für die Fallgruppe der „rechtsmissbräuchlichen Herbeiführung einer prozessualen Rechtslage“, noch für den „Rechtsmissbrauch bei widersprüchlichem Verhalten“ konnte für das französische Recht ein einheitlich anwendbares Rechtsinstitut zur Beschränkung ausgemacht werden. Hier nehmen insbesondere gesetzliche Spezialregelungen, der Grundsatz des *fraus legis corrumpit*, der stillschweigende Verzicht oder das fehlende legitime Interesse die Aufgaben der deutschen allgemeinen Rechtsmissbrauchsschranke wahr. Wenn überhaupt, findet die französische allgemeine Rechtsmissbrauchsschranke nur als ergänzende pekuniäre Sanktion im Einzelfall Anwendung. Allein im Rahmen der Fallgruppe der „zweckwidrigen Ausübung einer prozessualen Befugnis“ wenden beide Rechtsordnungen jeweils ihre allgemeine Rechtsmissbrauchsschranke zur Umsetzung der gemeinsamen Wertungen an. Trotz der in Deutschland und Frankreich mit diesen Rechtsinstituten verbundenen unterschiedlichen Rechtsfolgen führte dies aber – zumindest in der Summe der untersuchten Beispielsfälle – zu gleichen oder ähnlichen praktischen Lösungen.

Diese insofern „gleichwertige" Umsetzung bestimmter gemeinsamer in den beiden Rechtsordnungen enthaltener Wertungen ist offenbar der Grund dafür, dass verschiedene Besonderheiten des jeweiligen Einzelfalls neben den pekuniären Rechtsfolgen der französischen allgemeinen Rechtsmissbrauchsschranke auch prozessuale Sanktionen zur Anwendung kommen lassen, die mit den Sanktionen des deutschen Rechts im Wesentlichen übereinstimmen.

War im 4. Kapitel somit noch zu begründen, dass die materielle Richtigkeit im Urteilsverfahren im Zusammenhang mit der Beschränkung rechtsmissbräuchlichen Verhaltens im deutschen Zivilprozessrecht höher bewertet wird, kann dies nunmehr nach der Offenlegung auch prozessualer Beschränkungen wegen anderer spezieller Rechtsinstitute des französischen Rechts nur noch verworfen werden. Auch im Hinblick auf andere gemeinsame Wertungen, insbesondere den Schutz der gegnerischen Partei, die Rechtssicherheit, die Beachtung der Loyalität unter den Parteien, das faire Verfahren und die Glaubwürdigkeit der Justiz, lässt sich – soweit im Rahmen der gewählten Beispielsfälle feststellbar – schlussfolgern, dass sie im Ergebnis offenbar in Deutschland nicht höher bewertet werden als in Frankreich. Höher bewertet – und damit weiterhin systembildend für das französische Rechtsdenken – bleibt jedoch im Unterschied zu Deutschland die Grundhaltung, dass eine zur Gerechtigkeit führende „Moralisierung" des Zivilverfahrens neben prozessualen Beschränkungen zumindest auch stets die Möglichkeit von Schadensersatzzahlungen erfordere. Hieran wird sich wohl auch in naher Zukunft nichts ändern, selbst wenn nach dem Ergebnis der vorliegenden Untersuchung und aufgrund der weiteren juristischen Zusammenarbeit innerhalb der Europäischen Union sich Deutschland und Frankreich auch bei den rechtstechnischen Lösungen des Rechtsmissbrauchs langfristig weiter annähern dürften, wofür die direkte Berücksichtigung des Loyalitätsprinzips mit Rechtsfolgen im französischen Zivilprozess ein erster Schritt zu sein scheint.

Literaturverzeichnis

Allorio, Enrico: Rechtsschutzbedürfnis?, in: ZZP 67 (1954), S. 321ff.

André, Georges: Du principe de la neutralité du juge dans l'instruction des affaires civiles, Paris 1910

Bähr, Otto: Urteile des Reichsgerichts mit Besprechungen, Leipzig 1883

Bandrac, Monique: L'action en justice, droit fondamental, in: Nouveaux juges, nouveaux pouvoirs ?, Mélanges en l'honneur de Roger Perrot, Paris 1995, S. 1ff.

Batiffol, Henri: Problèmes de base de philosophie de droit, Paris 1979

Baumbach, Adolf; Lauterbach, Wolfgang; Albers, Jan; Hartmann, Peter: Zivilprozessordnung mit Gerichtsverfassungsgesetz und anderen Nebengesetzen, 61. neubearb. Aufl., München 2003

Baumgärtel, Gottfried: Die Verwirkung prozessualer Befugnisse im Bereich der ZPO und des FGG, in: ZZP 67 (1954), S. 423ff.

Baumgärtel, Gottfried: Treu und Glauben, gute Sitten und Schikaneverbot im Erkenntnisverfahren, in: ZZP 69 (1956), S. 89ff.

Baumgärtel, Gottfried: Die Unverwirkbarkeit der Klagebefugnis, in: ZZP 75 (1962), S. 385ff.

Baumgärtel, Gottfried: Besprechung von „Walter Zeiss: Die arglistige Prozeßpartei", in: AcP 169 (1969), 181ff.

Baumgärtel, Gottfried: Wesen und Begriff der Prozeßhandlung einer Partei im Zivilprozeß, 2. Aufl., Köln, Berlin, Bonn, München 1972 (zitiert: Baumgärtel, Prozeßhandlung)

Baumgärtel, Gottfried: Treu und Glauben im Zivilprozeß, Herrn Prof. Dr. Erich Schwinge zum 70. Geburtstag, in: ZZP 86 (1973), S. 353ff.

Baur, Fritz: Anmerkung zu BGH 03. Oktober 1961, in: JZ 1962, 94ff.

Baur, Fritz: Richtermacht und Formalismus im Verfahrensrecht, in: Summum ius, summa iniuria. Individualgerechtigkeit und der Schutz allgemeiner Werte im Rechtsleben. Ringvorlesung gehalten von Mitgliedern der Tübinger Juristenfakultät im Rahmen der dies academicus; Wintersemester 1962/63, Tübingen 1963, S. 97ff.

Baur, Fritz; Grunsky, Wolfgang: Zivilprozessrecht, 10. Aufl., Neuwied 2000

Beinert, Bernhard Georg: Der Umfang der Rechtskraft bei Teilklagen, Diss., Hamburg 2000

Bellinghausen, Rupert: Der Mißbrauch von Minderheitsrechten in den Kapitalgesellschaften – eine rechtsvergleichende Darstellung des französischen und deutschen Rechts, Diss., Bonn 1994

Bergel, Jean-Louis: Méthodologie juridique, Paris 2001

Bernhardt, Wolfgang: Auswirkungen von Treu und Glauben im Prozeß und in der Zwangsvollstreckung, in: ZZP 66 (1953), S. 77ff.

Bickel, Dietrich: Die „objektive Gesetzesumgehung" des BAG – BAG, NZA 1987, 241, in: JuS 1987, 861ff.

Blary-Clément, Édith: Spécificités et sanctions des manœuvres dilatoires dans le procès civil, in: La Semaine Juridique, Éd. G, n° 45, doctrine, 1991, S. 335ff.

Böckenförde, Ernst- Wolfgang: Staatliches Recht und sittliche Ordnung, in: Recht, Sittlichkeit und Toleranz: Überlegungen zu Aufgabe, Möglichkeiten und Grenzen des Rechts, Ulm 2001, S. 27ff. (zitiert: Böckenförde, Recht, Sittlichkeit und Toleranz)

Bötticher, Eduard: Zur Frage, ob der Kläger sich im Falle einer Teilklage nicht die Nachforderung ausdrücklich vorbehalten müsse, Anmerkung in: MDR 1962, 724f.

Bokelmann, Gunther: Rechtsmißbrauch des Anfechtungsrechts durch den Aktionär, in: BB 1972, 733ff.

Bourdillat, Jean-Jaques: En matière de signification civile, l'huissier de justice arait-il plus de devoirs que n'en avaient jadis les services de police ?, in: D. 1997, jurispr., S. 217ff.

Boursier, Marie-Emma: Le principe de loyauté en droit processuel, thèse, Paris 2002

Buhr, Klaus; Buhr, Manfred (Hrsg.): Philosophisches Wörterbuch, Bd. 1, 13. Aufl. als fotomechanischer Nachdr. der 12., durchges. Aufl. – Westberlin 1985 (zitiert: Buhr/Buhr, Bd. 1 (Stichwort))

Buß, Thomas: De minimis non curat lex, in: NJW 1998, 337ff.

Bussy, Florence: Action, in: Encyclopédie Dalloz Répertoire de droit civil, Paris, Stand: März 1997

Cadiet, Loïc; Le Tourneau, Philippe: Abus de droit, in: Encyclopédie Dalloz Répertoire de droit civil, Paris, Stand: Mai 2002

Cadiet, Loïc: Droit judiciaire privé, 4. Aufl., Paris 2002

Calbairac, G.: Considérations sur la règle « Fraus omnia corrumpit », in: D., chron., S. 169ff.

Canaris, Claus-Wilhelm: Die Vertrauenshaftung im deutschen Privatrecht; München 1971

Le Cannu, Paul: L'abus de minorité, Bulletin Joly 1986, S. 429ff.

Carbonnier, Jean: De minimis non curat praetor, in: Mélanges dédiés à Jean Vincent, Paris 1981, S. 29ff.
Comte-Sponville, André: Pensée sur la morale, Paris 1998
Conte, Philippe ; Maistre du Chambon, Patrick: Procédure pénale, 4. Aufl., Paris 2002
Cosson, J.: Note zu Cass. crim. 27 novembre 1978, in: D. 1979, S. 124
Costede, Jürgen: Scheinprozesse, in: ZZP 82 (1969), S. 438ff.
Couchez, Gérard: Récusation et renvoi, in: Encyclopédie Dalloz Répertoire de procédure civile, Paris, Stand: April 1995
Couchez, Gérard: Procédure civile, 11. Aufl., Paris 2000
Coudevylle-Loquet, Martine: L`exercice abusif des voies de droit en procédure civile, thèse, Pau, 1991
Danti-Juan, Michel: Action civile, in: Encyclopédie Dalloz Répertoire de droit civil, Paris, Stand: Januar 2002
Desbois, Henri: La notion de fraude à la loi et la jurisprudence française, Paris 1927
Desdevises, Yvon: L`abus du droit d`agir en justice avec succès, in: D. 1979, Chron. IV, S. 21f.
Desdevises, Yvon: Moyens de défense, in: Juris – Classeur procédure civil, fascule 128, Paris, Stand 1991
Desdevises, Yvon: Action en Justice, in: Juris – Classeur, procédure civil, fasc. 125, Paris, Stand: Januar 1996
Deutsch, Erwin; Ahrens, Hans-Jürgen: Deliktsrecht: unerlaubte Handlungen, Schadensersatz, Schmerzensgeld, 4. Aufl., Köln 2002
Diekgräf, Robert: Sonderzahlungen an opponierende Kleinaktionäre im Rahmen von Anfechtungs- und Spruchstellenverfahren, Diss., Heidelberg 1990
Diekgräf, Robert: Anmerkung zum Urteil des BGH vom 15. Juni 1992 (II ZR 173/91), in: WuB II A. § 243 AktG 5.92, S. 1290ff.
Diercks, Kerstin: Ist eine Teilklage kostengünstig?, in: MDR 1995, 1099ff.
Dölle, Hans: Pflicht zur redlichen Prozeßführung ?, in: Festschrift für Otto Riese: aus Anlaß seines siebzigsten Geburtstages, hrsgg. von Bernhard Aubin, Karlsruhe 1964, S. 279ff.
Dreifuss- Netter, Frédérique: Renonciation, in: Encyclopédie Dalloz Répertoire de droit civil, Paris, Stand: Januar 1989
Duguit, Léon: Les transformations générales du droit privé depuis le Code Napoléon, 2. Aufl., Paris 1920
Durry, Georges: Observation zum Urteil Cass. civ. 12.10.1971, in: RTD civ. 1972, S. 395
Elzer, Oliver: Rechtskraft von Teilklagen – BGH, NJW 1997, 1990; 3019, in: JuS 2001, 224ff.

Emmerich, Volker: Zulässigkeit und Wirkungsweise der Vollstreckungsverträge, in: ZZP 82 (1969), S. 413ff.

Engisch, Karl: Die Idee der Konkretisierung in Recht und Rechtswissenschaft unserer Zeit, 2. Aufl., Heidelberg 1968

Fasching, Hans W.: Die Bedachtnahme auf Treu und Glauben im österreichischen Zivilprozeß, in: Festschrift für Karl Heinz Schwab zum 70. Geburtstag, München 1990 S. 101ff.

Fenge, Hilmar: Die dogmatische Bedeutung des richterlichen Schuldnerschutzes in der Zwangsvollstreckung, Diss., Heidelberg 1961

Fenge, Hilmar: Grundrechtsverletzungen bei der Zwangsvollstreckung nach unterschiedlichen Werteordnungen, in: DikIntern, 1996, Heft 3, S. 63ff.

Fenge, Hilmar: Über Chancen und Risiken einer Teilklage im Zivilprozeß, in: Festschrift für Helmut Pieper, Recht – Rechtstatsachen – Technik, Salje, Peter (Hrsg.), Hamburg 1998, S. 31ff.

Ferid, Murad; Sonnenberger, Hans Jürgen: Das französische Zivilrecht, Bd. 2, Schuldrecht: Die einzelnen Schuldverhältnisse, 2. Aufl., Heidelberg 1986 (zitiert: Ferid/Sonnenberger, Bd. 2)

Ferid, Murad; Sonnenberger, Hans Jürgen: Das französische Zivilrecht Bd. 1, Teil 1, Allgemeine Lehren des französischen Zivilrechts: Einführung und allgemeiner Teil des Zivilrechts, 2. Aufl., Heidelberg 1994 (zitiert: Ferid/Sonnenberger, Bd. 1/1)

Fischer, Frank O.: Die öffentliche Zustellung im Zivilprozeß, in: ZZP 107 (1994), S. 163ff.

Fischer, Wolfgang: Die Beschleunigungsmechanismen des französischen Zivilprozesses, Diss., Bielefeld 1990

Gaonac`h, Arnaud; Le Moal, Roger: Transaction, in: Encyclopédie Dalloz Répertoire de procédure civile, Paris, Stand: Oktober 2000

Gewaltig, Stefan: Die action civile im französischen Strafverfahren, Diss., Frankfurt a.M. 1990

Giverdon, Claude: Note zu C. Paris 26.05.1962, in: D. 1963, S. 137

Gloede, Wilhelm: Mißbräuchliche Ablehnungsgesuche im Zivilprozeß, in: NJW 1972, 2067ff.

Goldschmidt, James: Der Prozeß als Rechtslage – Eine Kritik des prozessualen Denkens, Berlin 1925

Gottwald, Peter: Internationale Gerichtsstandsvereinbarungen, Verträge zwischen Prozeßrecht und materiellem Recht, in: Festschrift für Wolfram Henckel zum 70. Geburtstag am 21. April 1995, S. 295ff.

Griebeling, Armin: Die Verwirkung prozessualer Befugnisse, Diss., Frankfurt a.M. 1966

Günther, Hellmuth: Unzulässige Ablehnungsgesuche und ihre Bescheidung, in: NJW 1986, S. 281ff.

Guinchard, Serge (Hrsg.): Droit et pratique de la procédure civile, 4. Auflage, Paris 2002/2003 (zitiert: Guinchard/Bearbeiter)

Guinchard, Serge; Morel, Christian: Note: Distinction des dommages-intérêts et des frais irrépétibles (art. 700 nouv. C. pr. civ.) zu Cass. 2e civ. 22.11.1984, in: Gaz. Pal. 1985, S. 146ff.

Guinchard, Serge: Vers une démocratie procédurale ?, in: Revue Justices, Ce qui a changé dans la justice depuis 20 ans, 1999, S. 91ff.

Guinchard, Serge: Mégacode, Nouveau Code de Procédure Civile, Paris 2001 (zitiert: Guinchard, Mégacode)

Habscheid, Walther J.: Der Rechtsmittelverzicht im Zivilprozeß, in: NJW 1965, S. 2369ff

Habscheid, Walther J.: Rechtsvergleichende Bemerkungen zum Problem der materiellen Rechtskraft des Zivilurteils, in: Miscelanny in honor of Charalambos N. Fragistas on the occasion of his 35th anniversary as professor of the University of Thessaloniki, Volume XII, Part I, Thessaloniki 1966, S. 529ff.

Habscheid, Walther J.: Der neue französische Code de procédure civile und das deutsche Zivilprozeßrecht – Einige Bemerkungen zu Grundsatzfragen und zur Beschleunigungsproblematik – , in: Festschrift für Günther Beitzke: zum 70. Geburtstag am 26. April 1979, hrsgg. von Otto Sandrock, Berlin 1979, S. 1051ff.

Haferkamp, Hans-Peter: Die heutige Rechtsmißbrauchslehre – Ergebnis nationalsozialistischen Rechtsdenkens ?, Diss., Berlin 1995

Hannich, Rolf; Meyer-Seitz, Christian: ZPO-Reform 2002 mit Zustellungsreformgesetz, München 2002 (zitiert: Hannich/Meyer-Seitz/Bearbeiter)

Hannoun, Charley: L `action en nullité et le droit des sociétés – Réflexions sur les sources procédurales du droit de critique et leurs fonctions, in: RTD com. 1993, S. 227ff.

Hart, Herbert Lionel Adolphus: Der Begriff des Rechts, aus dem Englischen von Alexander von Baeyer, 1. Aufl., Frankfurt am Main 1973 (zitiert: Hart, Begriff des Rechts)

Hart, Herbert Lionel Adolphus: Der Positivismus und die Trennung von Recht und Moral, in: Recht und Moral: Texte zur Rechtsphilosophie, Hoerster, Norbert (Hrsg.), Stuttgart 1991, S. 14ff. (zitiert: Hart, Recht und Moral)

Hartmann, Peter: Kostengesetz, 31. Aufl.., München 2002 (zitiert: Hartmann, Kostengesetz)

Heckschen, Heribert: Das Verschmelzungsrecht auf dem Prüfstand. Eine Beprechung der Entscheidung des BGH vom 22.05.1989 – II ZR 206/88, ZIP 1989, 980, in: ZIP 1989, S. 1168ff.

Heeder, Oliver: Fraus legis. Eine rechtsvergleichende Untersuchung über den Vorbehalt der Gesetzesumgehung in Deutschland, Österreich, der Schweiz, Frankreich und Belgien unter besonderer Berücksichtigung des Internationalen Privatrechts, Diss., Frankfurt a.M. 1998

Hellwig, Hans-Jürgen: Zur Systematik des zivilprozessualen Vertrages, Bonn 1968 (zitiert: Hellwig, Systematik)

Hellwig, Hans-Jürgen: Schadensersatzpflichten aus prozessualem Verhalten, in: NJW 1968, 1072ff.

Hellwig, Konrad: Klagerecht und Klagemöglichkeit. Eine Auseinandersetzung über die Grundfragen des heutigen Zivilprozeßrechts, Leipzig 1905 (zitiert: Hellwig, Klagerecht)

Hellwig, Konrad: Prozeßhandlung und Rechtsgeschäft, in: Festgabe der Berliner juristischen Fakultät für Otto Gierke, Bd. II, Breslau 1910, S. 41ff.

Hellwig, Konrad: System des deutschen Zivilprozeßrechts, Teil I, Leipzig 1912 (zitiert: Hellwig, System I)

Henckel, Wolfram: Vom Gerechtigkeitswert verfahrensrechtlicher Normen, Göttingen 1966 (zitiert: Henckel, Gerechtigkeitswert)

Henckel, Wolfram: Prozeßrecht und materielles Recht, Göttingen 1970

Henn, Günter: Handbuch des Aktienrechts, 7. Aufl., Heidelberg 2002

Henze, Hartwig: Aspekte und Entwicklungstendenzen der aktienrechtlichen Anfechtungsklage in der Rechtsprechung des BGH, in: ZIP 2002, S. 97ff.

Heuer, Carl-Heinz: Wer kontrolliert die Kontrolleure? Anmerkungen zur Kochs-Adler-Entscheidung des BGH, in: WM 1989, S. 1401ff.

H.G.: Observation zu TI Avesnes-sur-Helpe, 25.10.1963, in: J.C.P. 1964. II., n° 13901

Hirsch, Hans Christoph: Die Übertragung der Rechtsausübung – Vervielfältigung der Rechte, Berlin 1910

Hirte, Heribert: Mißbrauch aktienrechtlicher Anfechtungsklagen – Vom Querulieren und seinen Grenzen, in: BB 1988, S. 1469ff.

Hoerster, Norbert: Zur Verteidigung der rechtspositivistischen Trennungsthese, in: Rechtspositivismus und Wertbezug des Rechts, Vorträge der Tagung der Deutschen Sektion der internationalen Vereinigung für Rechts- und Sozialphilosophie (IVR) in der Bundesrepublik Deutschland, Göttingen, 12.-14. Oktober 1988, hrsgg. von Ralf Dreier, ARSP, Beiheft 37, S. 27ff., Stuttgart 1990

Hopt, Klaus: Schadensersatz aus unberechtigter Verfahrenseinleitung, München 1968

Hopt, Klaus; Wiedemann, Herbert: Aktiengesetz, Großkommentar, 4. Aufl., 6. Lieferung: §§ 241-255, Berlin 1996 (zitiert: Hopt/Wiedemann/Bearbeiter)
Hüffer, Uwe: Aktiengesetz, 5. Aufl., München 2002
Jauernig, Othmar: Nochmals – Auswirkungen von Treu und Glauben im Prozeß und in der Zwangsvollstreckung, in: ZZP 66 (1953), S. 389ff.
Jauernig, Othmar: Zur Zulässigkeit einer Nachforderungsklage bei verdeckten Teilklagen, in: JZ 1997, S. 1127f.
Jauernig, Othmar: Zivilprozeßrecht: Ein Studienbuch, 27. Aufl. des von Friedrich Lent begr. Werkes, München 2002
Jeantin, Michel: Abus de droit, notion, in: Juris Classeur Responsabilité civile, art. 1382 à 1386 ; fasc. 131-1, Paris 1984 (zitiert: Jeantin, J. Cl. Resp. civ.: fasc. 131-1)
Jeantin, Michel: Abus de droit, domaine d`application: abus de droit « stricto sensu », in: Juris Classeur Responsabilité civile, art. 1382 à 1386 ; fasc. 131-2 ; Paris 1984 (zitiert: Jeantin, J. Cl. Resp. civ.: fasc. 131-2)
Josserand, Louis: De l`abus des droits, Paris 1905 (zitiert: Josserand, abus)
Josserand, Louis: L`esprit des droits et de leur relativité. Théorie dite de l`abus des droits; 2. Aufl. Paris 1939 (zitiert: Josserand, esprit)
Julien, Pierre: Observation – Aix, 18.10.1985, in: D. 1986.IR.221
Karila de Van, Juliana: Le droit de nuire, in: RTD civ. 1995, S. 533ff.
Kaufmann, Horst: Zur Geschichte des aktionenrechtlichen Denkens, in: JZ 1964, 482ff.
Kirchner, Christian; Schwartze, Andreas: Recht, in: Lexikon der Wirtschaftsethik, hrsgg. von Georges Enderle, Karl Homann, Martin Honecker, Walter Kerber, Horst Steinmann, Wien 1993, S. 876ff. (zitiert: Kirchner/Schwartze, Wirtschaftsethik)
Koch, Harald: Prozeßführung im öffentlichen Interesse. Rechtsvergleichende Entwicklungsbedingungen und Alternativen objektiver Rechtsdurchsetzung, Frankfurt a.M. 1983
Kölner Kommentar zum AktG: Band 2, §§ 148-290, hrsgg. von Wolfgang Zöllner, 2. Aufl., Köln 1985 (zitiert: KK/Bearbeiter)
Konzen, Horst: Rechtsverhältnisse zwischen Prozessparteien – Studien zur Wechselwirkung von Zivil- und Prozeßrecht bei der Bewertung und den Rechtsfolgen prozeßerheblichen Parteiverhaltens, Berlin 1976
Kranzbühler, Wolf-Otto: Zur Zulässigkeit der Feststellungsklage im französischen Zivilprozeßrecht im Vergleich mit dem deutschen Recht, Diss., Berlin 1973
Künzel, Rudolf: Rechtsschutzbedürfnis bei aktienrechtlichen Anfechtungsklagen, in: Festschrift für Theodor Heinsius zum 65. Geburtstag am 25. Septem-

ber 1991, hrsgg. von Friedrich Kübler, Hans-Joachim Mertens, Winfried Werner, Berlin 1991, S. 425ff.

Lagarde, Xavier: Transaction et ordre public, in: D. 2000, Chron., S. 217ff.

Larenz, Karl: Richtiges Recht: Grundzüge einer Rechtsethik, München 1979 (zitiert: Larenz, Richtiges Recht)

Larenz, Karl; fortgef. v. Canaris, Claus-Wilhelm: Lehrbuch des Schuldrechts, Band I, Allgemeiner Teil, 14. Aufl., München 1987 (zitiert: Larenz, SR I)

Leborgne, Anne: L'impact de la loyauté sur la manifestation de la vérité ou le double visage d'un grand principe, in: RTD civ. 1996, S. 535ff.

Lecomte, André: La responsabilité du plaideur envers son adversaire en matière civile et commerciale, in: Rev. crit. 78 (1938), S. 481ff.

Lent Friedrich: Erhöhung von Unterhaltsrenten, in: NJW 1955, S. 1865ff.

Le Tourneau, Philippe: Bonne foi, in: Encyclopédie Dalloz Répertoire de droit civil, Paris, Stand: Oktober 1995

Le Tourneau, Philippe; Cadiet, Loïc: Droit de la responsabilité et des contrats, 4. Auflage, Paris 2003/2004

Liebs, Detlef: Rhythmische Rechtssätze – Zur Geschichte einiger lateinischer Rechtsregeln, in: JZ 1981, 160ff.

Llompart, José: Von der Wertlosigkeit der Wertabstinenz in der Philosophie und Theorie des Rechts, in: Festschrift für Hermann Klenner zum 70. Geburtstag, hrsgg. von Gerhard Haney, Berlin 1996, S. 147ff.

Lotmar, Philipp: Der unmoralische Vertrag insbesondere nach gemeinem Rechte, Leipzig 1896

Loyer-Larher, V. Christiane: L'article 700 du nouveau Code de procédure civile et le remboursement des frais non compris dans les dépens, in: D. 1977, chron., S. 205

Lüke, Gerhard: Die Prozeßführungsbefugnis, in: ZZP 76 (1963), 1ff.

Lüke, Gerhard: Betrachtungen zum Prozeßrechtsverhältnis, in: ZZP 108 (1995), S. 427ff.

Mader, Peter: Rechtsmißbrauch und unzulässige Rechtsausübung, Wien 1994

Martin, Raymond: De l'abus du droit d'action à l'article 700 du nouveau Code de procédure civile, in: J.C.P. 1976, Chron., S. 287f.

Martin, Raymond: Principes directeurs du procès, in: Encyclopédie Dalloz Répertoire de procédure civile, Paris, Stand: Mai 2000

Merle, Phillippe: Droit commercial: sociétés commerciales, 6. Aufl., Paris 1998

Merz, Hans: Vom Schikaneverbot zum Rechtsmißbrauch, in: ZfRV 1977, S. 162ff.

Mesnard, Jacques: L'abus du droit en matière de droit judiciaire privé, thèse, Paris 1952

Mestmäcker, Ernst-Joachim: Verwaltung, Konzerngewalt und Recht der Aktionäre, Karlsruhe 1958

Mestmäcker, Ernst-Joachim: Zur aktienrechtlichen Stellung der Verwaltung bei Kapitalerhöhungen, in: BB 1961, S. 945ff.

von Mettenheim, Christoph: Der Grundsatz der Prozeßökonomie, Berlin 1970

De Montera, Louis: De l'abus dans les voies de droit, thèse, Lyon 1912

Motulsky, Henri: Le droit naturel dans la pratique jurisprudentielle: Le respect des droits de la défense en procédure civile, in: Mélanges en l'honneur de Paul Roubier, tome II, Paris 1961, S. 175ff.

Müller, Rolf: Die Erledigung des Rechtsstreits in der Hauptsache vergleichend dargestellt nach deutschem, französischem und englischem Recht, Diss., Berlin 1939

von Münch, Ingo: Recht – Politik – Moral, in: Verfassungsstaatlichkeit: Festschrift für Klaus Stern zum 65. Geburtstag, hrsgg. von Joachim Burmeister, München 1997, S. 49ff.

Muir Watt, Horatia: Pour l 'accueil de l'estoppel en droit privé français, in: Mélanges en l'honneur de Yvon Loussouarn, Paris 1994, S. 303ff.

Münchener Kommentar: zum Aktiengesetz, hrsgg. von Bruno Kropff, Johannes Semler, 2. Aufl., München 2001 (zitiert: MüKoAktG/Bearbeiter)

Münchener Kommentar: zum Bürgerlichen Gesetzbuch, hrsgg. von Wolfgang Krüger, Bd. 1, Allgemeiner Teil: §§ 1-240, AGB-Gesetz, 4. Aufl. München 2001; Bd. 2, Schuldrecht, Allgemeiner Teil: §§ 241-432, FernAbsG, 4. Aufl. München 2001 (zitiert: MüKoBGB/Bearbeiter)

Münchener Kommentar: zur Zivilprozeßordnung: mit Gerichtsverfassungsgesetz und Nebengesetzen, Bd. 1 §§ 1-354, hrsgg. von Gerhard Lüke, 2. Aufl., München 2000; Bd. 2 §§ 355-802, hrsgg. von Gerhard Lüke, 2. Aufl., München 2000 (zitiert: MüKoZPO/Bearbeiter)

Münchener Kommentar: zur Zivilprozeßordnung: Aktualisierungsband ZPO-Reform 2002 und weitere Reformgesetze, hrsgg. von Gerhard Lüke, 2. Aufl., München 2002 (MüKoZPO – Aktualisierungsbd./Bearbeiter)

Musielak, Hans-Joachim: Rechtskraftprobleme bei Nachforderungsklagen, in: Festschrift für Ekkehard Schumann zum 70. Geburtstag, hrsgg. von Peter Gottwald, Herbert Roth, Tübingen 2001, S. 295ff.

Musielak, Hans-Joachim: Kommentar zur Zivilprozeßordnung mit Gerichtsverfassungsgesetz, 3. Aufl., München 2002 (zitiert: Musielak/Bearbeiter)

de Naurois, L.: Obligation juridique et obligation morale, in: Mélanges offerts au Professeur Louis Falletti, tome II, Paris 1971, S. 423ff.

Neumann, Hans-Adolf: Der vertragliche Ausschluß der Klagbarkeit eines privat-rechtlichen Anspruchs im deutschen und im deutschen internationalen Recht, Diss., München 1967

Neuner, Robert: Privatrecht und Prozeßrecht, Mannheim 1925

Niese, Werner: Doppelfunktionelle Prozeßhandlungen: ein Beitrag zur allgemeinen Prozeßrechtslehre, Göttingen 1995

Nikisch, Arthur: Zivilprozeßrecht, 2. Aufl., Tübingen 1952

Normand, Jaques: Dommages-intérêts pour abus de procédure (art. 1382 C. civ.) et condamnation au frais irrépétibles (art. 700 nouv. C. pr. civ.), in: RTD civ. 1981, 433ff.

Normand, Jaques: Les initiatives du juge en matière de frais irrépétibles (art. 700 nouv. C. pr. civ.), in: RTD civ. 1983, 183ff.

Normand, Jaques: La gravité de la faute en matière d`abus du droit de recourir aux voies d`exécution, in: RTD civ 1991, 160ff.

Oberacher, Hans-Erwin: Wie löst das französische Recht die Fälle des § 242 BGB?, Diss., München 1963

Oertmann, Paul: Der vorgängige Rechtsmittelverzicht, in: ZZP 45 (1915), S. 389ff.

Oertmann, Paul: Kommentar zum Bürgerlichen Gesetzbuch und seinen Nebengesetzen, Teil: 1 Allgemeiner Teil, Nachdr. der 3. Aufl., Berlin 1927-1997

Olzen, Dirk; Kerfack, Ralf: Zur gerichtlichen Durchsetzung von Minimalforderungen, in: JR 1991, S. 133ff.

Orfanides, Georgios: Die Berücksichtigung von Willensmängeln im Zivilprozeß, München 1982

Palandt, Otto: Bürgerliches Gesetzbuch mit Einführungsgesetz (Auszug), Unterlassungsklagengesetz, Produkthaftungsgesetz, Erbbaurechtsverordnung, Wohnungseigentumsgesetz, Hausratsverordnung, Lebenspartnerschaftsgesetz, Gewaltschutzgesetz (Auszug), 62. neubearb. Aufl., München 2003 (zitiert: Palandt/Bearbeiter)

Pansier, Frédéric-Jérôme; Pansier, Jean-Marie: Abus de procédure, article 700 du code de procédure civile et référé, in: J.C.P. 1983, I., Doctrine, 3105

Pawlowski, Hans-Martin: Methodenlehre für Juristen, Theorie der Norm und des Gesetzes, 3. Aufl., Heidelberg 1999 (zitiert: Pawlowski, Methodenlehre)

Pawlowski, Hans-Martin: Einführung in die Juristische Methodenlehre. Ein Studienbuch zu den Grundlagenfächern der Rechtsphilosophie und Rechtssoziologie, 2. Aufl., Heidelberg 2000 (zitiert: Pawlowski, Einführung)

Perrot, Roger: Désistement d`instance: sa nature consensuelle, in: RTD civ. 1981, 903ff.

Perrot, Roger: Frais et dépens: frais non répétibles à la charge du gagnant, in: RTD civ. 1983, 597f.

Perrot, Roger: Récusation: les causes de récusation sont-elles limitatives ?, in RTD civ. 1998, 744ff.

Perrot, Roger: Institutions judiciaires, 8. Aufl., Paris 1998

Pétel-Teyssié, Isabelle: Défenses, Exceptions, fins de non-recevoir, in: Encyclopédie Dalloz Répertoire de procédure civile, Paris 1994 (zitiert: Pétel-Teyssié, défenses, Rép. pr. civ.)

Pfister, Bernhard: Die neuere Rechtsprechung zu Treu und Glauben im Zivilprozeß, Diss., Frankfurt a.M. 1998

Pinsolle, Philippe: Distinction entre le principe de l'estoppel et le principe de bonne foi dans le droit du commerce international, in: JDI 1998, S. 905ff.

Planck, Gottfried: Kommentar zum Bürgerlichen Gesetzbuch nebst Einführungsgesetz, Bd. 1: Allgemeiner Teil (§§ 1-240), 4. Aufl., Berlin 1913 (zitiert: Planck/Bearbeiter)

Planiol, Marcel; Ripert, Georges: Traité élémentaire de droit civil, Bd. II, Paris 1950 (zitiert: Planiol/Ripert, Bd. II)

Pohle, Rudolf: Zur Lehre vom Rechtsschutzbedürfnis, in: Festschrift für Friedrich Lent zum 75. Geburtstag, München, Berlin 1957, S. 195ff.

Prechtl, Peter; Burkhard, Franz-Peter (Hrsg.): Metzler Philosophie Lexikon, Weimar 1996 (zitiert: Prechtl/Burkhard, Stichwort)

Prévault, Jacques: Note zu TI Privas, 21.06.1988, in: Gaz. Pal. 1989. 1., S. 383

Radu, Magnus: Der Mißbrauch der Anfechtungsklage durch den Aktionär, in: ZIP 1992, S. 303ff.

Rebe, Bernd: Der Wandel des Mißbrauchsbegriffs als Ausdruck eines veränderten Rechtsdenkens, in: JA 1977, S. 6ff.

Remy, Philippe: Vente à rente viagère: la clause résolutoire doit être évoquée de bonne foi par le vendeur, in: RTD civ. 1988, S. 146ff.

Ricoeur, Paul: Le juste, Paris 1995

Riezler, Erwin: Venire contra factum proprium, Studien im römischen, englischen und deutschen Zivilrecht, Leipzig 1912

Ripert, Georges: La règle morale dans les obligations civiles, 4. Aufl., Paris 1949 (zitiert: Ripert, règle morale)

Rosenberg, Leo; Schwab, Karl Heinz; Gottwald, Peter: Zivilprozeßrecht, 15. Aufl., München 1993

Roth, Günter H.: Internationalrechtliche Probleme bei Prorogation und Derogation, in: ZZP 93 (1980), S. 156ff.

Roth, Herbert: Die Einrede des Bürgerlichen Rechts, München 1988(zitiert: Roth, Einrede)

Roubier, Paul: Théorie générale du droit: histoire des doctrines juridiques et philosophie des valeurs sociales, 2. Aufl., Paris 1951

Rüdy, Herrmann: Der Rechtsmißbrauch, Diss., München 1934

Rüthers, Bernd: Rechtsordnung und Wertordnung: Zur Ethik und Ideologie im Recht, Konstanz 1986

du Rusquec, Emmanuel: Note zu Cass. 2e civ., 30.06.1993, in: J.C.P. 1994. II., n° 22274

Sandkühler, Hans Jörg (Hrsg.): Europäische Enzyklopädie zu Philosophie und Wissenschaften, Bd. 3 L-Q, Hamburg 1990 (zitiert: Sandkühler/Bearbeiter, Stichwort)

Schapp, Jan: Über Freiheit, Moral und Recht, in: JZ 1995, 15ff.

Schiedermair, Gerhard: Vereinbarungen im Zivilprozeß, Bonn 1935

Schilken, Eberhard: Zivilprozeßrecht, 4. Aufl., München 2002

Schlosser, Peter: Einverständliches Parteihandeln im Zivilprozeß, Tübingen 1968 (zitiert: Schlosser, Einverständliches Parteihandeln)

Schneider, Egon: Problemfälle aus der Prozeßpraxis, Minima non curat praetor, in: MDR 1990, 893ff.

Schneider, Egon: Befangenheitsablehnung des Richters im Zivilprozeß, 2. Aufl., Bonn 2001

Schönke, Adolf: Das Rechtsschutzbedürfnis. Ein zivilprozessualer Grundbegriff, in: AcP 150 (1949), 216ff.

Schönke, Adolf: Das Rechtsschutzbedürfnis, Studien zu einem zivilprozessualem Grundbegriff, Frankfurt a.M. 1950

Schwab, Karl Heinz: Probleme der Prozeßhandlungslehre, in: Festschrift für Gottfried Baumgärtel: zum 70. Geburtstag, hrsgg. von Hanns Prütting, Köln 1990, S. 503ff.

Semler, Johannes; Volhard, Rüdiger: Arbeitshandbuch für die Hauptversammlung, München 1999

Serick, Rolf: Rechtsform und Realität juristischer Personen, Berlin, Tübingen 1955

Siebert, Wolfgang: Verwirkung und Unzulässigkeit der Rechtsausübung – Ein rechtsvergleichender Beitrag zur Lehre von den Schranken der privaten Rechte und zur exceptio doli (§§ 226, 242, 826 BGB), unter besonderer Berücksichtigung des gewerblichen Rechtsschutzes (§ 1 UWG), Marburg 1934 (zitiert: Siebert, Verwirkung)

Siebert, Wolfgang: Vom Wesen des Rechtsmissbrauchs – Über die konkrete Gestaltung der Rechte, Berlin 1935 (zitiert: Siebert, Rechtsmißbrauch)

Siebert, Wolfgang: Die neueste grundsätzliche Entscheidung des Reichsgerichts über die Verwirkung, in: JW 1937, 2495ff.

Simitis, Konstantin: Gute Sitten und ordre public – Ein kritischer Beitrag zur Anwendung des § 138 Abs. 1 BGB, Marburg 1960

Singer, Reinhard: Das Verbot des widersprüchlichen Verhaltens, Diss., München 1993

Slabschi, Peter: Die sogenannte rechtsmißbräuchliche Anfechtungsklage, Diss., Berlin 1997

Soergel, Hans Theodor Siebert, Wolfgang: Bürgerliches Gesetzbuch mit Einführungsgesetz und Nebengesetzen, Kommentar, Bd. 2, Allgemeiner Teil (§§ 104-240 BGB), 13. Aufl., Stuttgart, Berlin, Köln, Mainz 1999

Solus, Henry; Perrot, Roger: Droit judiciaire privé, Bd. I, Introduction, notions fondamentales, organisation judiciaire, Paris 1961 (zitiert: Solus/Perrot, Bd. I)

Solus, Henry; Perrot, Roger: Droit judiciaire privé, Bd. II, La compétence, Paris 1973 (zitiert: Solus/Perrot, Bd. II)

Sonnenberger, Hans Jürgen: Französisches Handels- und Wirtschaftsrecht, 2. Aufl., Heidelberg 1991 (zitiert: Sonnenberger, Handels- und Wirtschaftsrecht)

Sonnenberger, Hans Jürgen: Prinzipien des neuen französischen Zivilverfahrensrechts, in: Vorstand der Münchener Juristischen Gesellschaft e.V. (Hrsg.): Festschrift zum 30jährigen Bestehen der Münchener Juristischen Gesellschaft, München 1996, S. 63ff. (zitiert: Sonnenberger, FS f. Münch. Jur. Ges.)

Sonnenberger, Hans Jürgen: Treu und Glauben – ein supranationaler Grundsatz ? – Deutsch-französische Schwierigkeiten der Annäherung, in: Festschrift für Walter Odersky zum 65. Geburtstag am 17. Juli 1996, hrsgg. von Böttcher, Reinhard, Berlin 1996, S. 703ff.

Sortais, Jean-Pierre: Protection des minoritaires (droit des sociétés), in: Encyclopédie Dalloz Répertoire des sociétés, Paris, Stand: Januar 1993

Staab, Gerhard Walter: Die Wahrheitspflicht im Zivilprozeß – Eine rechtsvergleichende Bestandsaufnahme zu Wesen und Grenzen der Wahrheitspflicht im deutschen, österreichischen, schweizerischen, französischen und englischen Zivilprozeß, Diss., Würzburg 1973

Stark, Christian: Zur Notwendigkeit einer Wertebegründung des Rechts, in: Rechtspositivismus und Wertbezug des Rechts, Vorträge der Tagung der Deutschen Sektion der internationalen Vereinigung für Rechts- und Sozialphilosophie (IVR) in der Bundesrepublik Deutschland, Göttingen, 12.-14. Oktober 1988, hrsgg. von Ralf Dreier, ARSP, Beiheft 37, Stuttgart 1990, S. 47ff.,

von Staudinger, Julius: Kommentar zum Bürgerlichen Gesetzbuch mit Einführungsgesetz und Nebengesetzen, Erstes Buch, §§ 134-163: Allgemeiner Teil, 13. Aufl., Berlin 1996 Erstes Buch, §§ 164-240: Allgemeiner Teil, 13. Aufl.; Berlin 2001, Zweites Buch, Einl. zu §§ 241ff; §§ 241-243; 13. Aufl.; Berlin 1995 (zitiert: Staudinger/Bearbeiter)

Stein, Friedrich; Jonas, Martin;: Kommentar zur Zivilprozeßordnung, Bd. 1 §§ 1 – 252, 20. Aufl., Tübingen 1984 (zitiert: Stein/Jonas/Bearbeiter, 20. Aufl.)

Stein, Friedrich; Jonas, Martin: Kommentar zur Zivilprozeßordnung, Bd. 1 §§ 1-90, 21. Aufl., Tübingen 1993; Bd. 2 §§ 91-252, 21. Aufl. 1994; Bd. 3 §§ 253-299a, 21. Aufl. 1997; (zitiert: Stein/Jonas/Bearbeiter)

Steinbach, Emil: Die Moral als Schranke des Rechtserwerbs und der Rechtsausübung, Wien 1898

Stephan, Bodo: Das Rechtsschutzbedürfnis. Eine Gesamtdarstellung unter besonderer Berücksichtigung des Verfassungsprozesses, Berlin 1967

Strickler, Yves: Désistement, in: Encyclopédie Dalloz Répertoire de procédure civile, Paris, Stand: März 1997 (zitiert: Strickler, désistement)

Strickler, Yves: Acquiescement, in: Encyclopédie Dalloz Répertoire de procédure civile, Paris, Stand: März 1997 (zitiert: Strickler, acquiescement)

Stürner, Rolf: Prozeßzweck und Verfassung, in: Festschrift für Gottfried Baumgärtel zum 70. Geburtstag, hrsgg. von Hanns Prütting, München, Köln 1990, S. 545ff.

Taruffo, Michele (Hrsg.): Abuse of procedural rights: comparative standards of procedural fairness, 27-30 october 1998, Tulane Law School, New Orleans, Louisiana; International Association of Procedural Law, International Colloquium, Cambridge 1999 (zitiert: Taruffo/Bearbeiter)

Teichmann, Arndt: Die Gesetzesumgehung, Göttingen 1962

Teichmann, Arndt: Venire contra factum proprium – Ein Teilaspekt rechtsmißbräuchlichen Handelns, in: JA 1985, 497ff.

Teichmann, Arndt: Rechtsmißbrauch durch eine Klage – OLG Hamm, in: JuS 1990, S. 269ff.

Terré, Francois; Simler, Philippe; Lequette, Yves: Droit civil: Les obligations, 8. Aufl. , Paris 2002

Teubner, Ernst; Künzel, Thomas: Prozeßverträge, Zulässigkeit, Abschluß und Wirkungen, in: MDR 1988, S. 720ff.

Thannhäuser, Gerhard: Die neuere Rechtsprechung zum Rechtsschutzbedürfnis im Zivilprozeß, Diss., Regensburg 1998

Thomas, Heinz; Putzo, Hans; Reichold, Klaus u. a.: Zivilprozeßordnung mit Gerichtsverfassungsgesetz, den Einführungsgesetzen und europarechtlichen Vorschriften (EuGVVO, EheVO, ZustellungsVO, ZustDG, AVAG), Kommentar, 24. Aufl., München 2002 (zitiert: Thomas/Putzo/Bearbeiter)

Tribes, Annick: Le rôle de la notion d`intérêt en matière civile, thèse, Paris 1975

Tricot, Daniel: Abus de droits dans les sociétés abus de majorité et abus de minorité, in: RTD com. 1994, 617ff.

Viatte, Jean: L´amende civile pour abus du droit de plaider, in: Gaz. Pal. 1978, 305ff.

Villey, Michel: Droit et moral, in: 16 essais de philosophie du droit, 1969, S. 119ff. (zitiert: Villey, droit et moral)

Vincent, Jean: La procédure civile et l 'ordre public, in: Mélanges en l'honneur de Paul Roubier, tome II, Paris 1961, S. 303ff.
Vincent, Jean; Guinchard, Serge: Procédure civile, 26. Aufl.; Paris 2001
Vizioz, Henry: Études de Procédure, Bordeaux 1956
Vollkommer, Max: Formenstrenge und prozessuale Billigkeit – Dargestellt am Beispiel der prozessualen Schriftform – Zur Überwindung des Formformalismus in der Rechtsprechung, München 1973
Voyame, M. Joseph; Cottier, M. Bertil; Rocha, M. Bolivar: L'abus de droit en droit comparé, in: L' abus de droit et les concepts équivalents: principe et applications actuelles. Actes du dix-neuvième Colloque de droit européen, Luxembourg, 6-9 novembre 1989, Strasbourg 1990, S. 23ff. (zitiert: Voyame/Cottier/Rocha, l'abus de droit)
Wagner, Gerhard: Prozessverträge – Privatautonomie im Verfahrensrecht, Tübingen 1998
Wassermann, Rudolf (Hrsg.): Kommentar zur Zivilprozeßordnung (Reihe Alternativkommentare), Darmstadt 1987 (zitiert: AK-ZPO-Bearbeiter)
Weber, Gordon: Das Référé-Verfahren in Frankreich, in: Neue Methoden im Zivilverfahren, hrsgg. von Erhard Blankenburg, Dieter Leipold, Christian Wollschläger, Köln 1991, S. 143ff. (zitiert: Weber, Neue Methoden)
Weber, Ralph: Einige Gedanken zur Konkretisierung von Generalklauseln durch Fallgruppen, in: AcP 192 (1992), 516ff.
Weber, Ralph: Entwicklung und Ausdehnung des § 242 BGB zum königlichen Paragraphen, in: JuS 1992, 631ff.
Werner, Winfried: Anmerkung zum Urteil des BGH vom 31. März 1992 (5 U 265/86), in: WuB II A. § 243 AktG 3. 92, S. 1054ff.
Wesel, Uwe: Geschichte des Rechts – Von den Frühformen bis zum Vertrag von Maastricht, München 1997
Wieacker, Franz: Zur rechtstheoretischen Präzisierung des § 242 BGB, Tübingen 1956
Windbichler Christine: Mißbräuchliche Aktionärsklagen einschließlich Abfindungsregelungen. Theoretische Grundlagen, in: Mißbräuchliches Aktionärsverhalten, Timm, Wolfram (Hrsg.), Köln 1990, S. 35ff.
Winkler, Günther: Wertbetrachtung im Recht und ihre Grenzen, Wien 1969
Wollenschläger, Michael: Anmerkung zu BAG Urteil vom 19.12.1974, in: AuR 1975, 222ff.
Zeiss, Walter: Die arglistige Prozesspartei. Beitrag zur rechtstheoretischen Präzisierung eines Verbotes arglistigen Verhaltens im Erkenntnisverfahren des Zivilprozesses, Berlin 1967
Zeiss, Walter: Schadensersatzpflichten aus prozessualem Verhalten, in: NJW 1967, 703ff.

Zeiss, Walter: Rechtskrafterstreckung bei Teilklagen, in: NJW 1968, S. 1305ff.

Zeiss, Walter: Bindungswirkung des Rechtsmittelverzichts, in: NJW 1969, 166ff.

Zeiss, Walter: Besprechung von Hopt, Klaus, Schadensersatz aus unberechtigter Verfahrenseinleitung, München 1968, in: JZ 1970, 198f.

Zeiss, Walter: Zivilprozessrecht, 9. Aufl., Tübingen 1997 (zitiert: Zeiss, ZPO).

Zeller, Ernst: Treu und Glauben und Rechtsmißbrauchsverbot; Prinzipiengehalt und Konkretisierung von Art. 2 ZGB, Zürich 1981

Zippelius, Reinhold: Wege und Holzwege zur Gerechtigkeit, in: Festschrift für Gerhard Herbst, S. 333ff.

Zitelmann, Ernst: Rechtskraft bei Theilforderungen, in: ZZP, 8 (1885), S. 254ff.

Zöller, Richard (Bgrd.) (Hrsg.): Zivilprozeßordnung, 23. Aufl., Köln 2002 (zitiert: Zöller/Bearbeiter)

Zöllner, Wolfgang: Materielles Recht und Prozeßrecht, in: AcP 190 (1990), S. 471ff.

Zweigert, Konrad; Kötz, Hein: Einführung in die Rechtsvergleichung auf dem Gebiete des Privatrechts, 3. Aufl., Tübingen 1996

www.ingramcontent.com/pod-product-compliance
Ingram Content Group UK Ltd.
Pitfield, Milton Keynes, MK11 3LW, UK
UKHW021905290926
8980IPUK00015B/1071

9 783631 539248